U0520640

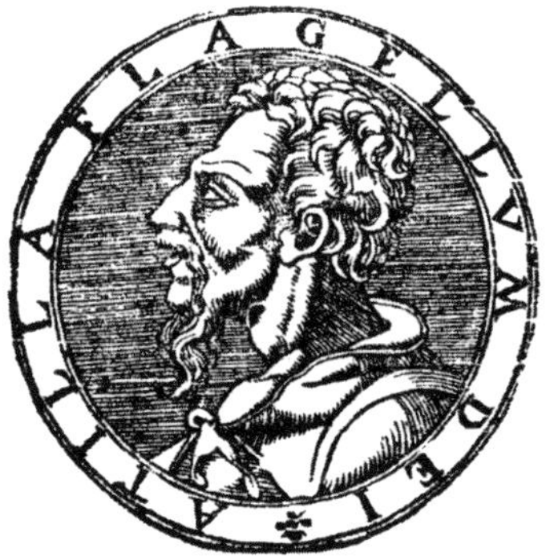
ATTILA FLAGELLVM DEI

CHRISTOPHER KELLY
THE
END
OF
EMPIRE
ATTILA THE
HUN AND THE
FALL OF ROME

匈人王阿提拉

与罗马帝国的覆灭

[英]克里斯托夫·凯利 著　李寒冰 译

目录

致谢 /6
序言：匈人阿提拉的丧宴 /8

第一部

阿提拉出现之前的罗马帝国

第一章　第一次交锋 /14
第二章　邪恶的轴心势力 /26
第三章　落后的干草原 /37
第四章　罗马人和野蛮人 /48
第五章　西罗马的让步 /61

第二部

匈人和罗马人

第六章　双城记 /74
第七章　三线作战 /83
第八章　并肩作战的两兄弟 /91
第九章　为保卫罗马而战 /102
第十章　震慑与敬畏 /115
第十一章　野蛮人来了 /126
第十二章　和平的代价 /136

第三部

与阿提拉共进晚餐

第十三章　艰巨的外交使命 /146
第十四章　近距离交锋 /158
第十五章　与敌人共进晚餐 /169
第十六章　史学家的洞见 /182
第十七章　真相与胆量 /193
第十八章　游戏的终结 /200

第四部

帝国的陨落

第十九章　情感与理智 /210
第二十章　阿提拉的新娘 /218
第二十一章　表明立场 /226
第二十二章　战争的乌云 /235
第二十三章　最后的撤退 /247
第二十四章　尾声 /259

后记：历史赋予阿提拉的赞誉 /272
拓展阅读 /284　年代表和地图 /318

CONTENTS

Acknowledgments /6
Prologue: The *Strava* of Attila the Hun /8

Part I Before Attila

Chapter 1 First Contact /14
Chapter 2 The Axis of Evil /26
Chapter 3 A Backward Steppe /37
Chapter 4 Romans and Barbarians /48
Chapter 5 How the West Was Won /61

Part II Huns and Romans

Chapter 6 A Tale of Two Cities /74
Chapter 7 War on Three Fronts /83
Chapter 8 Brothers in Arms /91
Chapter 9 Fighting for Rome /102
Chapter 10 Shock and Awe /115
Chapter 11 Barbarians at the Gates /126
Chapter 12 The Price of Peace /136

Part III Dinner with Attila

Chapter 13 Mission Impossible /146
Chapter 14 Close Encounters /158
Chapter 15 Eating with the Enemy /169
Chapter 16 What the Historian Saw /182
Chapter 17 Truth and Dare /193
Chapter 18 End Game /200

Part IV The Failure of Empire

Chapter 19 Hearts and Minds /210
Chapter 20 The Bride of Attila /218
Chapter 21 Taking Sides /226
Chapter 22 The Fog of War /235
Chapter 23 The Last Retreat /247
Chapter 24 Endings /259

Epilogue: Reputations /272
Notes and Further Reading /284
Chronology and Maps /318

Acknowledgments

致谢

首先要诚挚地感谢我的学术团队成员。在本书的写作过程中，他们为我提供了很多有益的建议，鼓舞了我的创作热情，此处尤其要感谢朱利安·亚历山大、理查德·弗洛、玛利亚·古尔纳斯切利、约格·恒森、斯图亚特·希尔、贝特尼·休斯、格温·凯利、詹和托尼·利弗、玛格丽特·马洛尼、罗萨蒙德·麦克科特里克、莉莉·理查德、威尔·苏尔金以及莫兰妮·托特罗莉。最后，还要衷心感谢利弗休姆信托基金（the Leverhulme Trust）在2006—2008年间所提供的高级研究奖学金。

Prologue / 序言

The *Strava* of Attila the Hun

匈人阿提拉的丧宴

罗马帝国的间谍躲在平原上高高的草丛后，小心翼翼地窥探着眼前发生的一切，又惊又怕。在散落着的四轮马车中间，驻扎着一大簇帐篷，中间有座饰有丝绸的华丽的亭子。从亭子外可以清楚看到阿提拉的尸体。他身材矮小，胸膛很宽，头颅很大。见过他生前模样的人说，他的眼睛不大，胡须稀疏花白，鼻子扁平，皮肤黝黑。这样的体征刚好符合他的经历：久经沙场，能连续数小时在马背上驰骋作战，却在正当壮年之时陨落了。阿提拉是一位杰出的军事指挥官，他把一个惯于强取豪夺的游牧部落改造成一支纪律严明的军队。公元5世纪上半叶，这支军队从罗马尼亚的黑海海岸出发，横跨欧洲，一路行进了一千六百千米，最终抵达了富饶的法国平原。在历史上，阿提拉是罗马人最畏惧的劲敌之一。在闪电袭击中，他的军队摧毁了数十座繁荣富裕的传承了数个世纪的古城，甚至还威胁到了被誉为"永恒之城"的罗马城。

阿提拉生前身后都受人敬重。他的尸体上披着稀有的上等丝绸，丝绸上点缀着华丽的珠宝以及罗马皇帝赠送的贵重礼物。罗马皇帝屡战屡败，便企图用钱收买匈人。阿提拉的肩上别着一只漂亮的金质胸针，胸针上镶嵌着一块巴掌大小的缟玛瑙。驰骋在帐篷周围的骑士手里举着火把，跳动的火焰照亮了深紫色的宝石，那闪烁的光芒就像夏日骄阳下跃动的多瑙河水。年轻的骑手们面部狰狞，脸颊上满是血污。根据罗马史学家帕尼姆（Panium）的普利斯库斯（Priscus）的记载，匈人剪掉长发，割伤脸颊，以此祭奠逝者，"祭奠最伟大的战士应当用男人的鲜血，而不是女人的眼泪和哀号"。

在接下来的一天里，人们开始举行弥漫着悲伤气氛的盛宴和葬礼竞技活动，这是古代社会中由来已久的习俗，兼有庆祝和哀悼的意味。普利斯库斯在记载这段历史之前，很可能读过荷马所描绘的希腊英雄阿喀琉斯在特洛伊城墙前为倒下的同伴普特罗克勒斯举办的竞技赛，其场面令人动容。十二个世纪之后，匈人用骑马竞技的方式向逝去的首领致敬。当夜，阿提拉被安葬在了远离罗马帝国边境的地方。尸体被安置在三层棺椁里，最里层是金质的，中间一层是银质的，而最外层则是铁质的。黄金和白银象征着匈人王夺取的战利品，而粗糙的灰铸铁则让人联想到他在战争中所取得的胜利。坟墓里装满了从战败方缴获的武器、珍贵的珠宝和其他财物。最后，作为丧礼的一部分，负责安葬的仆从被悉数杀掉了，以免墓葬之地被泄露，而对于那些仆从来说，这也是一种很荣光的死法。幸亏有普利斯库斯，匈人的这段历史才得以流传下来。

最令躲在草丛中偷窥的罗马人印象深刻的是亭子周围的骑士，他们在庄严地吟唱着挽歌。他们用一首缓慢、低沉而富有节奏的颂歌来歌颂他们伟大的首领。他建立了匈人帝国，加速了西欧罗马统治的崩溃。任何一个罗马人听到这曲颂歌，都不禁会联想到令人闻风丧胆的匈人王。没有比这更恰当的墓志铭了。

匈人王阿提拉，

匈人的首领，

蒙迪乌克的儿子，

他是最勇敢的部落首领。

他攻城略地，

令罗马人和罗马帝国闻风丧胆。

他被罗马人的祈祷所感动，

接受罗马人的供奉，使其免遭劫掠。

匈人王靠着他的好运气成就了这一切。

他没有被敌人击倒，

也没有被叛徒打垮。

他死得很平静，

欢欣愉悦地，

毫无痛苦地死去了，

他的子民也安然无恙。

当没有人认为需要复仇时，

谁说我们的王已经死去？

Part I
Before Attila

第一部
阿提拉出现之前的罗马帝国

Chapter 1

First Contact

第一章

第一次交锋

早先在罗马帝国，没有人听说过匈人。直到公元 4 世纪 70 年代左右，也就是匈人王阿提拉父辈生活的年代，匈人一路杀进了历史。当时，驻守在多瑙河边境的罗马军队接到报告，黑海北部地区突然出现了一支蛮人军队。没人知道这些人已经走了多远（极有可能是从蒙古到哈萨克斯坦，这一点将在第三章里详述）。这支队伍由骑在马背上的凶猛战士率领着，他们的家眷驾着大篷车，慢慢跟在后面。他们一路向西，穿过亚洲大草原，给欧洲的边缘地带带来了恐怖和混乱。

在黑海周围地区——也就是现在的乌克兰和罗马尼亚——匈人遭遇了哥特人：先是格鲁森尼人（Greuthungi，罗马人对生活在顿河与德涅斯特河流域之间的人的统称，东哥特人的一支），然后是特温基人（Tervingi，生活在德涅斯特河与多瑙河流域的人，西哥特人的一支）。公元 375 年，特温基人在首领阿塔纳里克（Athanaric）的带领下向北行进，去支援一支被匈人军队逼得节节后退的格鲁森尼人，结果以失败告终。夜里，匈人趁月色渡河，袭击了阿塔纳里克在德涅斯特河附近的营地。特温基人四下逃散，匈人一路高歌挺进，用一位罗马史学家的话说，"其势如山顶的雪崩一般，所到之处，所向披靡"。

阿塔纳里克阻止不了匈人，这是预料之中的事。六年前，他与东罗马皇帝瓦伦斯（Valens）协商停战，避免了一场重大战役。然而，连年不断的摩擦还是破坏了特温基人的农场和村庄。战后的恢复十分缓慢，这在一定程度上削弱了阿塔纳里克的政权，他手下的一些将领甚至公开反对他。其中弗里提根（Fritigern）的野心最为明显，公元 4 世纪 70 年代，他开始公开挑战阿塔纳里克。挑战失败后，弗里提根便一直躲在罗马境内避难。后来，他又一次发动反叛，并得到了瓦伦斯的支持。瓦伦斯希望通过支持弗里提根反叛来推翻阿塔纳里克的统治，然后用一个更善于合作的政权取而代之。可惜，罗马干涉特温基人的时机不对。弗里提根反叛，让哥特人几乎无法保卫自己的领地。即便是面对来犯的匈人，弗里提根仍然不愿联合阿塔纳里克一致对外。相反，他选择了撤退，以避免遭遇匈人军队。公元376年春，弗里提根和盟友阿拉维乌斯（Alavivus）率军朝多瑙河方向行进。不料在逼近罗马帝国边境地带时，八万多特温基人坚称已无处可去，要进入罗马境内。当时，一个罗马人记录了这个场面，这几乎是富有戏剧性的一幕："一大群人……站在河对岸，伸着手，哭喊着、哀号着，乞求进入罗马境内。"

瓦伦斯应允了这些特温基人的要求。他深知，如果拒绝，可能会给罗马带来危险。多瑙河一带的防御力量尚不足以牵制这么多人，而且，短时间内来不及调遣增援力量。当时，罗马军队的主力正在九百六十六千米以外的叙利亚，准备对东部亚美尼亚的波斯人发动远征。这个时候拒绝特温基人的要求会让北部边境十分危险。实际上，假如特温基人能够在多瑙河以南地区安顿下来，对罗马帝国来说倒也是件好事。一旦匈人或其他哥特人来犯，这些特温基人可以起到缓冲作用，其中的青壮年还可以被征募到罗马军队中服役，或者被编入雇佣兵。弗里提根和阿拉维乌斯心里十分清楚，瓦伦斯是不愿意安置这么多避难者的。另有一群格鲁森尼人，也为了逃避匈人战乱而要求进入罗马，却遭到了拒绝，所以他们只能自求多福。

连续几天，进入罗马境内的特温基人乘船渡过多瑙河上水域最狭窄的地段，毗邻黑海以西九十七千米的一座要塞城市，锡利斯特拉城。这里地势险要，雨后河面上涨，水流湍急。许多人嫌行进速度过于缓慢，或者由于对罗马军队心存疑虑，便乘坐由凿空的木头做成的木筏，冒险穿越河面；还有绝望的人干脆跳下水打算游到对岸。有的木筏上拥挤不堪，因严重超载而倾覆，很多人落水溺亡。夜幕降临，更加剧了人们的恐慌：登船时被罗马士兵强行分开的一家人大声呼喊着亲人，河水卷着溺亡的尸体冲击着河岸，冷酷的罗马士兵严厉地呵斥着。这番场景，也令罗马边境的最高指挥官卢比西纳斯（Lupicinus）一筹莫展。冷不防地，八万多避难者从天而降，他只能把所有人都塞进一个临时搭建起来的营地里。厕所沟渠里溢出的粪水臭气飘散到附近的锡利斯特拉城，肮脏不堪，营地随时可能暴发疾病。饥肠辘辘的哥特人聚集在装着粮食的马车旁，但在有重兵把守的情况下，人们偶尔才能得到一点儿粮食，根本不够填饱肚子。于是饥饿的人们开始在黑市上买粮食，还有的把儿女卖做奴隶来换取一点儿狗肉充饥，据说当时的市价到了一个小孩换一条狗的地步。很多曾经效忠于弗里提根和阿拉维乌斯的人不禁暗自叫苦，为何当初一定要追随他们来到罗马呢？或许跟阿塔纳里克一起抵御匈人是个更好的选择！

公元 377 年初，也就是横渡多瑙河的七个月之后，特温基人所寄居的临时营地险些失控。驻守营地的指挥官卢比西纳斯命令特温基人向南迁徙八十千米至马西安诺堡（Marcianople），一座拥有高大城墙的牢固城池，为了抵御这些哥特人，瓦伦斯还在近期加固了这座城堡。此外，他还授意卢比西纳斯秘密地干掉弗里提根和阿拉维乌斯。于是，卢比西纳斯假意设宴邀请两位哥特首领，却只允许贴身护卫跟随，其他人一概不准入内。特温基人被挡在冰冷的铁栏外，一面饥饿难当，一面担心首领的安危，气愤至极，几乎引发骚乱。他们的担忧不无道理，弗里提根和阿拉维乌斯已经落入了罗马人设计好的圈套。在用餐的过程中，卢比西纳斯杀死了阿拉维乌斯及其贴身护卫，却让弗里提根侥幸逃脱了。后来，卢比西纳斯当众声称，他有意留下弗里提根，为的是让弗里提根去安抚城墙外那些近乎暴动的特温基人。当然，这只是个借口。罗马的计划原本是将弗里提根和阿拉维乌斯都除掉，而卢比西纳斯这个二流指挥官却把这个计划搞砸了。

卢比西纳斯的失误不仅在于放走了弗里提根，他还抽调了负责多瑙河防务的士兵，命令他们押送特温基人向马西安诺堡进发。趁此时机，一大拨哥特人越过无人把守的边境进入罗马，他们正是先前被瓦伦斯拒之境外的格鲁森尼人。此外，另有八万哥特人，包括妇女和儿童，趁机进入罗马境内。如今，格鲁森尼人迅速向南移动，与马西安诺堡外的特温基人会合，形成一股强大的力量，击退了卢比西纳斯派来镇压因谋杀阿拉维乌斯和弗里提根逃亡所引发的叛乱的军队。随着这次溃败，罗马人认识到，不可能以和平的方式，而只能用战争来对抗已经进入罗马境内的哥特人。早在哥特人开始进犯多瑙河一带边境之时，罗马人就展开了抵御，然而收效甚微。后来，弗里提根采取了一个大胆而富有开创性的举措：邀请匈人加入战争。他将一支由一两千匈人士兵组成的特遣队编入雇佣军。这无疑加重了罗马人在处理边境危机时的难度。为了生存，特温基人把曾经最惧怕的敌人变成了盟友。

横渡多瑙河的事件中，罗马帝国是哥特人和匈人共同的敌人。自第一任皇帝奥古斯都执政以来，罗马在过去四百年间发生了翻天覆地的变化，这种变化在公元4世纪初表现得最为明显。君士坦丁大帝在位时，罗马帝国皈依基督教，自此，教会得到国家政权的支持，聚集了大量财富。基督教成为整个帝国的信仰。虔诚的君主都声称自己与耶稣有着特殊亲密的关系。在很多艺术形象中，罗马君主和耶稣都身着紫色长袍。因此，瓦伦斯要求特温基人在加入罗马之前必须皈依基督教，这一点儿也不奇怪。这一限制性条款不仅合乎罗马皇帝个人的宗教信仰，也有利于特温基人融入罗马社会。

君士坦丁大帝实施的宗教变革伴随着激进的政治变革。奥古斯都之后的两百年，罗马帝国的安危都依靠一套由城墙、沟壕和堡垒组成的防御系统。英国的哈德良长城只是这个防御体系中靠近西部的一部分，它沿着莱茵河和多瑙河，一直延伸到黑海地区，而整个罗马帝国的防御系统则一直延伸到边境地带，那里是一道天然的屏障。这也意味着，罗马帝国的军事力量只能在集中一处的情况下才能发挥其效力。一旦发生内战或者遭受外敌侵扰，罗马就不得不在各个边防军中调遣兵力。自3世纪中叶开始，罗马边防开始动荡不安，北部边境所遭遇的攻势越来越难以抵挡，其原因很复杂。这可能反映了生活在莱茵河与多瑙河以外的那些民族的社会变化——近三个世纪以来边境地带接连发生军事摩擦的直接结果。或者说，由于罗马需要对抗侵略性日益增强的波斯人，故而在东部防线消耗了大量的人力和物力，这才给了其他盘踞在北部地区的部落很多可乘之机。公元3世纪70年代，也就是在特温基人逃离匈人的一个世纪以前，多瑙河一带薄弱的防御系统让哥特人有机可乘，他们突袭了巴尔干地区的多座城市。也是在这期间，波斯人趁机把战场推进到古叙利亚的首都安提俄克（古叙利亚首都，现土耳其南部城市），甚至还在一次战争中俘获了一位罗马皇帝。要不是后来波斯发生了争夺王位的内讧，罗马的东部防线恐怕早已崩溃了。

罗马帝国幸存下来了，但是以牺牲统一为代价的。边境的安全问题暴露了帝国在地中海地区的军事部署和调遣中存在的问题。那个时代的通讯是现代人无法想象的，极其缓慢，并且存在很大的不确定性。哈德良长城与安提俄克相距三千八百六十千米。从身在意大利的皇帝去世那天算起，到埃及的官员在文件中记录这件事为止，大约需要二十五天到一百三十五天不等。如果是通过海上交通工具传递消息，春夏季的速度是最快的，冬季则有很大的不确定性，有时甚至无法送达。在与波斯军队交战时，罗马皇帝会因为距离西班牙或者不列颠太远，或者因为过分相信臣民的忠心，而失去了对帝国的有效控制。尽管罗马皇帝一直想方设法防止政权分化，到了公元4世纪中叶的时候，帝国还是分裂为东罗马（巴尔干地区、土耳其、中东和埃及）和西罗马（意大利、法国、西班牙、英国和北非）。在某些场合，东罗马和西罗马的皇帝还是会继续合作，比如说，法律都是以两位皇帝的名义联合发布的，两个皇室的联系还是非常紧密的。公元4世纪70年代，瓦伦斯统治着东罗马，他的侄子格拉提安(Gratian)统治着西罗马。随后的一个世纪里，双方渐行渐远，对付哥特人和匈人的经济成本和军事成本加剧了双方的分裂。

值得注意的是，在一个信仰基督教的世界里，罗马城居然不再作为罗马帝国的都城，甚至也不是西罗马的都城。在公元4世纪的最后几十年里，西罗马的宫廷迁至米兰，后又迁至意大利东北部的拉文纳。如今的罗马城拥挤而破败，像是一个用来展示罗马昔日辉煌历史的博物馆。这里到处都是寺庙、雕像和凯旋门，凯旋门是为庆祝近一个世纪以来打着耶稣旗号出征的帝王将相所取得的胜利而修建的。整座城市拥挤不堪。东罗马的首都紧邻博斯普鲁斯海峡，即如今的伊斯坦布尔。这座新建的现代化都城以其创建者君士坦丁大帝而命名，意为"君士坦丁之城"(也许君士坦丁大帝从基督教义中收获良多，但他却忽略了"谦逊"这一美德)。在朝向陆地的一面，矗立着巨大的城墙，城市中间是一个大的椭圆形广场，周围环绕着一道壮观的石柱廊。在靠近海边的大道两侧的大理石柱廊，将广场与皇宫连成了一体。皇宫的围墙、庭院和花园都戒备森严、与世隔绝——正如中国的紫禁城或者俄国的克里姆林宫一样，象征着至高无上的皇权。君士坦丁大帝还在靠近皇宫的地方建造了一个竞技场，其规模足可与著名的罗马斗兽场相媲美。长四百二十四米、宽一百二十二米的竞技场可容纳五万名观众。最重要的是，设计君士坦丁堡的目的就是为了让人印象深刻。作为一个罗马城邦，它是名副其实的"黄金城"。在正午的阳光下，整个帝国最漂亮的几座建筑的墙壁、门廊与亮闪闪的青铜屋顶相互辉映，像跳动的火焰一般耀眼。从博斯普鲁斯海峡跃动的水面看过去，整座城市就像是刚刚从熔炉的金属液体里浮出一般。皇家陵墓的金色穹顶在最高的山顶上闪耀着光芒。即便是在夜里，君士坦丁堡也是微光闪闪，要知道，罗马帝国只有几座城市安装了街灯。

公元 4 世纪之初建立的君士坦丁堡改变了地中海地区的地缘政治。皇宫附近矗立着一座米利安 (the Milion，一根大理石石柱，帝国道路的零里程标志)，象征着这个伟大帝国的每一条要道都始于这里。这一点和罗马城颇为相像。在公元前 20 年，奥古斯都将一块所谓的"黄金柱石"放置在罗马广场，象征着罗马城是整个帝国世界的中心，条条大路通罗马。到了 5 世纪初，君士坦丁堡无可争议地成为东罗马的核心，横跨七座山脉，在高高的城墙后，就是这座耀眼的帝国之都，也是君士坦丁曾夸口要建立的一个"全新的罗马"。即便是曾经扬言要将罗马从一座砖城变成大理石城的奥古斯都，也会被新的罗马城所折服。

特温基人的反叛，如今又有了格鲁森尼人和匈人的增援——直接威胁到这个新兴帝国世界的安危。君士坦丁堡距离多瑙河边境仅有三百二十二千米。瓦伦斯别无选择，只能想方设法保证都城的安全。他被迫取消远征亚美尼亚的计划，并与波斯皇帝达成休战协议。公元378年4月，瓦伦斯离开安提俄克，开始了长达九百六十六千米的征途。在没有机械化交通工具的情况下，庞大的军队拖着长长的行李车缓慢前行，平均每天行进二十四千米。

经过六个星期的跋涉，队伍终于抵达都城，然而，途中发生的一件事却让这次征途蒙上了一层阴影。军队离开安提俄克前往首都的途中，遇到了一个横躺在路上、遍体鳞伤，似乎从头到脚被鞭笞过的人。此人面无表情，一言不发，只是睁大眼睛看着路人。瓦伦斯知道了这件事，亲自过来看他，此人仍旧一言不发。这就麻烦了。根据史学家佐西默斯（Zosimus）的记录，这个人"一动不动，就不能当他还活着；可从他的眼睛里还看得到生命的气息，因而也不能当作死人"。后来，这个半死不活的人突然不见了。有人说，这是个不祥的征兆，"有经验的预言家认为，这预示了罗马帝国的处境，就像个垂死的人一样继续任人鞭笞"。

在君士坦丁堡，瓦伦斯的心情更糟了。当他出现在竞技场的王座上时，听到了人们愤怒的嘲讽声：特温基人渡过多瑙河进入罗马境内已经两年了，而皇帝居然还没有调遣足够的兵力保卫罗马。人们当众嘲笑皇帝是有违礼制的。瓦伦斯来观看战车竞赛,本来是希望听到观众的热烈掌声和精心演练过的溢美之词。没想到,听到的却是阵阵抱怨声:"只要给我们武器,我们也能上战场。"恼羞成怒之下,瓦伦斯仅在都城停留了十二天就离开了。据说,他曾经狠狠地发誓说,消灭哥特人以后就将君士坦丁堡夷为平地。

瓦伦斯有理由相信自己会成功。他已经从侄子格拉提安,也就是西罗马皇帝那里得到准确消息,后者正在赶来增援。瓦伦斯在距离都城不远的一处乡间住处,等待着援军的到来。截至7月底,他已经坚持了三个月,然而格拉提安的行程却被莱茵河边境的战事给耽搁了。他不愿意因为帮助瓦伦斯东部的战事而放弃西部边境的防御。8月初,哥特人开始发动攻势,瓦伦斯将军队调遣至东北方向一百六十千米处的要塞城市阿德里安堡(今土耳其埃迪尔内)。这次,瓦伦斯也发动了一场攻势,他最关心的是军队的脆弱的补给线和君士坦丁堡的安危,尽管他曾恼怒地说要将君士坦丁堡毁掉。最重要的是,他等待格拉提安太久,已经失去了耐心。当有探子来报,说敌军的数量约为一万人时,瓦伦斯愤怒地驳斥了怀疑自己判断的人。如果敌军果真只有这么点儿人,他仅凭东罗马之力就可以击败哥特人,如此一来,他又何必拖延时间,等着他的侄子共享胜利的荣耀呢?

瓦伦斯的进攻让弗里提根有些不安。他可能在掂量在接下来的激战中有多大把握战胜一支帝国军队,也可能是打算拖延一阵子,联合增援的格鲁森尼人的骑兵部队打个回马枪。他派特使面见瓦伦斯,提议双方停战,并以此换取哥特人在罗马境内的永久居住权。在特使带去的密信里,弗里提根说自己想成为罗马的盟友，同时，他也提醒瓦伦斯，大多数哥特人不尝过鲜血的味道是不会休战的。最后，他还警告瓦伦斯，除非双方达成休战协议，否则罗马一方绝不要放松戒备。瓦伦斯轻蔑地赶走了特使，把弗里提根抛出的橄榄枝丢在一边，但是，他实际上接受了特使的建议。第二天一早，也就是公元378年8月9日，三万罗马大军离开阿德里安堡。大约中午的光景，敌军的营地已然在望，军队开始布阵，步兵位列中间，骑兵分布在两翼。这时，弗里提根还在拖延时间，等待格鲁森尼人来增援。他又派特使来见瓦伦斯，但是遭到拒绝。然而，就在当天下午，瓦伦斯同意双方谈判并交换人质。这一次，是出于体恤手下士兵的缘故。士兵们在烈日下站了好几个小时，疲惫不堪，而哥特人故意燃烧树枝所产生的浓烟更让罗马士兵痛苦不已。到了下午，罗马人才意识到敌军的数量远远多于此前所估计的。先前罗马的侦察兵所看到的只是哥特军队的一部分。一旦哥特人的军队聚集在一起，双方的兵力便相差无几了。这时瓦伦斯才意识到，等待格拉提安的增援才是上策。

然而，事情已无法挽回。在交换人质的过程中，前锋队伍中的一部分士兵掉队了，这可能只是一个意外，但在炎热而浓烟笼罩的战场上，此事引发了双方的冲突，于是交战开始了。罗马军的攻势被突然赶来的格鲁森尼人的骑兵所击退，哥特骑兵队冲散了罗马军队的左翼骑兵，包围了中间的步兵。哥特人步步紧逼，罗马军队的阵地逐渐缩小。在酷热的天气和漫天的尘土中，很多罗马士兵命丧于此，尸体被同伴们碾过。筋疲力尽的罗马士兵再也无法组织有效的进攻，一旦他们在被鲜血浸透的地上滑倒，只能惨遭屠杀。天黑以后，杀戮才渐渐停下来。

阿德里安堡之战是罗马人七百年以来遭遇的最惨烈的失败。三万人的大军，有两万人阵亡。用当时的宫廷演说家忒弥修斯(Themistius)的话讲，在一个夏日的午后，"整个军队像个影子般消失了"。这次战败对此后罗马帝国的重大政策产生了无法估量的影响。最重要的是，它证明了多瑙河边境的安危关系到整个帝国的命运。在黑海以西崛起的匈人，让瓦伦斯措手不及。而瓦伦斯对弗里提根的支持，阻止了阿塔纳里克试图恢复哥特人秩序的努力。特温基人内部涣散，负责管理特温基人保留地的军士又极其平庸。因此，罗马足足花了一年的时间才结束了预期的波斯战争，重新部署军队。同时，特温基人勾结了一大拨格鲁森尼人以及一小撮匈人。对于瓦伦斯来说，没有等到西罗马的援军，便贸然决定在阿德里安堡开战，这是罗马帝国历史上最失误的决策之一。瓦伦斯脾气暴躁，好大喜功，直接导致了罗马历史上最大规模的战败。

在战乱中，瓦伦斯中了一箭。受伤后，他和随从撤退到附近一家农舍避难。当时，有一群哥特人经过，他们事先并不知道里面住的是皇帝，便放火烧了这间农舍。瓦伦斯奋力逃生，却没能幸免。他在滚滚浓烟中窒息而亡，死得很痛苦。他的尸体被发现时，已经烧焦了，不成样子。对于一个帝王来说，这是个莫大的耻辱。他生前为自己准备的华丽棺木仍然空着，这一生，他都没有机会葬进君士坦丁堡最高山上那华丽夺目的陵墓里了。

Chapter 2

The Axis of Evil

第二章

邪恶的轴心势力

匈人自己从未写过任何历史，所有关于他们的记载都是来自罗马人的叙述，而这些叙述在一定程度上歪曲了史实。在瓦伦斯去世十年后，也就是公元4世纪80年代晚期，罗马史学家阿米亚诺斯·马塞林（Ammianus Marcellinus）为读者呈现了一幅匈人习俗和社会生活的生动画卷。大约二十年以前，匈人出现在中亚的干草原地区，并很快推进到黑海以西，在后来罗马帝国败于阿德里安堡战役的一系列事件中扮演了十分重要的角色。当然，没有人将罗马的溃败直接归咎于匈人，但是，与阿米亚诺斯同时代的人还是对匈人表现出极大的兴趣：他们野蛮成性，对哥特人实施恐怖统治，并且迫使特温基人到罗马帝国寻求庇护。

> 匈人极其野蛮凶残。他们四肢发达、脖子粗壮，长相丑陋、面目扭曲，很容易被当成两条腿的野兽，或者酷似在桥梁的护杆上看到的用斧头在枯树桩上面砍出的粗糙的类人形象。虽然匈人的外表惹人厌，可他们的野外生存能力十分强悍。他们不需要火，也不在意食物的味道；他们吃的是一些植物的根茎和半生不熟的动物肉。他们常常把猎杀到的动物肉放在自己的大腿和马背之间，以使这些肉温热一下。
>
> 匈人也不需要住处。对于他们来说，住处就像坟墓一样，在日常生活中毫无用处，哪怕是用芦苇搭成的简易茅草屋亦是如此。匈人自由地驰骋在山谷与森林里，从小就学会了适应寒冷的气候，忍受饥饿和干渴。他们身穿亚麻衣服，或者是把从野外找到的老鼠皮用针线缝

起来穿在身上，无论何时何地，都穿着同一套衣服。头上戴着圆形的帽子，毛茸茸的腿上裹着山羊皮。他们一旦穿上一件颜色单调的外套就不再更换，除非是因为穿得太久坏掉了。

匈人不善步战，却擅长驰骋于马背上。匈人的马匹强壮耐寒，但很丑陋。他们无论吃饭、睡觉还是买卖交易都在马背上，歪在狭窄的马脖子上，就能呼呼大睡。匈人都不耕种，过着难民般的生活，没有固定的居所，也没有法律和固定的生活方式。他们一直生活在马背上，连同马车，走到哪儿算哪儿。在马车里，妇人们为男人缝制丑陋的衣服；也是在马车里，她们为男人生育并抚养后代，直到后代长大成人。如果你问他们从哪儿来，没人能说得清楚，因为他们孕育在一个地方，出生在距离很远的另一个地方，然后在一个更遥远的地方长大。

匈人不服从皇帝的统治，却对自己的首领十分忠诚，跟随首领冲锋陷阵。在哥特人和罗马休战期间，匈人毫无信誉，十分善变，常常是一有风吹草动，就立刻改变立场，完全凭冲动的本能行事。就像没有思想的动物一样，他们没有任何是非观，但对财物怀有一种难以抑制的占有欲，性格暴躁易怒，常常莫名其妙地和盟友吵得不可开交，而后又很快握手言和。匈人对掠夺他人的财产拥有强烈的渴望，这一群善于强取豪夺的人不是掠夺就是屠杀，对生活在附近的人构成了极大的威胁。

阿米亚诺斯·马塞林的记述是在阿提拉出现之前现存唯一的

关于匈人的记载。根据他的记载，我们可以用现代的眼光来审视一下当时匈人的习俗和社会生活，但是，这里有个问题。虽然马塞林的记述不乏精彩之处，作为读者，我们却不能仅停留在文字表面，而是要做更深入的思考。事实上，马塞林很可能从未见过匈人。他并不是一位人类学家，他的记述也不是基于实地考察。他只是把关于匈人的传言汇总到一起，勾勒出其画像，玩了一把文字游戏而已。他想要读者在头脑中建立起对匈人的印象和认知。这一手法可以追溯到最早的古典历史写作。

马塞林所参考的无非是些平常的资料。这些资料表明罗马帝国当时相信君权神授，利用这一思想建立并巩固帝国的统治。对于爱国的罗马人来说，传承罗马文明是义不容辞的责任，也是对外征战的一个借口。这是罗马帝国的使命。

> 罗马人，请谨记，通过你的帝国统领世界人民
> 因为你们的艺术将会
> 在战乱中实现和平，实施律法，
> 宽恕那被征服的，征服那耀武扬威的。

以上是罗马时代伟大诗人维吉尔（Virgil）最经常被引用的诗句。它所传达的思想，直到4个世纪以后，仍然为阿米亚诺斯的读者所欣赏。那些不接受罗马帝国统治的人就是所谓的"野蛮人"。根据这一世界观，当时罗马帝国的周围生活着文明程度比较落后的族群。这些族群的人愚昧无知，缺乏道德约束和政府管理，也不懂得自律。他们野蛮，缺乏诚信和理性，凶猛暴力，善变且傲慢。公元前50年左右，尤里乌斯·恺撒在法国与阿利奥

维斯塔（Ariovistus，恺撒的主要对手）交战时用来描绘死对头的形容词都派上了用场。野蛮人的生存状态十分原始，没有城市和宗教，也没有教育和文化，甚至连体面点儿的食物都没有。他们长相丑陋，从不洗澡，服饰怪异。在当时，文明开化的民族是不穿长裤的。

说到底，帝国的统一是由军事力量来保证的。公元113年，一座三十米高的白色大理石纪念碑落成，庆祝图拉真（Trajan）此前十年间在多瑙河流域两次作战中所取得的胜利。图拉真石柱（至今仍然矗立在城市的中央）上点缀着一段窄窄的浅浮雕，其上有巨大的卡通形状装饰带，螺旋着绕柱二十四周。总计两千五百个人物组成了一百五十四个可辨认的独立场景。这些事件并没有直接描述图拉真战役，而是提供了一个更加理想化的叙述，围绕着罗马人和野蛮人之间的冲突展开。在这个图画的世界里，罗马军队阵容整齐有序：精神饱满、纪律严明的军团在搭建营地，构筑堡垒，修建道路和桥梁，包围敌军的要塞并俘获敌人，在战场上所向披靡，而战败的野蛮人卑躬屈膝，苟且偷生，有的被投进监狱，有的饱受折磨，村庄被付之一炬，无助的人们连同牲畜惨遭杀戮。文明的驯化是一部血泪史。在一个场景中，一名急于炫耀战功的罗马士兵手里提着敌军头颅，展示给皇帝和其他士兵看。

用来宣扬帝国威望的场景比比皆是。纪念罗马战争胜利的硬币上面刻着这样一幅图，野蛮人或被马背上的罗马帝王拖着头发，或被践踏至死。罗马帝王表现出了反对野蛮人的趋势，他们认为如果对野蛮人不加以控制，文明世界就有被吞噬的危险。在一幅纪念公元315年君士坦丁大帝胜利的凯旋门雕塑中，敌人被塑造成囚犯而不是士兵的样子。这座象征胜利的拱形门至今还屹立在原地（毗邻罗马斗兽场），现如今的参观者，和古代人一样，看到画面中野蛮人驯服地拖着锁链，或者看到身材矮小的野蛮人跪在希腊胜利女神的脚下时，都忍不住陶醉在优越和自满的情绪中。只要是有关征服反对罗马统治的主题都会受到人们的欢迎。穿过特里尔棋盘状的广场，距离莱茵河边境不远的地方，刻着一句简洁的标语："Virtvs imperi, Hostes vincti, Lvdant romani。"（"在强大的帝国面前，敌人寸步难行，让罗马人来吧！"）

当然，同情战败的一方毫无意义——至少对于那些和罗马人有同样想法的人来说是这样的。以武力结束混乱的状态，用先进的政府来治理乌合之众，或者用帝国的伟大来消除原始的野蛮，都是理所当然的事。公元4世纪的六七十年代，帝国的忠实追随者最担心的事情是如何免受哥特人以及莱茵河—多瑙河以北地区匈人的威胁。那个时代唯一留存至今的书面文件是一本名为《论军事作战》(*On Military Matters*) 的小册子。这位没有署名的作者在政府管理、财政、税收改革，以及在如何改进军队武器装备方面都为当时的罗马皇帝提出了很多富有价值的建议。其中，还有关于一种易于搬运的浮桥、带可伸缩刀刃的镰刀战车和一种令人惊叹的由公牛拉动的战舰的记载。（据说是）许多公牛在甲板上围成一圈并不停地走动，圈子中间有一个绞盘，绞盘利用齿轮连接一组安装在战舰外部的共有六片的桨轮，绞盘转动时，桨轮也相应转动起来，带动战舰前行（虽然这个设计不太实用，但其设计者却是有文字记载以来第一次提出用除摇橹和风帆以外动力驱动帆船的人）。这位无名的设计者指出，随着匈人侵犯边境的威胁日益严重，开发类似的军事装备显得十分紧迫。在抵御外敌入侵的过程中，强大的帝国文明和文化固然重要，然而技术的进步却是最为关键的因素。现在，罗马帝国采取决定性行动的时机到了。"最重要的是，这些野蛮的民族正在加紧侵犯帝国的边境，从各个方向汹涌而来……每一处边境都未能幸免。"

罗马军队在阿德里安堡的溃败正是罗马帝国当时处境的一个真实写照。哥特人被视为野蛮的民族。公元369年，长达三年之久的战争未见胜负，瓦伦斯和阿塔克里纳在多瑙河中心的一艘小船上达成了一项和平协议。这一场罗马人和哥特人的谈判被当时的演说家忒弥修斯说成是一场文明秩序与野蛮混乱之间的碰撞。他向听众描绘了谈判过程中多瑙河两岸的情形："一边是整齐有序的罗马士兵，面色平静而从容，带着一丝骄傲。另一边是拥挤不堪、乱成一团的乌合之众……我没有亲见哥特人在战场上悲泣，但我听到了他们的哀悼，而此刻，他们在哀求，在哭泣，与其说是谈判者，不如说是战俘。"马塞林则把特温基人渡过多瑙河的情节比作是火山爆发。在罗马人眼中，野蛮人越过无人把守的边境时，气势汹汹。很快，入侵的敌军就散布在各个角落，"好像埃特纳喷出的火山灰"一般。两年后，罗马帝国战败，很多士兵的信心动摇了，但是仍然认为自己是正义的一方。对于哥特人而言，皈依基督教和赢得阿德里安堡战争的胜利丝毫没有改变其野蛮的本性。

在马塞林看来，毫无疑问，匈人是罗马帝国所面对的一支劲敌。这从匈人的长相上就可以看得出来。他们看起来一半像人，一半像野兽。(极端丑陋，面目扭曲，好似长着两条腿的野兽。)他们穿的衣服肮脏不堪，破旧得不成样子，且怪异无比(头顶戴着圆形的帽子，长满长毛的腿上裹着山羊皮)。他们狡诈，诡计多端(就像是没有思想的动物一样，毫无是非观)，没有像样的管理制度(匈人向来不听从皇帝的命令)。没有信义可言，也没有盟友，只有无休止的掠夺和贪欲(看到别人的财产就会产生掠夺的冲动，这些行进迅速、不受任何约束的野蛮人不是掠夺就是屠杀，对生活在其周围的人造成了巨大的威胁）。

这样看来，匈人确定无疑是非常野蛮的。马塞林的叙述中有一点值得我们注意，那就是在看待匈人这件事上，他始终也没有跳出固有的思维定式。他一直都是在用传统的眼光来审视这些与罗马文明格格不入的野蛮人。他拒绝像某些作者那样从匈人自己的视角去看待他们。公元 100 年前后，即图拉真柱建成的前十年间，著名的史学家塔西佗 (Tacitus) 简要地描写了生活在赫马尼亚 (日耳曼尼亚)，即莱茵河边境另一端的一个部落。根据其内容，读者大致可以想象得到，生活在此地区的人（以日耳曼人为主，同时还包括凯尔特人、波罗的人、斯基泰人和古斯拉夫人等）好斗，惯于掠夺，从不耕种，住在小木棚里，没有村庄，也没有城市。穿着用兽皮缝制的衣服，部落里的孩子都不穿衣服，就那样赤裸裸地长大，肮脏不堪，又十分懒惰（每天起床很晚），行为举止缺乏理性，自控力差。"不分昼夜地饮酒，凶猛好斗，即便没有饮酒的人亦是如此。无论什么事，都用暴力来解决，经常是以屠杀和流血而告终。"然而，塔西佗也没有让他的读者就此沉浸在与粗劣的日耳曼人相比而产生的自满情绪中。他曾经对罗马当代道德和社会制度提出了批评，并热切地赞扬了日耳曼人对于婚姻的忠贞和对性欲的节制，他们之中极少有人通奸。"没有人会以他人生理上的缺陷为乐，也不会以自己或他人的堕落为时尚。"

塔西佗有关匈人的记载语焉不详，引发了读者对野蛮人生活的世界产生无限遐想。与之相反，马塞林的记述却是非黑即白的，没有引起读者更多的思考。他更喜欢遵循一种古老而完备的文学传统。饱读典籍的人可以通过已有文献发现他的文风与公元前 5 世纪的希腊史学家希罗多德 (Herodotus) 的非常相似，希罗多德生活的时代比马塞林整整早了八百年。他所著的《历史》(Histories) 一书中对埃及人和波斯人的生活习俗做了详尽的描绘。在他看来,埃及人和波斯人都可以(至少在某些方面)算作文明人,即便不及罗马人文明程度高。他们与居住在黑海北部的斯基泰人(又称西徐亚人)形成了鲜明的对比。广袤而荒凉的干草原一直延伸到天边,远离地中海地区令人熟悉而舒适的生活,是个寒冷而不宜居的地方。在很多方面,斯基泰人都是希腊世界中一个不安分的族群:他们生活在马车里,以放牧为生,骑在马背上,用弓箭作战;罗马人则是生活在村庄里,以耕种为生,在陆地上用剑和盾牌作战。斯基泰人的野蛮是显而易见的,他们用敌人的头颅做酒杯;皇帝去世了,悲痛欲绝的哀悼者会勒死皇帝的侍从,将之与皇帝一起埋葬在由高土堆成的坟茔之下。

对于希罗多德来说,以上就是游牧部族通常所具有的特征。"游牧"(nomades) 这个词就是从希腊语借用到英语中的。在斯基泰人所生活的一望无际的干草原尽头,生活着一群人,他们从外貌上看几乎和野兽相差无几,其生活习惯更是毫无人性可言。昂多罗帕哥伊人(Androphagi,字面意义为"食人族")以食人肉为生。生活在这一地区的还有阿伽杜尔孚伊人(Agathyrsi),他们会把自己的女人送给一个又一个的男人,以及涅乌里司人(Neuri),据说他们在一年当中的某些天会变成狼人。在这片干草原上,还生活着另一个怪异的族群,无论男女,生来便是秃头,塌鼻子,留着长长的胡子,以一种掺着干果的糕饼为食。生活在这一地区的还有伊塞顿人(Issedones),他们会把死去的族人摆到葬礼宴会的餐桌上，作为一道菜品。甚至还有独眼的怪人和看守着一堆堆黄金的狮身鹫首的怪兽格里芬。这些游牧部族生活在文明世界的周围。在印度以东，居住着帕达欧伊人(Padaei)，他们以生肉为食，如果有人生病了，就会被自己的族人杀死。希罗多德对于游牧部族的评价，一种幻想、怪异和虚构的混合体，恰好与希腊人和罗马人对这些生活在已知世界边缘的人所固有的印象一致。在这片干草原上，文明世界的影子荡然无存。距离地中海越远的地区，居民越是怪异，其生活习俗越是令人不可思议，其社会秩序越是混乱不堪，其食物也更加原始。文明与野蛮之间有天壤之别。

这种对文明世界之外的认知早已成为古典文化的一部分。在公元前8世纪，也就是比希罗多德时代早三百年，野蛮人还是荷马史诗中一个重要的主题。《奥德赛》中奥德修斯与同伴在历经十年的特洛伊战争后返乡，在途中，他们所乘坐的船被风暴吹离了既定的航线，最终在距离希腊很远的一个港口安全着陆。然而，那里并非天堂，奥德修斯和他的船员被库克罗普斯岛上独眼巨人族的波吕斐摩斯(Polyphemus)所俘获，遭到囚禁。每天的清晨和傍晚，这只独眼巨人都会从这些人之中抓来两个，揪住头在大石头上砸碎，然后生吃下去。后来，奥德修斯趁着巨人醉酒之际，用尖锐的木棍戳瞎了他的眼睛，才得以逃生。

荷马的故事不仅说明奥德修斯足智多谋，而且也揭示了文明与野蛮之间的冲突。波吕斐摩斯和库克罗普斯人都是游牧民族，荷马与希罗多德都用了这个字眼。独眼巨人生活的地方没有城市，也没有农业和政府。他们牧羊，住洞穴，不管吃什么都是生的。奥德修斯及其同伴甚至无法和独眼巨人交流,既不能诉说自己的不幸,也无法请求释放。暴力是波吕斐摩斯唯一能够理解的语言。在这一幕幕有关混乱与秩序激烈交锋的故事中,独眼巨人只有一只眼睛,暗示着很多生活在文明世界边缘的游牧部族都对文明世界的优势视而不见。

在这样一个文明与野蛮并存的历史背景下,马塞林笔下的匈人很值得一读。作者没有直接描述匈人的社会习俗,而是遵循了人们对于匈人由来已久的偏见和固有印象。当然,具有良好教育背景的人还是会读到荷马与希罗多德的思想,从而超越头脑中根深蒂固的野蛮人的印象,对匈人有更进一步的认识。匈人之所以被认为是世界的威胁,是因为他们完全拒绝接受定居社会的种种好处。在马塞林看来,对于过着安分守己的农耕生活、规规矩矩地遵守律法、一辈子吃住在同一个地方的人来说,匈人代表着来自远古荒蛮时代的威胁。但即便是在野蛮人中间,匈人也是局外人。

A Backward Steppe

第三章
落后的干草原

马塞林以文学虚构的方式，脉络清晰地讲述了匈人的故事。即使这样，也不能认为他的叙述完全没有价值，尤其是在现代找不到其他相关资料的情况下。虽说作者为了迎合人们对匈人固有的印象，或者是为哥特人败于匈人之手寻找借口，从而夸大其野蛮恐怖的一面，故而在写作过程中有歪曲事实的情况存在，但总体而言，作者所提供的信息还是有根据的。比如说，读者能够从马塞林的叙述中看到匈人的影子，"如此的丑陋和扭曲，以至于会被当作是两条腿的野兽，或者酷似在桥梁的护栏上看到的用斧头在枯树桩上面砍出的粗糙的类人形象"。这种厌恶也反映了罗马人对匈人怪异长相的真实感受。和很多生活在干草原上的人一样，匈人会故意地把自己的颅骨压扁。颅骨塑形在当时有多普遍，这一点不得而知，但可以肯定的是，当时的新生儿头部被用布条紧紧地缠起来，这些像绷带一样的东西把石头或者木块等硬物紧紧压在婴儿的前额上。结果令人惊讶不已，匈人的鼻子根部被压得又扁又宽，而额头则变得十分夸张，被极大地拉长了。

参照其他生活在干草原上部族的情况，人们更容易理解马塞林所描绘的这些怪异的形象。匈人从来不换洗衣服，"直到衣服因为经年累月的磨损而破烂不堪为止"与 13 世纪（据说是成吉思汗）要求子民"衣服非破烂不能换洗"的规矩如出一辙。在马塞林的叙述中还有这样一种说法，匈人把半生的动物肉"置于自己的大腿和马背之间，以便让它稍微温热一点儿"，而据现代学者猜想，这些生肉是被当作药膏用于缓解马匹由于长期背负重物而导致的疮口。马塞林认为生肉是为骑手而备的看法，是有道理的。14世纪，巴伐利亚的一位雇佣兵兼探险家汉斯·希尔特贝格 (Hans Schiltberger) 声称曾见蒙古人的邻居——鞑靼人（公元 1240 年，鞑靼人占领了基辅地区）这样做过。"我曾经见过鞑靼人在准备长途骑行之前，会把一块生肉切成薄片，放在坐骑的马鞍底下，饿的时候就拿出来一片吃掉。鞑靼人会事先用盐把肉腌一下，这样，肉就不会因为骑行时受热而腐败变质，并且这样处理过后，马的体温使肉里的水分蒸发掉了，肉质会更嫩。"经过嫩化处理的肉已经成为干草原一带的特色食物。类似的食物可在如今的餐馆里找到——鞑靼牛排，只是它的制作过程不再需要战马和马鞍了。

在其他细节上，马塞林的记载毋庸置疑是错误的。他说"匈人和他的女人睡在马车里。在那里女人为男人繁育后代，直到长大成人"，这说明马塞林忽略了匈人日常生活中使用帐篷的事实。他还说"匈人不需要火，也不吃煮熟的食物"，而实际上匈人是用铜制的锅具煮制食物的。例如，公元1869年，在匈牙利西部的塔特尔·捷克哈勒姆（Törtel-Lzakóhal）发现了高约1米，重约41千克的容器。据猜测，这些硕大的容器很可能是作炊具用的。位于西伯利亚南部边陲地区的米努辛斯克附近的岩画显示，在公元1世纪前后，游牧部族的家家户户都在自家帐篷外面架起篝火，用炊具煮食物。和米努辛斯克地区的游牧民族一样，匈人也更喜欢吃煮熟的肉。

马塞林的记述中提供了一个重要信息，据他的观察，匈人基本上都在过着游牧式的生活，没有农业，也没有固定的居住地。干草原面积广袤，从蒙古地区到黑海，横跨整个亚洲，在过去的十六个世纪里一直干旱少雨。在这里，生命仍然是十分脆弱的。雨季的轮回、青草产量的剧烈变化以及疾病的暴发都威胁着生活在干草原上的人们。在困难时期，人们主要依靠羊群和马匹，而不是牛来生存。匈人是马背上的牧羊人，而不是牛仔。每年冬季，他们赶着羊群穿越开阔的平原，到达郁郁葱葱的牧场时，已经是夏季了。对于匈人以及其他游牧部族来说，土地的所有权并没什么意义，重要的是能够任意穿越土地的权利。

成群的匈人行进缓慢。笨重的木质马车运载着他们的财产和帐篷。帐篷的质地一般是羊皮或由羊毛制成的毛毡。食物只有一成不变的羊肉、马肉、牛奶和山羊奶酪。这些都可以通过觅食、狩猎和捕鱼等方式补充。成功利用干草原过活，需要集体的力量以及适当分散人口，以避免某一个区域被过度放牧或开采。要维持一小群游牧人的生计，就需要一大片的草原。部族中最基本的单位是家庭。如果能养得起的话，一个匈人可以拥有不止一个妻子，相应地，二十个这样的家庭会组成一个较大的群体。通过和目前生活在中亚地区的现代游牧民族相比较，从经济的意义上讲，数量在一百户到一千户之间的庞大家族是最理想的部落。如果认为有数量更加巨大的匈人会浩浩荡荡地在同一时间穿越干草原，那可就大错特错了。从生态角度看，这也是不可持续的。

最重要的是，游牧部族离不开马匹。在罗马人眼中，匈人的马匹，就像骑在马匹上的匈人一样，矮小和丑陋。根据与马塞林同样生活在 4 世纪的罗马兽医弗拉维斯·韦格蒂乌斯（Flavius Vegetius）的记载，匈人所使用的马匹长着钩状的脑袋，眼睛外凸，鼻孔狭窄，鬃毛蓬松而散乱，一直垂到膝盖之下，拥有硕大的肋骨，宽宽的马蹄，长着浓密毛发的马尾和瘦削的身体。这些特征都和那种养在温暖的马厩里，冬季还配有特殊草料的马匹完全不同。匈人的马匹强壮，不挑草料，终年都可以在大草原上驰骋。韦格蒂乌斯尤其赞扬了匈人的马匹耐力、坚忍以及耐寒耐饿的品质。"匈人的马瘦瘦的，很耐看，即便是在丑陋中也还有一丝美感。"对于匈人来说，骑术是必备的生存本领。有了娴熟的骑术，匈人不仅可以管理自己的牲畜，还可以去骚扰那些已然定居的邻居。一小撮匈人在马背上就可以决定发动攻势的时间和地点，伏击敌人，之后快速消失在广袤的干草原上。匈人对黑海以西的哥特人发动攻击这件事，表明匈人十分擅长打砸抢。他们经常是从天而降，然后一阵风似的消失了，留下满目疮痍的破败景象。对于匈人发动的突袭，被袭击者几乎没有提前防御的可能性。在现代战争中，卫星和空中侦察设备的使用大大减少了突袭所造成的损失。在古代世界，也许只有天边的一团烟尘预示着一场突袭的到来。

匈人兼有迅猛的速度和强大的战斗力。匈人士兵能够在马背上连发数箭，且每一箭都会命中目标。他们使用的是一种长约1.5米的复合短弓，中间用木材作胎，面向射手的一面贴着牛角制的角片，面向目标的一面敷上牛筋丝，弓弦的把手和两端用牛骨固定。这样，满弓时，牛筋丝可以抗拉伸，角片可以抗压缩，不同材质的结合，使它成为一种强有力的武器。现代研究发现，埃及法老曾经证实过这种弓箭的有效射程在188米左右。另一种用紫杉木浅色的边材和深色的芯材制成的长弓也体现了同样的设计理念，这种长弓在15世纪早期英国重创法军的阿金库尔战役中起到了决定性作用。匈人十分珍视这些武器，不舍得把它当作陪葬物，现已发现的只有折断了的弓和废弃的牛骨固定片。

擅骑术，用短弓，闪电出击，迅速撤退，这些因素合理解释了匈人何以如此令人惧怕，但先进的武器，并不是匈人屡屡获胜的秘诀，上述因素的合力才是。匈人的作战策略与罗马人或哥特人有所不同。马塞林对匈人的描述可能引自4世纪70年代曾目睹匈人与哥特人作战场景的时人的言论。匈人的箭很具迷惑性，让人无法察知其方位，紧接着，他们会冲上来展开肉搏战，并朝敌人投掷套索。熟练地使用被马塞林称作新式武器的套索，以及其他一系列高效且令人措手不及的作战手段，是匈人战胜全副武装步兵的关键因素。"匈人先是在远处射箭，然后迅速冲到两军交锋的地带，不顾死活地与敌人短兵相接。趁着敌军躲闪猛刺过来的刀剑的时机，将套索扔到敌人身上，困住其四肢，使之动弹不得。"

要想成功地运用这种战术，需要纪律严明的士兵和有效的军事指挥。虽然马塞林坚持认为"匈人不会臣服于任何皇帝的统治"，但他也不得不承认"匈人非常忠于自己的首领"。他没有明确解释"首领"这个词，但似乎暗指战时临时聚集在一起的若干部族的头领，而不是所有匈人共同的头领。当然，我们还是要慎重对待马塞林的叙述。虽然他所记录的有关匈人组织的情况有可靠之处，但他的意图是对比匈人通常的无政府状态和战争时期暂时的有序性。显然，这种对比言过其实了。实际上，在非战争期间，匈人的秩序性也远远好于马塞林的记载，只是他不愿承认这一点罢了。在干草原地区，生存状况严重依赖于对放牧权和通往夏季牧场的通道的控制，匈人向西进入黑海地区必定是某种集体决策的结果。

正如马塞林自己所言，这其中最重要的是匈人能拥有弓箭、马车和刀剑。换言之，他们与擅长木工和铁艺的定居部族有着密切的联系。制造弓箭需要的技艺更是非常专业。14世纪埃及有一位箭术行家泰布葛哈(Taibugha)，他是当时伊斯兰世界中最权威的行家：

> 制造弓箭需要极大的耐心，没有一年的时间是造不好的。秋季是雕刻和准备木胎，以及切割和调试牛角片的最佳时节；冬季时弯折和塑形，而春季的牛筋丝是最好的。最后，尚未完工的弓要在夏季上弦，将弓弯曲到理想的形状并将各部分黏合在一起，最后涂上颜色。

一个能干的工匠要花费一年多的时间才能制造一把弓。通过泰布葛哈的叙述可知，弓的制作过程十分精细，但并不费时。利用四季的不同条件寻求制作某个部件和最后黏合完工的最佳时机。关键是能够在合适的季节找到所需的原料，并妥善保存各种尚未完工的半成品。整个过程需要专业化的技能、大量材料的前期投入以及漫长的制作过程，这些只有定居的部族做得到，而终日游荡在干草原上的游牧部族是无法完成的。

没有人知道匈人是如何持续获得刀剑、青铜器、弓箭和马车这些物件的。也许他们的部落里就融合了一部分铁匠、木匠、车匠和弓箭制造匠。这些人也许是自愿为匈人服务的，也许是在战争中俘获的奴隶，被迫做这些事的。即便如此，这些随军的工匠也很可能只是权宜之计，用于维修或应对其他紧急情况。匈人有可能通过跟生活在干草原边缘比较富饶地区的居民进行交易才获得了这些手工制品。对于游牧部落来说，经常和农场、村庄打交道是非常必要的。在风调雨顺的年景中，牲畜的数量有盈余，也不大可能卖给其他游牧部落，因为后者也会有不少的盈余。而遇上较差的年景，就必须找个有谷仓的地方购买粮食以避免挨饿。在广袤的干草原上，游牧人、农夫和手工艺者必须紧紧绑在一起，相互依存。只有精心维护这种长期以来建立的关系，匈人的马和羊才能变成粮食、马车、青铜器和弓箭。通过反复偷袭以消灭这些农耕部族，对匈人可没什么好处。

综合上述因素，很难相信匈人是马塞林或他的很多读者所想象的那样：如野兽般的游牧部落，相貌丑陋、畸形，永远没有固定居所，即便睡觉时也是在马背上度过的，不需要火，没有律法，也丝毫不受道德约束。事实上，匈人的社会组织是有序的，经济也比较发达，并不像马塞林所记述的那般离群索居。我们可以把他们想象成高度流动、装备精良、没有固定居所，但却和农夫以及手工制造者关系密切的松散的氏族联盟。当然，这种氏族联盟组织即便比史料记载的更严密，也仍然缺少一个城市文明所应有的政治和文化机构。与当时生活在地中海周围城镇中的人截然不同，匈人就好像"水塘四周聚集的青蛙"（柏拉图之语）。在这一点上，马塞林毫无疑问是正确的：一片巨大的隔离带将广袤的干草原与舒适宜人的罗马帝国分离开来。

马塞林的记载有一个局限性，那就是对于匈人的起源，他只字未提。他只说匈人来自远离文明的"麦奥提克沼泽地 (the Maeotic Sea) 以外的冰冻海洋之滨"（克里米亚半岛以东和亚速海一带）。像其他游牧部落一样，匈人"突然出现"在干草原上，远离已知世界的边缘。当代的学者在追溯匈人的发源地时，力图把其位置描述得更为精确一些，但仍无定论。其中一个困难在于证据的可靠性。匈人遗留下来的物件只能证明其身份、生活方式和生活习惯。任何游牧民族所遗留下来的实物都远远少于定居民族。让情况变得更复杂的是，游牧民族的高度流动性意味着他们的习俗、手工制品和装饰物会在相当大的范围内流通，很多留存下来的实物都是定居部落通过交易从匈人那里得来的。在欧洲文化当中，诸如颅骨塑形术和为制作复合材料的弓箭而准备的牛骨都是外来者入侵的有力证据。黑海以东地区便不是如此了。这些看似独特的风俗习惯在很多地区盛行，从克里米亚到高丽地区都是如此。从考古学的角度看，生活在干草原地区的不同游牧民族之间有惊人的相似性，像扁平的颅骨和结实的骨骼这样的特征并不是匈人所独有的。

一个关于匈人起源的理论尚未得到证实，那就是，匈人是"匈奴"（Xiongnu）的后代。匈奴是生活在蒙古草原上的游牧民族，他们在公元前3世纪末建立了一个庞大帝国。匈奴与汉朝皇帝之间的关系很紧张，并与这个自公元前206年开始统治古代中国长达四个世纪的王朝，在公元前1世纪爆发了一系列的冲突。公元48年，匈奴帝国分裂，其中内蒙古地区的南匈奴请求内附，归顺汉朝，而位于北部的蒙古地区的北匈奴于80年代在汉朝和当时来自北方的另一支游牧民族鲜卑人的联合打击下进一步削弱。在某个时候，也许是在被汉王朝瓦解之后，抑或是在鲜卑人的威胁下，残余的北匈奴向西迁移，以保留自己最初的身份，直至以"匈人"（Huns）的身份传到欧洲大陆。

这一观点在第一次世界大战之前的德国学者中备受推崇。但有争议的是，当时的资料极为有限，而且中国有关匈奴的描述也常常自相矛盾，他们都忽略了考古方面的证据。很多有关匈奴和匈人的证据尚未系统出土或公之于世。这场争论的背后还有一个原因：对于很多学者来说，将来自蒙古地区的匈奴与在欧洲发现的匈人建立关联，是为了抵御长久以来的来自东方的威胁，以保护西方文明。历史上的匈人就是一个教训。匈人的中国身份一旦确定，他们入侵罗马帝国的行径就成了东西方之间不可避免的冲突循环的佐证。

20世纪30年代，在中国长城以西的内蒙古鄂尔多斯沙漠地区出土了一批青铜手工艺品，此后，人们对于匈奴的认识发生了重大转变。这些手工艺品表明，来自蒙古地区的匈奴和欧洲大陆上的匈人存在很大差别。东欧出土的公元四五世纪的物件没有任何一件饰有美丽的艺术化的动物和神话生物（马、羊、相互搏斗的老虎、长颈鹿以及龙），而这些是匈奴纹饰的主要特征。目前，还没有可靠证据可以推翻六十年前20世纪最权威的匈奴文化专家奥托·曼森–黑尔芬（Otto Maenchen-Helfen）的言论：

> 鄂尔多斯地区出土的青铜器是由当时的匈奴制作或使用的。通过观察这些出土的物件就能发现，它们和欧洲的匈人曾占据过的地区所出土的物件没有任何相似之处……有人们熟悉的动物风格主题……在这个有着丰富艺术主题的宝藏里，没有一件匈人的物品。

最近从蒙古地区发掘的考古证据进一步表明，来自欧洲的匈人与来自蒙古的匈奴有很多不同。考古学家在蒙古国和俄罗斯交界地带的外贝加尔地区发掘了一些存在于公元前1世纪到2世纪之间的匈奴遗址。在如今的乌兰乌德城附近的伊伏尔加，可以清楚地看到一个城市文明的诞生，宽阔的防御城墙拱卫着一个规划整齐的大型居民区和成排的房屋。居民从事农耕、放牧或者铁艺。这些生活在要塞城市的富裕的匈奴农夫一点儿也不像匈人。1996年，位于圣彼得堡的俄罗斯科学院公布了在伊伏尔加地区发掘的地下陵墓。虽然这次出土的文物在种类和范围上较上一次有所增多，但总体而言，仍验证了奥托·曼森–黑尔芬先前的结论。匈奴的装饰风格与欧洲的匈人之间没有任何有说服力的相似性。

如果跟蒙古地区和匈奴没有血缘关系的话，那么欧洲的匈人是从哪儿来的呢？根据一些证据，最好的解释是，他们来自蒙古以西地区，大致在阿尔泰山脉东部边缘地带和里海之间的某个地区，相当于今天的哈萨克斯坦。虽然这个解释并不能令所有人都信服。哈萨克斯坦是一个幅员辽阔的国家，世界第九大国家，面积有100多万平方千米，相当于4个得克萨斯州或法国的面积。其东部和北部分别与中国和俄罗斯接壤，西临里海。哈萨克斯坦中部是世界上面积最大的干草原，约78万平方千米。这里的气候与加拿大大草原相似：夏季中，7月的气温高达21℃；冬季里，1月的气温不会高过–12℃，甚至经常会降至–17.8℃。由于降雨稀少，哈萨克斯坦干草原上没有树木，只有一望无际的草，以及一片又一片的沙漠。在这片平坦而广阔草原上，风吹得又冷又猛，有时强得足以把人吹翻。

也许匈人的故土就在这一望无际、单调的干草原上？遗憾的是，到目前为止，没有一个准确的答案。这的确有些令人失望，和马塞林所说的匈人的故乡"在麦奥提克沼泽地以外冰冻海洋之滨"的含糊说法没什么两样，但是，匈人源自哈萨克斯坦干草原的说法相比150年前毫无根据的猜测，却是进步了不少。这种说法将匈人的发源地置于广袤的草原游牧地带，同时，指明他们与匈奴之间没有任何令人信服的联系，因此匈人的故乡不太可能远在东方的蒙古。最重要的是，破除了匈人来自"神秘的东方"这样一个误解，也有助于消除人们对于匈人的种种偏见。既然和中国以及匈奴毫无瓜葛，也就不应该再被当作是史上最早的危害西方文明的"黄祸"了。

Chapter 4
Romans and Barbarians

第四章
罗马人和野蛮人

没人知道当时匈人为何会离开干草原。或许是一系列复杂因素交互作用的结果：严寒酷暑或自然灾害，牲畜生病以及来自其他游牧部落的竞争或者其他什么重要的原因。无论原因是什么，其影响是显而易见的（见本书第一章）。用马塞林的话说，经历了这场变故以后，"很多不知姓名、其习俗也不得而知的人"，也就是匈人，对原先占领顿河和里海之间区域的阿兰人（Alans, 中国史料称之为"阿兰"或"阿兰聊"）造成了威胁。一些阿兰人加入匈人的队伍，一起对付哥特人。阿塔纳里克所率领的哥特人招架不住，很快溃败下来。一小股特温基人在弗里提根和阿拉维乌斯的带领下投奔罗马帝国以寻求庇护。当时，戍守在边境的罗马帝国军事指挥者没有用比较人道的方式处理好难民的收容问题，这也是后来双方关系日益恶劣的一个主要原因。匈人半路杀出，打破了罗马帝国将哥特人驱赶至多瑙河流域的企图。马塞林对匈人的评价是相当苛刻的，"这些野蛮人好似刚刚逃脱牢笼的野兽"，铺天盖地而来，穿过巴尔干地区，一路向南，"烧杀掠夺，无恶不作"。然而，这只是一场血腥屠杀的开始，随后，罗马帝国在阿德里安堡惨败，不久，罗马皇帝去世。

对于战场上的匈人，罗马史学家没有正面描述，但是，他们很可能伙同格鲁森尼人一起对抗罗马军队，或者在战争局势不明朗时明哲保身，等到胜利在望时才瞅准机会出来参与打劫。战争开始的第二天，哥特人袭击了阿德里安堡，试图用梯子爬上城墙，罗马人站在城墙上，掷下大量的石头，哥特人被击退后和匈人一起转战了君士坦丁堡。在那里，他们遭遇了一队撒拉逊人（Saracens）——罗马帝国从阿拉伯人中征募的一支力量，控制着帝国东部从叙利亚一直到西奈的边境地区。双方相遇时，撒拉逊人当中有一位沙漠勇士，满头长发，浑身赤裸，仅在腰间缠着一条缠腰带，他策马冲进哥特人的队伍里，只听到一声尖叫，一名哥特士兵的喉咙就被割破了。这位撒拉逊勇士倚着战马，开始痛饮从受害者伤口处喷涌而出的鲜血。如此令人发指的野蛮行径让哥特人不寒而栗，士气低落，于是灰溜溜地撤离了君士坦丁堡。

哥特人和匈人的联军缺少攻城战所需的作战技巧和物资，可是，如果攻不下城池，就不能再现阿德里安堡战役的辉煌，也就无法得到谷仓里的食物。虽然袭击附近的村落和农庄可以解决军队和家眷的部分食物供应，但是，这样的劫掠机会并不多。考虑到这些问题，格鲁森尼人决定分散开，向西进入潘诺尼亚（现在的斯洛文尼亚）。看到哥特人一再失利，四分五裂，势头渐弱，罗马人相信武力能解决问题。不过，这是瓦伦斯后继者的事情了。公元379年1月，当时的格拉提安在遭遇阿德里安堡战役失败之后，不敢与哥特人发生正面交锋，于是任命当时刚刚三十岁出头，有着在英国和巴尔干地区作战经验的弗拉维乌斯·狄奥多西（Flavius Theodosius）为军事指挥官，要为瓦伦斯复仇，粉碎哥特人和匈人的联盟。

事实上，狄奥多西的力量只刚刚够牵制敌军。虽然他在努力地征募兵力，却无法在短时间内提升罗马军队的战斗力。公元380年，格拉提安在潘诺尼亚大败格鲁森尼人，此后，他却不愿意再把军队主力投入到多瑙河沿岸各省。当时的罗马皇帝和哥特人首领都意识到形势的严峻性，因而都不愿意卷入长线作战。谁也不愿意挑起新的战事，以免削弱自己的实力。在对付哥特人方面，罗马人要么选择在满目疮痍的土地上继续僵持下去，要么休战。于是，狄奥多西决定谈判，公元382年10月，他同意特温基人、格鲁森尼人和他们的匈人同盟占领多瑙河以南地区，但作为交换条件，他们必须编入罗马军队。

在庆祝狄奥多西大获全胜的欢呼声中，演说家忒弥修斯意识到，必须要避开通过征战来获得和平的老套路了。与哥特人的协议仍然被视作是罗马人的胜利：与其说此事是饶恕被征服者，打压骄傲者的气焰，还不如说是罗马皇帝仁慈。"这是理性与人道主义的胜利，对应该受到惩罚的人施以怜悯，而不是毁灭……让多瑙河沿岸各地的人耕田种地而不是尸横遍野，让这儿变成一片乐土而不是坟冢，不是更好吗？与其让它变成一片荒凉之地，还不如让人们在这儿安居乐业。"忒弥修斯慷慨激昂的演说代表了罗马帝国当时的对外策略。这种策略看起来很温和、很有吸引力，实际上却是大错特错。它不知不觉地掩盖了许多令人不安的事实：罗马军队在阿德里安堡大败，瓦伦斯意外身亡，狄奥多西无法通过武力永久地解决与哥特人之间的纷争，哥特人和匈人的联盟已经在罗马境内日渐稳固。许多见证过这段历史的人或许还记得，六年前，特温基人聚集在多瑙河沿岸，当时这群人的首领弗里提根提出让这些哥特人进入罗马境内，安顿下来。具有讽刺意味的是，如今哥特人如愿以偿了。

阿德里安堡战役前夕，只有一小部分匈人作为弗里提根的同盟进入罗马境内，后来这些匈人接受了狄奥多西的条件，定居下来。大部分匈人则继续在多瑙河地区与哥特人对抗。弗里提根的追随者放弃作战以后，阿塔纳里克率领另一部分哥特人从喀尔巴阡山区一路撤退到巴纳特地区（位于罗马尼亚和塞尔维亚的边境地区）。在那里，他坚持抵抗了四年，最后也不得不越过多瑙河逃走了。在接下来的二十多年间，再也没有关于匈人发起进攻的记载。只有在匈人威胁到罗马帝国安全的紧要关头，罗马的史学家才会在史书里记上一笔。公元386年，另外一股格鲁森尼人企图突破罗马北部防线。十年前，八万格鲁森尼人渡过多瑙河，与马西安诺堡外的特温基人会合。但这一次，他们中了罗马间谍的圈套。几名罗马间谍来到格鲁森尼人的军营里，抱怨罗马指挥官，数说其种种不是，格鲁森尼人的首领奥德蒂斯（Odotheus）信以为真，便把自己的行动计划和盘托出。他们打算派一个先遣队在月黑风高的夜里渡过多瑙河，突袭睡梦中的罗马人。没想到，行驶到河中央时，一艘装备精良的罗马战舰拦住了去路，格鲁森尼人粗糙的木筏和独木舟很快被击沉了，大量士兵不是淹死了就是被杀掉了。

在此次大屠杀后，此后的十多年期间双方未有重大战事。这说明自阿德里安堡战役之后，罗马军队慢慢从与哥特人长达六年的战争泥淖中恢复过来了。这期间没有大规模的侵袭，也说明匈人不是为了攻打罗马帝国，而是维护多瑙河以北地区的领地。公元386年年底，罗马东部边境局势紧张，但是很快就缓和下来。罗马与波斯达成协议，由双方共同管理亚美尼亚地区。狄奥多西一面与波斯人和哥特人交好，一面率领东罗马的军队进入意大利处理了两起内乱——公元387—388年间的马格努斯·马克西穆斯（Magnus Maximus）叛乱〔公元383年8月暗杀了格拉提安〕和公元393—394年间的尤金尼厄斯（Eugenius）叛乱〔后来尤金尼厄斯在冷河（the Frigidus）附近被打败〕。自公元382年始定居下来的匈人和哥特人都参与了这两次镇压，为罗马帝国出了力，但在打败尤金尼厄斯之后，狄奥多西再也没能回到君士坦丁堡。公元395年1月，他在西罗马的都城米兰去世。罗马自此一分为二，西罗马归了十岁的小儿子霍诺里乌斯（Honorius），东罗马则分给了十八岁的大儿子阿卡迪乌斯（Arcadius）。在霍诺里乌斯的宫廷里，斯提里科（Stilicho）是说一不二的人物。他宣称，狄奥多西临终前任命自己为摄政王。在东罗马宫廷里，年轻的阿卡迪乌斯无力阻止不同利益集团之间的角逐。只有在斯提里科企图把手伸向君士坦丁堡的危急时刻，东罗马宫廷才会团结起来，一致对外。

狄奥多西去世几个月后，哥特人就发动了叛乱。哥特人首领阿拉里克（Alaric）曾是罗马军队的一名军官，他深知许多哥特人对罗马人的军事调遣心怀不满，在冷河战役中，伤亡最惨重的是哥特人。许多哥特人甚至怀疑：狄奥多西的所有军事安排都是为了削弱他们的势力。阿拉里克敏锐地察觉到，哥特人在罗马军队中缺乏安全感。公元394—395年的严冬，一支匈人越过冰冻的多瑙河，捣毁了哥特人和一小部分匈人杂居的村庄（显然，这两股匈人之间没有关系）。本应保护家人的哥特人却在九百六十六千米之遥的意大利帮罗马皇帝打内战。看着一片狼藉的村庄，哥特人不禁开始怀疑，罗马帝国是否在乎哥特人的死活。也许从一开始，哥特人就是被当作缓冲器来用的：在最好的情况下，充其量只是被迫首当其冲地迎击外敌，而在最糟糕的情况下，则是被当作可以被牺牲的野蛮人，以减缓外敌全面入侵多瑙河的速度。

由于害怕再次遭到匈人的侵袭，哥特人决定放弃自公元382年起占领的罗马领地。阿拉里克先是率军掠夺了多瑙河流域附近的地区，然后向南穿过希腊内陆，直奔伯罗奔尼撒半岛。斯提里科曾两次率军迎战哥特人，但仅仅只是将哥特人赶回了巴尔干。此时距离冷河战役仅仅过了十八个月，罗马军队的战斗力尚未完全恢复。此时，东罗马和西罗马之间的争斗再一次成为焦点。在4世纪90年代的中期，君士坦丁堡也不愿意与斯提里科合作了，担心对哥特人的胜利会使他更加强大。另一方面，亚美尼亚地区也出现了危机。阿卡迪乌斯及其谋臣不愿意为镇压哥特人而耗费兵力，更希望避免同时在两条战线上作战。

罗马东部边境面临的压力不是来自波斯人，而是那些来自黑海以北的匈人。公元395年夏天，一支匈人军队发动突袭，他们越过位于黑海和里海之间的高加索山脉，迅速穿过亚美尼亚，进入叙利亚。在南部的伯利恒，基督教修道士圣杰罗姆（Jerome，又译为圣叶理诺）记录了这次事件，他说他当时就在前线。即便当时他极度恐惧，但仍坚守传统教育对自己灌输的观念，将这次事件鲜活地记录下来：最终，维吉尔的一句名言鲜活有力地概括了匈人突袭所造成的毁灭性的灾难。

> 看啊！遥远的高加索悬崖上的那一大群北方的狼，如今挣脱了束缚，并迅速席卷了整个地区。无数的修道院被占领，数不清的溪流里流淌着鲜红的人血……成群的俘虏被强行拖走。阿拉伯、黎巴嫩、巴勒斯坦和埃及都陷入一片恐惧之中。"纵然有千张嘴、百条舌和铮铮铁嗓，也诉说不尽这灾难。"（维吉尔）

匈人突袭所带来的阴影挥之不去。两个世纪以后，一位叙利亚的基督教预言家警告说，来自遥远北方的匈人入侵将预示着世界末日的来临。匈人会将武器浸泡在一种魔药当中，这种魔药是用活生生从孕妇肚子里剖出的婴孩烤制而成的。匈人会喝人血，吃婴孩。"他们跑起来比风还快，比暴风云还疾，打仗时喊声震天，犹如狮子怒吼。匈人即将到来的恐怖席卷了整个大地，犹如挪亚方舟外吞没一切的洪水一般。"

匈人进犯的目的是劫掠，而不是征服。只要罗马军队的东部边防没有越过巴尔干地区，匈人的突袭就可以肆无忌惮。在希腊，斯提里科败给了哥特人，匈人又不断来犯，因而罗马被迫与阿拉里克达成停战协议。阿卡迪乌斯最亲近的辅臣尤特罗皮乌斯(Eutropius)促成了这次谈判。他认为，哥特人的目的并不是颠覆罗马帝国，而是为了寻求一处安身之所。公元397年，阿拉里克被任命为罗马军队的将军，而他的手下则得到了很多金子和粮食。此后，双方为了寻求更持久的解决办法而展开了谈判，也许是一个比狄奥多西确立的定居点更远离边境的新家园。在米兰，斯提里科的支持者怒不可遏。斯提里科的首席宣传员——诗人克劳迪(Claudian)安想象着阿拉里克作为罗马将军归来的情景，不久以前，他还发动哥特人叛乱，围剿了这座城池，如今，他成了将军，要来这里行使司法权，"这一次，他以一个朋友的身份来到这里，替那些曾经被他强奸了妻子、杀死了孩子的人申冤断案"。

尤特罗皮乌斯的计划实施后，由于哥特人的加入，罗马军队实力大增，从而向东推进，将匈人驱逐出了亚美尼亚。公元398年底，君士坦丁堡以游行庆祝战胜了"北方之狼"。兴奋的人们聚集在街道两侧，向尤特罗皮乌斯欢呼致敬。然而，胜利转瞬即逝，不到一年，阿卡迪乌斯就推翻了尤特罗皮乌斯的政策，流放了他。正如阿卡迪乌斯的对手所说的那样，既然东部边境的威胁已经解除，就没有必要再继续安抚阿拉里克了。罗马切断了对哥特人的一切补给，这标志着罗马对哥特人态度的转变。公元401年初，阿卡迪乌斯加强了与乌尔丁(Uldin)的联系，乌尔丁是欧洲第一个被罗马史学家记录的匈人的首领。乌尔丁控制着多瑙河附近的区域，不大可能与那些生活在黑海以北、袭击叙利亚和亚美尼亚的匈人有任何瓜葛。阿卡迪乌斯及其谋士可能计划与乌尔丁结盟，以利用乌尔丁的匈人对付阿拉里克领导的哥特人。显然，君士坦丁堡已不再准备与哥特人继续谈判了。东部边境无战事，与乌尔丁的结盟稳固了多瑙河地区的局势。如果有必要的话，罗马军队——现在有匈人作为同盟——就可以集中精力对付哥特人了。一系列的强硬手段奏效了：到了这一年的年底，阿拉里克已经离开东罗马帝国，向西迁移了。

哥特人企图进入意大利北部，却遭到斯提里科的抵抗。经过了两场艰苦的战斗，阿拉里克撤退到达尔马提亚和潘诺尼亚地区。由于无法用军事解决问题，就像狄奥多西在阿德里安堡战役之后一样，斯提里科也面临那样的困境。哥特人如此勇猛，无法征服；又如此危险，不容小觑。局势非常严峻，于是西罗马放弃了米兰，迁都亚得里亚海沿岸的拉文纳。新的都城防御森严，进出只有一条狭窄的堤道，还必须穿过险恶、臭气熏天的盐沼地（在和平时期，这一片水沼以盛产芦笋而闻名）。

斯提里科决定效仿狄奥多西、尤特罗皮乌斯，通过谈判来缓和与哥特人的矛盾。公元405年，阿拉里克再次被授予将军的职位，他的手下也得到了一笔钱。阿拉里克暂时得到了安抚，使得斯提里科能够集中精力抗击入侵意大利北部的哥特人。这一股哥特人和阿拉里克部毫无瓜葛。他们是自公元4世纪70年代匈人入侵以来就一直生活在莱茵河—多瑙河边境以北地区的一支游牧部族。这些人为了躲避来自黑海地区匈人的进犯，逐渐深入帝国境内。在首领拉达盖苏斯（Radagaisus）看来，这场寻求安居之所的旅途注定充满坎坷，为了躲避一支匈人的侵扰，而不得不面对另外一群敌人。阿拉里克向西迁移之后，乌尔丁所统率的匈人臣服于斯提里科，成为罗马军队的雇佣兵，使得罗马军队的实力大增。一切看起来都再自然不过了。罗马历来有征募帝国以外力量以充实帝国军力的传统。近来发生的狄奥多西利用哥特人在冷河流域击败了一个篡位者，尤特罗皮乌斯利用阿拉里克带领的哥特人对付侵犯亚美尼亚的一小股匈人，以及在尤特罗皮乌斯被流放以后，阿卡迪乌斯准备利用另一股匈人来对付巴尔干地区的阿拉里克，都是如此。后来的事实证明，斯提里科把匈人纳入罗马军队的举措是卓有成效的。公元406年末，拉达盖苏斯的哥特军队被击溃，很多哥特人被俘并被卖为奴隶。一时间，意大利的奴隶市场人满为患，奴隶的价格大幅跌落。而因此增加的收入被斯提里科当作报酬送给了乌尔丁。如果回报丰厚，他们将继续为帝国而战；否则，就转而反对它——这就是匈人的逻辑。当然，此刻，斯提里科身边的匈人保镖还是很安全的。在你死我活的宫廷斗争中，他更喜欢依靠那些事先收买过的"忠诚的人"。

然而，斯提里科的军事胜利却是短暂的。公元406年12月，一大群混合着各种部族的人穿越莱茵河进入罗马境内，但斯提里科却未能阻止这一行动。这可能是匈人向西推进所造成的持续破坏的结果。匈人的西进不仅让哥特人流离失所，大量的汪达尔人（Vandals）和阿兰人也被迫迁移（遗憾的是，我们对这群阿兰人一无所知，也不知道他们为什么要打破与匈人的长期联盟）。这次横渡莱茵河的行动是一次大规模的入侵，根据公元5世纪的记载，这次行动"把法国撕成了碎片"。第二年，法国和英国先后脱离了罗马，并宣布君士坦丁三世成为他们的新皇帝。拉文纳政权已经无法阻止入侵者的进犯，到了公元407年年末，君士坦丁三世加强了莱茵河地区的防御，加固了通往意大利阿尔卑斯山山口的防御，并在阿尔勒建立了自己的宫廷。斯提里科几乎没有办法恢复霍诺里乌斯的权威。即便是有匈人作为支援，他还是没有足够的力量重建帝国统治或保卫边境。同时，他也意识到，他继续与哥特人谈判的意愿，已经引起了很多人的怀疑。(斯提里科)可能会辩驳说，妥协是唯一可行的办法。他的反对者却不这么认为：斯提里科没能重建帝国的统治，也没能有效抵御外敌，这并不是因为罗马帝国软弱，而是因为斯提里科想通过和阿拉里克秘密结盟来实现自己的野心。当然，这些都是无稽之谈，没有证据表明斯提里科与阿拉里克达成过秘密协议。与其指责他搞两面派，不如说人们更相信他在抗衡哥特人方面不会比狄奥多西更厉害，最后，他也不得不诉诸谈判。

西罗马皇帝霍诺里乌斯选择了支持斯提里科的反对者。霍诺里乌斯一直都对这位摄政大臣心存猜忌，因为斯提里科曾试图控制这个帝国。潜伏在斯提里科周围的人开始采取行动了。公元408年8月下旬，斯提里科身边的匈人保镖被秘密杀死，没过几天，他本人就被逮捕并被处决了。然而，人们还是觉得与一些匈人保持友好关系是很有必要的。公元409年，双方在谈判中达成一致，决定将拉文纳宫廷中地位显赫人家的男子作为人质遣送到多瑙河以北地区，作为交换，同年晚些时候，霍诺里乌斯召集到了一万名匈人雇佣兵。目前尚不清楚这些部队是否曾经到达了意大利北部，但是，罗马皇帝极可能没有为他们提供足够的给养。

斯提里科死后，阿拉里克再次入侵意大利北部，直奔罗马而来。阿拉里克并不想鱼死网破，但是面对不愿妥协的罗马政府，他必须迫使对方接受谈判。哥特人围困罗马城长达十八个月之久，但霍诺里乌斯没有屈服。最终，在公元410年8月24日，阿拉里克率领哥特人打破了当时的政治和军事僵局，攻克并洗劫了罗马城。整整三天，哥特人将罗马城内的豪门府邸搜刮一空，还掠走了圣殿中价值连城的宝物。梵蒂冈山上的圣彼得教堂里挤满了惊恐的避难者。在所有破坏性的洗劫中，只有大教堂幸免于难。然而，对于被罗马城的倾覆震惊到的大众来说，即使野蛮人首领已经成了一名基督徒，他的这种惺惺作态也让人难以接受。圣杰罗姆写道："世界上最明亮的火焰瞬间熄灭，罗马帝国的辉煌消逝了，准确地说，整个世界的文明随着罗马城的倾覆而毁灭了，我沉默着，悲伤不已。"

罗马浩劫是一场本可以避免的灾难。这不是一次闪电战，也不是嗜血的游牧民族对意大利半岛所发动的意在奸淫少女、掠夺财物的突袭。相反，这场战争没有赢家：阿拉里克没能成功地为哥特人寻求一个永久的安居之所；而罗马帝国也未能妥善安顿这些被允许进入帝国的民族。哥特人在帝国境内生活了八年，却始终没有安定下来，又再次叛变，攻打罗马，并慢慢地向北进入法国境内。斯提里科的继承者弗拉维乌斯·君士坦提乌斯将军（Flavius Constantius，后成为君士坦提乌斯三世）与哥特人展开了谈判。最终君士坦提乌斯同意让哥特人居住在位于图卢兹和波尔多之间的嘉伦河谷一带。这里距离多瑙河约一千九百三十千米，这一年距离哥特人第一次横渡多瑙河已过去了四十年。

东西罗马帝国之间缺乏合作的诚意，致使早年间联合对付哥特人的计划搁浅下来。就像阿德里安堡战役后，因为帝国兵力削弱，所以不得不把哥特人的定居当成一种必要的风险管理。从公元395年阿拉里克叛乱，到公元418年哥特人正式在法国西南部定居，这期间罗马政府一直没能拿出有效的方案解决哥特人定居的问题。这清楚地暴露了罗马帝国在镇压内乱、抵御外敌方面的不力。

维护北部边境和东部边境的安全，需要持续不断的兵力和军费支持。所以罗马政府不得不在东部和西部起用雇佣兵，并严格控制可以调配至前线的军队数量。这期间，只有狄奥多西设法实现了军事制衡，成功地与波斯人和哥特人进行了和平谈判。

莱茵河—多瑙河前线的持续动荡是匈人向西推进的直接结果。这是一个渐进的过程。没有迹象表明从黑海地区向西推进的匈人遭遇过顽强抵抗，也没有迹象表明匈人曾经迫使哥特人和其他部落逃进罗马境内。

德国学者提出的"匈人的涌入"(the Hunnensturm)之说没有确凿的证据。匈人是分批进入欧洲的，是在一次又一次突袭和取代当地居民的过程中逐步巩固所侵占的土地的。

匈人逐步扎根罗马境内的进程，可以从罗马帝国北部边境所面临的军事压力中窥得一斑：公元 4 世纪的七八十年代，一股哥特人被迫迁徙至多瑙河地区；公元 395 年，多瑙河地区和亚美尼亚地区遭遇突袭（这证明当时至少有一小部分匈人在黑海北部活动）；公元 401 年，乌尔丁控制了靠近多瑙河的区域，并调遣力量向西帮助斯提里科作战。匈人曾在多瑙河中部地区出现，证实霍诺里乌斯确实在公元 409 年雇佣过匈人。

从上可知，在公元 370 年至 410 年期间，整体格局是明朗的：匈人活动的中心区域缓慢地移动了一千一百二十七千米，从顿河、德涅斯特河到多瑙河中部，即从现在的乌克兰、罗马尼亚向西直至匈牙利。

Chapter 5

How the West Was Won

第五章

西罗马的让步

公元5世纪初，匈人已经牢牢扎根于欧洲中心地带的匈牙利大平原上。匈牙利大平原（多瑙河中游平原的一部分），位于中亚干草原的最西端，紧邻喀尔巴阡山脉。这片富饶的土地自斯洛伐克东部伸展成弧形，穿过匈牙利和塞尔维亚北部，一直延伸到罗马尼亚西部。匈牙利大平原是整个中欧干草原的一部分。这是一幅视野开阔的风景画——这是一片没有树木、长满野草的广阔土地，其间偶尔有一小片沼泽，或者一汪边缘长满鲜绿色海藻的湖泊。这片广阔的平原与多瑙河以南地区形成了鲜明对照，后者到处是狭窄的山谷、长满茂密树木的山坡。匈牙利大平原成了匈人的定居地，这可是匈人自己的选择。在黑海以西，这是唯一足够喂养大量牧马的草原。它地处欧洲中部，是向多瑙河北部和南部发动军事进攻的绝佳地点。然而，与中亚广袤的荒野相比，匈牙利大平原还算不上"广阔"，它占地仅十万平方千米，而哈萨克干草原的面积多达七十八万平方千米。这些地理上的局限很重要，在这样一个受限的地区生活，匈人被迫进行了一次社会政治变革。如果无法适应这里的环境，也就意味着迁徙失败了，或者说他们将被迫冒着危险缓慢撤回干草原。

在首次向西推进的时候，匈人依赖自己高超的作战技巧和快速的机动性突袭当地的哥特人，那些未设防的村庄成了攻击的目标。虽然匈牙利大平原为牧马提供了肥美的牧草，但匈人还是无法像在广袤的干草原上那样维持传统的游牧生活。在欧洲的新家园，匈人不能像之前那样年复一年地驱赶着牲畜，从冬天开始一路追逐着丰沛的水源和牧草，直至夏牧场，并通过贸易和偶尔的打劫来贴补生计。匈牙利大草原为匈人提供了另一种生活方式。在这片土地更加富饶、人口密度更大、生产力更高的土地上，匈人可以利用自己对当地人的军事优势，建立长久而有效的统治。

匈人对外策略的转变发生在公元5世纪。他们一改此前烧杀掠夺的策略，转而向那些富有的农业社区定期索要贡品，这种政策对匈人来说更有利可图。匈人帝国在欧洲大陆上扩张时，成功地将从被征服地区榨取财物和征集人力的举措系统化。他们的主要关注点是保有一定的军事实力。只要当地人能够按时足额提供匈人所需要的雇佣兵和各种补给，拥有适合放养和繁育战马的土地，匈人便极少干预被征服地区的经济和社会秩序。利用而不是破坏哥特人社会对匈人来说有利无害。罗马帝国对各辖区及其居民实行严格的行政管理，而匈人帝国却是以保护的名义大肆掠夺。

罗马史学家马塞林对匈人的描述中没有提到这种变革，他仅强调了匈人进入欧洲大陆后游牧生活方式有所淡化。马塞林忽略了，至少是无视了匈人建立帝国的可能性。一直以来，他都是刻意渲染匈人的习俗和生活方式，以迎合文学作品中所构建的野蛮外来者的形象。当代罗马作家没有兴趣追踪匈人在罗马北部边境以外的崛起，也没有说明匈人是如何通过与哥特人的接触而改变了社会面貌的。除了史料中的只言片语，匈人政权日益稳固的过程需要结合考古证据以及当时匈牙利大平原上匈人所能利用的有限资源来考证。

根据普利斯库斯的记载，鼎盛时期的匈人帝国的疆域延伸至"海中之岛"——波罗的海。这一记载可能是正确的。尽管我们无法判断散落在北欧的物品到底是匈人，还是其他草原民族征服、结盟还是贸易的结果。大部分考古发现来自黑海以北（乌克兰南部和克里米亚）以及从罗马尼亚西部横跨匈牙利和斯洛伐克一直延伸到奥地利东部的匈人帝国中心地带。多瑙河中部地区曾出土了一些大锅。这里也发现了少量的人类遗骸，其年代可追溯至公元5世纪，这些头骨无论男女均有明显人为塑形的痕迹。这一带还出土了一些有特色的物件（不都是与塑形的头骨一同发掘的），包括骨制的弓弦加固装置、金头饰以及装饰性的马具。

发掘出土的头饰非常华丽。最漂亮的一个是在19世纪80年代晚期距离布达佩斯以东一百一十三千米的乔尔瑙城附近一处没有记录的墓地发现的。当坟墓被打开的时候，王冠还在，骄傲地环绕在死者头骨周围。乔尔瑙王冠是一根长约三十厘米、宽五厘米的金片，环绕着一条青铜带。头盖骨上氧化铜的痕迹表明，王冠没有任何衬垫或皮革衬里，是直接戴到头上的。在金带子的中央是两颗淡紫色的玛瑙，带子两侧最上面一排是血红色的石榴石，其下是三排形状相似的红色玻璃。同样令人叹为观止的是于1979年发现的无比精美的马具装饰物。这些装饰物是在公元10世纪修建的帕农哈马修道院周围葡萄园的沙地中发现的，共有十二条五厘米长的金箔，其中三条呈四叶草形状，品相完好。这些金饰被小铜钉固定在马饰的皮带上。当骑手驱马慢步前行，金色的马缰在阳光下闪闪发光时，这位骑手的财富和身份便不言而喻了。

这些物件光彩夺目，带有异域风情。值得一提的是，在多瑙河流域中部（更切确说是"干草原"地区）的匈人遗址处却极少发现类似的物件。令人惊讶的是，在欧洲几乎找不到任何匈人的考古证据。对照匈人的特征，目前只发掘出土了约七十具匈人的遗骨。数量如此之小，说明匈人在多瑙河流域生活的时间非常短——约从公元410年至465年，也就是匈人王阿提拉去世十年后。

另一个原因是匈人的陵墓几乎很难遗存至今，正如普利斯库斯对阿提拉葬礼的描述那样，匈人的首领被埋葬在巨大的土丘下，尽管埋葬时采取了野蛮的预防手段，但是巨大的土丘仍然会对盗墓者有所指引。

但是现代人无法在欧洲干草原上找到匈人的痕迹确实令人困惑，或者说需要一个解释，除非匈人的埋葬方式和陪葬品与他们所征服的定居地不同。显然，匈人具有强烈的部族意识，很看重自己的传统习俗，尤其注重陪葬品的选择。但这种做法不一定具有普遍性；事实上，他们可能只代表了少数人，可能也会被同伴视为古板守旧。换言之，匈人在欧洲的历史反映了任何一个移民部族的处境，过去是这样，现在也是如此。毫无疑问，几乎所有部族都保留了自己特有的生活方式。匈人也一直固执地坚守着某些传统：婴儿的头骨塑形，架着大锅炖肉，用金王冠来彰显自己今生和来世的地位。当然，也有一些匈人接受了哥特人的文化和习俗，在这些匈人的墓穴中就找不到任何典型的匈人陪葬品。在下葬以后，匈人和哥特人看起来没什么两样——这提醒人们，在处理考古证据时，某些文物的缺失有时可能与它们的存在同样重要。这将有助于解释为什么在欧洲只发现了少量的匈人的遗骨。

从公元 5 世纪初期开始，很多匈人开始像哥特人一样出现（至少葬礼习俗是相似的），这说明同一时期的哥特人的文化习俗几乎没有受到任何外来影响。哥特人一直生活在土地肥沃的河谷沿线，所居住的村落也未曾设防。他们年复一年地种植黍、黑麦、大麦，饲养牲畜，使用形状相似的玻璃器皿和灰色的圆形陶器。比较富有的和具有时尚意识的哥特人开始佩戴半圆形的胸针、金项链和带有搭扣的皮带。这些变化在大草原上并没有确切的起源，可能是欧洲各个部族在四处迁徙过程中，思想和风格相互融合的结果。换言之，哥特文化的变迁可能反映了匈人迁徙所造成的一些破坏性后果，但是，这些变化不会直接在干草原地区的遗迹上体现。

公元5世纪，在匈人统治下，哥特文化表现出持久的生命力。这与现如今人们对传统帝国的看法刚好相反：征服者通常都会把自己的文化强加于被征服者。这通常是一个痛苦的过程——正如"帝国"这个词本身所预设的那样——从罗马征服期的英国、西班牙帝国时期的美洲，或者英属印度这些国家的历史中可见一斑。作为征服者的罗马、西班牙和英国无一例外地摧毁了被征服地区的习俗和信仰。而被征服地区总会有一部分人站出来反对传统，愿意与征服者合作，愿意接受他们的语言、文化和生活习惯。另一方面，征服者也急于建立和维持一个新的统治阶层，因此积极鼓励这种方式。在罗马统治下的英国，那些带有镶嵌图案、壁画、中央供暖系统的乡间别墅里居住的并不是意大利人，当时意大利人正忙于治理一个新近征服的地区。这些崭新华丽的罗马式建筑里居住的竟然是那些甘愿与罗马统治者合作的土生土长的英国"精英"。

匈人帝国统治下的欧洲则是另一番景象。这里和罗马帝国所征服的地中海地区不同。在多瑙河以北地区，哥特文化几乎没有发生任何变化，也没有任何证据表明哥特人采用了匈人的习俗。这种缺少文化互动的状态或许说明二者是相对独立的，但事实并非如此。很难想象匈人能够在不与哥特人精英分子建立密切关系的情况下，还能从哥特人那里源源不断地得到财富，要知道很多精英分子也是通过与匈人结盟而获得好处的。因此，最合理的推测是，匈人没有把自己的文化强加给哥特人。换言之，哥特文化之所以没有遭到破坏，是因为匈人接受了哥特文化。

因此，虽然我们称之为"匈人帝国"，但它却是帝国统治模式的一个极端案例。这也再一次反映了游牧民族在征服时所遭遇的特殊情形。匈人帝国的建立很大程度上归功于匈人舍弃了很多从干草原所带来的习俗，虽然这些习俗在干草原上帮助他们攻坚克难，但是在新的环境中这些习俗就显得多余且难以为继。在控制了匈牙利大平原之后，匈人建立了帝国，并依靠剥削当时的哥特人而成功地巩固了政权。可以说，匈人帝国首先是一个寄生性政权，其成功之处在于它能够巧妙地模仿所征服部族的文化，压榨其财富，坐享其成。当然，也有一小部分匈人选择坚守旧的生活方式，这可以从其墓穴独特的陪葬物品上看出来。但大多数匈人都选择了哥特人的生活方式，因而，很难通过考古来证实匈人的转变过程。7个世纪之后，成吉思汗身边的一位大臣耶律楚材敏锐地意识到："可以在马背上打天下，却不能在马背上治理天下。"匈人建立的匈人帝国，使其摆脱了游牧民族的身份。

据罗马史学家马塞林记载，早年在干草原上时，匈人就并非是"接受皇帝统治的"。战事爆发时，人数在五百到一千之间的家庭会团结起来形成部落，"临时聚集在临时部落首领的麾下"。正如第三章中所述，即便是在和平时期，匈人社会也十分有序，虽然马塞林不愿意承认这一点。除了粗略的、具有误导性的言论以外，有关匈人的政权组织形式的信息很少。我们不妨对照其他游牧民族来看看匈人。假设匈人的统治方式与蒙古人的类似，那么就不可能出现所有部落皆势均力敌的情形，总会有一些部落更强大，一些部落处于从属地位——这可能是战争失利、资源匮乏或寻求保护的结果。集体性决策可能是由几个强大的部落推动的，但在这一广泛的框架内，决策过程和执行力度足够宽松，从而使得某些部落或部落联盟能够按照自己的意志行事。这与众所周知的匈人向西进入欧洲的情况相吻合：这只是一次普通的迁徙，而非组织严密的全员迁移。

匈人的部族成员身份很可能不是固定的。蒙古人的部族里通常是由一些关系密切的家庭组成的，但是亲缘关系并不是定义部族的唯一标准。在蒙古人的习俗中，"安达"，即结拜兄弟也会被接纳，使得其他部族成员可以凭借这种关系融入本部族。成吉思汗建立霸权的一个关键因素是诺克制度 (the nöker system)，这是一种不那么具有约束力的结社形式，在这种结社形式中，某一个部落成员可以与另一个部族中的权势人物结为臣属关系，成为他的"忠实伙伴"。这种制度使得有号召力的首领可以拥有众多勇士追随者，但这些首领也必须兑现他的诺言，否则就会失去"忠实伙伴"。任何野心勃勃的勇士都可能会选择支持或者反对某个首领，而这种可能性则致使某些杰出的领袖迅速崛起和突然堕落。在这样的制度下，君主要实现长久统治，就不那么容易了。允许忠诚的自由转移违背了君主制的两个基本原则：不论何种情形，统治者都能够始终依靠他们的追随者，君主的权力和臣民的拥戴只能在皇族内部代代相传。

乌尔丁的例子充分说明了匈人首领的脆弱地位。在罗马帝国妥善解决与阿拉里克所率领的哥特人的争端以前，乌尔丁就利用双方的矛盾获得了不少好处。公元401年，乌尔丁直接和阿卡迪乌斯进行了谈判。后来阿卡迪乌斯计划利用匈人的军队对付巴尔干的哥特人。公元406年，乌尔丁带领匈人向西行进，编入斯提里科的雇佣部队，帮助罗马帝国对付由拉达盖苏斯所率领的另外一支哥特人。三年后，乌尔丁带着他的人回到了东罗马帝国，这一次，他却是以入侵者的身份出现的。公元408年，他带领一支匈人战团，横跨多瑙河，杀入罗马领地。开始，乌尔丁拒绝和罗马人谈和，并宣称在得到赔偿之前是不会撤军的。他的气焰十分嚣张，声称匈人的军队可以征服太阳能够照耀到的任何地方。面对如此傲慢的匈人，罗马的谈判者采取了另一个策略，他们尝试与乌尔丁手下的大将们接触。三十年后，基督教史学家索佐门（Sozomen）在君士坦丁堡撰文指出，乌尔丁的追随者被上帝的干预所撼动，开始认识到"罗马的政体、皇帝的仁慈以及对于最优秀的人慷慨和迅速的奖赏"等种种好处。或许，乌尔丁的追随者为此还展开了一场关于政治哲学的激烈辩论。最终，乌尔丁的追随者被说服了，或者说，是被皇帝慷慨的承诺说服了。不管怎么样，罗马人的计划得逞了。匈人被收买了，双方讲和。被抛弃了的乌尔丁，狼狈渡过多瑙河，逃了回去。在他孤注一掷地从边境突围而走时，很多追随他的人被俘并被卖为奴隶。

只有在打了胜仗的情况下，匈人首领才能指望手下会效忠自己。因此，仅在自家部族中地位显赫的匈人会选择支持任何一个能迅速为自己带来回报的首领，至于做什么并不重要，无论是对付哥特人，还是作为雇佣兵加入罗马人的军队。这种缺乏稳定性的制度很容易被人利用。公元408年，通过策反乌尔丁的部下，罗马人取得了双重胜利：既化解了罗马所面临的危机，又削弱了强大的匈人的力量。四年后，罗马史学家奥林匹奥多罗斯（olympiodorus）代表东罗马宫廷出使匈人时，也利用了这个策略。对于这项任务，史书上并没有连贯的记载。奥林匹奥多罗斯所记载的历史涵盖了从公元407年至425年间的事，但仅保留了四十三个片段，有些事件只有寥寥数语一带而过。更糟的是，有关他出使匈人的这一经历，是四百年后一位冷漠的君士坦丁堡学者在原书的摘要中披露的。这位学者认为奥林匹奥多罗斯的记载"组织松散，文字平庸而粗俗，以至于根本不能算作是历史"。

公元412年年末或413年年初，奥林匹奥多罗斯离开罗马首都，到达希腊附近时遇到暴风雨，之后沿着亚得里亚海而上。这表明，他当时准备拜访的匈人就生活在多瑙河流域中部地区。陪同奥林匹奥多罗斯一起出行的还有他的长嘴小鹦鹉，它是他的骄傲。那位不耐烦的学者也提到奥林匹奥多罗斯对这个宠物的能力赞赏有加。同时，他也据此认为奥林匹奥多罗斯过于无聊和浅薄，"奥林匹奥多罗斯也提到了一只陪伴他二十年的鹦鹉。据说，它可以模仿所有的人类行动，它会唱歌、跳舞、叫出人的名字，等等"。令人遗憾的是，匈人对于这位喜欢鸟类的罗马使者和这只多才多艺的鹦鹉的到来，是何反应，史书中却没有记载。或许当时的人们尚未意识到，对于严肃的外交事务来说，这是多么有趣的交往案例啊。

有关奥林匹奥多罗斯这段出访的经历，经过了大幅的删减，因此，我们无法还原出事件的原貌，但奥林匹奥多罗斯似乎参与了谋杀地位显赫的匈人多纳图斯（Donatus），并收买了反对多纳图斯的匈人查拉通（Charaton）。也许正如奥林匹奥多罗斯的那只鹦鹉一样，查拉通痛恨奥林匹奥多罗斯只是一种表象，是为了避免其他人对他起疑。也可能是查拉通邀请罗马人一起干掉了自己的竞争对手，并承诺和罗马建立友好关系。又或者是因为多纳图斯和罗马大使走得太近，被竞争对手查拉通以此为借口除掉了。再具体的细节就不好推测了。无论如何，奥林匹奥多罗斯出访匈人，是罗马人巧妙利用匈人政权不稳定的又一个案例。显然，允许部族成员适度流动纵然有种种好处，但是，一旦不同部族之间由此发生竞争，就非常容易升级为致命的仇恨。不断变化的忠诚鼓励分裂和内部冲突。在战争时期，至少是在短时间内或者在远征获胜的情况下，选择支持某一位临时首领是极为明智的。但在长期战争中或在管理定居社会的情况下，这种策略就不适用了。

匈人从黑海迁徙到匈牙利地区的半个世纪过程中，他们的社会组织形式一直都是关系较为松散的部族。在罗马驱赶居住在多瑙河以北地区的匈人，或者把匈人纳入雇佣兵的情况下，这种组织形式尚可适应当时的情况。事实上，匈人的存在为罗马制造了一个永久的安全隐患，但匈人本身也是解决方案的一部分。随着匈人扩张和巩固他们对新领地、新居民的控制，持续的袭击所带来的好处越来越少。仅仅依靠不定期的突袭，无法实现长治久安。如果想从被征服地区源源不断地获得各种资源，就有必要建立一个更加稳定的政权形式，而且，匈人所发动的任何扩张，尤其是针对罗马帝国的，都需要集中兵力攻打特定目标，需要加强部族间的协作以及实施计划周详的突袭。只有当所有部族都团结在一个首领之下，并对他绝对忠诚时，匈人才能真正发挥所向披靡的威力。值得注意的是，在接下来的三十年里，这一构想取得了实质性的进展。某些关键的变化表明了乌尔丁时期的匈人的社会组织和阿提拉时期的差异。然而，纵观历史，我们发现匈人能够在公元5世纪上半叶从一支干草原上普通的游牧部族一跃成为定居在匈牙利大平原上的强大帝国，两位匈人王所采取的策略至关重要。

Part II
Huns and Romans

第二部
匈人和罗马人

Chapter 6

A Tale of Two Cities

第六章

双城记

公元408年5月，阿卡迪乌斯在君士坦丁堡逝世。他身穿紫色的长袍，躺在宫殿里。宫廷里的高级廷臣（按照严格的顺序）排成一队，慢慢从金棺旁边走过，一张张冷漠的面孔在跃动的烛光中闪过。全城一片哀恸，商店和公共场所停止了营业。在庄重肃穆的仪式中，阿卡迪乌斯的遗体被从宫殿送入了山上的陵墓中。大量的百姓聚集在街道上，仪仗队沉重而有节奏的脚步声响彻街道，修女和牧师所组成的唱诗队的哀悼声一阵高过一阵。空气里弥漫着焚香的气味。在送葬队伍的最后方，是身份最高贵的人——阿卡迪乌斯的儿子狄奥多西二世（Theodosius Ⅱ）。

当时，狄奥多西二世只有七岁。阿卡迪乌斯在六年前就预料到了这一天，他当时指定了还是个婴儿的狄奥多西二世为同朝皇帝。因此，在阿卡迪乌斯去世后，并没有出现"继承危机"：狄奥多西二世已经有了皇帝的身份。只是在他执政的前几年，实际处理行政事务的是东罗马帝国的禁卫军首领安特米乌斯（Anthemius）。他最初只负责罗马帝王的安全，之后其职权扩展至负责罗马领地范围内的司法、财政、税收、征兵、市政建设和行政事务。由于表现出色，来自埃及的安特米乌斯稳坐宫廷的最高行政职务，在阿卡迪乌斯去世的三年前便被任命为总督。他是皇帝最信任的大臣，公认的杰出政治家。在一位同时代的人看来，他是"那个时代最足智多谋、最受尊敬的人。凡事力求集思广益，重要的国事在决策前一定会征集大多数密友的意见"。

安特米乌斯不仅协助皇权平稳交接，而且促成了东罗马帝国与波斯（萨珊王朝）之间的和平协定。公元400年，安特米乌斯和其他罗马大臣一起出访波斯首都泰西封，庆祝伊嗣俟一世（Yazdgard Ⅰ）登基一周年。公元408年，伊嗣俟一世重申了与罗马帝国的友好关系，并宣布任何人胆敢反叛年幼的罗马皇帝，都将面临波斯人的讨伐。人们还知道，波斯皇帝同意作为阿卡迪乌斯的遗嘱执行人，照顾年幼的皇帝，直至他成年。这些可能是事实，也可能是对当时伊嗣俟一世与狄奥多西二世之间亲密关系的一种动听的外交说辞。当然，对于总督及其追随者来说，支持波斯这样一个强势的统治者介入罗马事务，以避免出现斯提里科声称受先皇嘱托摄政所引起的种种猜忌和分歧，是很有必要的。十五年以后，狄奥多西二世的强大守护者不应再出现在君士坦丁堡的宫廷里，而是在一千六百千米以外的泰西封与罗马保持相对安全的距离，这对双方都有好处。

东部边境态势稳固，而且波斯皇帝也很友好，这使得罗马可以把更多的资源分配到北部边境，以确保君士坦丁堡的安全。公元412年，狄奥多西二世下令重整多瑙河舰队。通过维修、淘汰老旧船只，增添新的设备，七年间共有二百二十五艘巡逻艇被用于保卫帝国。狄奥多西二世也同意了安特米乌斯增建第二道城墙以加强帝国首都安全的建议。公元324年时，君士坦丁最初只是修建了一道城墙，覆盖方圆四千米的区域。九十年后，君士坦丁堡的范围已经远远超出了上述范围。增建城墙的计划显示了罗马人的雄心壮志：保卫君士坦丁堡所在的整个半岛，并使君士坦丁堡的城区面积进一步扩大。安特米乌斯的计划几乎让君士坦丁堡的面积扩大了一倍，新建城墙与从金角湾至普罗庞提斯（土耳其马尔马拉海的旧称）的旧城墙间的距离约为八百米。

以年轻的皇帝命名的"狄奥多西城墙"，是罗马帝国历史上最为坚固的防御工事之一。城墙的原始统计数据就足以让人叹为观止了。一组纵深达五十五米的平行防御工事绵延五千六百米。

内城墙高十一米（约四层楼高），地基厚约五米。坚固的地基两侧是白色的石灰岩块，上面还镶有红砖带。内城墙共有九十六座瞭望塔，塔高十八米，间隔大小不一。塔楼的正面是一个突出的平台（门廊），宽约十五米——这个死角被掩藏在七米高的外城墙之下，由九十座瞭望塔守护着，与分布在内墙的瞭望塔互为呼应。而外城墙的正面是另一个宽阔的平台和一条深六米、宽十八米的干护城河。狄奥多西城墙的维护和维修费用是通过部分私营化筹措来的。瞭望塔被租给了此处土地的旧主人。在这里，可以享受到整个罗马城的景色，而作为这种享受的回报，租户需要支付维护费用。罗马在公元413年4月颁布的帝国律法中提到，"纵然要维护首都建筑和防御工事的辉煌外观，但也要让它能为民众所用"。

在20世纪80年代，狄奥多西城墙得以修复。它那长长的内城墙和很多瞭望塔的高度几乎和原建筑一样。但护城河已所剩无几，大部分都被填平了。凸起的平台已经不见了，曾经用于建造平台的石头被搬走了。这个曾经十分重要的防御工事如今成了郊区的绿色"份地"：在被太阳照得暖暖的白色石灰岩上，绿色的葡萄藤四处蔓延，绿色的叶子间缀满了成熟的果子。到伊斯坦布尔来的游客，很少会花上大半天时间绕狄奥多西城墙走一遭。对于公元5世纪初生活在君士坦丁堡的人来说，这处坚固的防御工事象征着罗马帝国的权力与安全。城墙的防御能力彰显了帝国首都的辉煌。强大的防御力使它成为地中海地区最坚不可摧的堡垒，即便在多瑙河以南各地相继沦陷于匈人或哥特人之手时，君士坦丁堡仍能屹立不倒。

公元423年8月，西罗马皇帝霍诺里乌斯在拉文纳去世，此时距离他兄长阿卡迪乌斯去世已经十五年了。霍诺里乌斯很可能和他的父亲狄奥多西一世一样患有水肿。这是一种身体无法调节液体摄入和排泄的疾病。通常，病人会死于肾衰竭或者肺水肿，过多的液体滞留在肺部会引发心脏衰竭。狄奥多西二世为叔叔的死做了精心的准备，希望快速掌控西罗马，但是，他试图统一东西罗马的设想没能实现。拉文纳的重臣和军官都支持一位名叫约翰 (John) 的高级官僚。在君士坦丁堡，狄奥多西二世不得不考虑他的姑妈加拉·普拉西提阿 (Galla Placidia) 和她的儿子瓦伦提尼安 (Valentinian)。

加拉·普拉西提阿是一名具有纯正皇室血统的公主，是狄奥多西一世和第二任妻子加拉的女儿，也是霍诺里乌斯和阿卡迪乌斯同父异母的妹妹。很多见过她的人都说她貌美如花。尽管在恭维的话语中人们一般认为公主都是美丽动人的，而敏锐的观察者则深感于她的机智敏锐、精明的政治头脑和冷酷的政治野心。公元395年，狄奥多西一世去世时，年仅七岁的加拉·普拉西提阿正在米兰，从而与霍诺里乌斯留在了西罗马。公元410年，在阿拉里克围困罗马城时，加拉·普拉西提阿被扣为人质。公元417年的元旦，迫于同父异母的兄长霍诺里乌斯的压力，她不情愿地嫁给了弗拉维乌斯·君士坦提乌斯将军，他是继斯提里科于408年8月被处决后皇帝最信任的指挥官，负责安排哥特人在法国永久定居的事宜。

弗拉维乌斯·君士坦提乌斯与加拉·普拉西提阿的联姻具有浓厚的政治意味，尤其是在当时的背景下，霍诺里乌斯没有子嗣，并公开表明自己是虔诚的基督徒，奉行绝对的独身教义。公元417年末，加拉·普拉西提阿生下一个女儿，尤斯塔·格里塔·霍诺里娅（Justa Grata Honoria）；十八个月后，她的儿子瓦伦提尼安也出生了。公元421年，霍诺里乌斯立君士坦提乌斯为同朝皇帝，并授予瓦伦提尼安"最高贵的人"（nobilissimus）的荣誉称号，将年仅两岁的瓦伦提尼安确立为皇位继承者。狄奥多西二世则认为，自己才是霍诺里乌斯的法定继承者，因而拒绝承认君士坦提乌斯的身份和瓦伦提尼安的头衔。僵局并没有持续多久，死亡和流放改变了这一切。与霍诺里乌斯联合执政仅七个月之后，君士坦提乌斯就去世了。两年后，公元423年初，君士坦提乌斯的遗孀和两个孩子逃出拉文纳，到君士坦丁堡寻求庇护。霍诺里乌斯认为自己没能当上整个罗马的皇帝，都是加拉·普拉西提阿的责任。这种说法是否公正，我们不得而知。霍诺里乌斯精心地指定了一位继承人，现在却后悔了。他只满足于瓦伦提尼安的追随，但并不想被取而代之。

在东罗马宫廷，加拉·普拉西提阿受到冷遇。狄奥多西二世答应保护她，却拒绝帮助瓦伦提尼安。霍诺里乌斯去世以后，狄奥多西二世希望自己能接管西罗马，将君士坦丁堡重新变成祖父狄奥多西一世时统一的帝国都城。事实证明，这个想法是徒劳的，也不现实。在狄奥多西深入意大利境内镇压马格努斯·马克西穆斯叛乱的三十五年当中，形势已经发生了巨变：罗马城遭到阿拉里克所率领的哥特人洗劫，莱茵河边境地区遭到破坏，哥特人在法国拥有了新的领地，匈人占领了匈牙利大平原。西罗马帝国的力量已经无法从另一边戍守地中海地区了，这一地区的局势不稳定，防御也过于薄弱，而且，霍诺里乌斯去世以后，众人拥护官僚约翰，这说明拉文纳宫廷里的重臣不可能效忠于远在一千四百四十八千米之外的君士坦丁堡。

面对约翰的反叛，狄奥多西二世很快就改变了主意。他追封死去的君士坦提乌斯为皇帝，并承认瓦伦提尼安为霍诺里乌斯的合法继承人。他还安排瓦伦提尼安和自己年仅两岁的女儿丽西尼亚·尤多西亚（Licinia Eudoxia）联姻，以巩固东西罗马的关系。公元425年，弗拉维乌斯·阿斯帕（Flavius Aspar）在短时间内纠集了一支力量开赴意大利，在位于今威尼斯以东九十七千米的亚得里亚海岸，围困了阿奎莱亚城，不久，拉文纳陷落。那些认为罗马帝国军队的行动代表着上帝旨意的人声称，天使化身为一位牧羊人，带领阿斯帕的军队顺着密道穿过了拉文纳周围的沼泽。另一些人则认为，事实上是一位牧羊人，为了丰厚的报酬而帮助了阿斯帕。

对于约翰来说，罗马军队是否真有上帝相助并不重要。反叛失败了，他被拖到阿奎莱亚，在赛马场上被一头驴子拖着跑。他被迫演了一幕残酷的哑剧，意在讽刺他自己的沦落，观众大声地嘲笑他。羞辱过后，约翰被砍掉了右手，接着就被处死了。观众席里，加拉·普拉西提阿和两个孩子坐在点缀着金饰的紫色帘幕下，冷漠地注视着这一恶毒的场面。这是一个残酷的提醒，宫廷政治是具有致命危险的游戏。失败了，就得像囚犯一样，在竞技场上受死；得胜了，就可以稳坐在皇帝的包厢里，欣赏失败者受刑。

然而，这个时候庆祝胜利还为时过早。早在几个月以前，约翰曾派出中层官员弗拉维乌斯·埃蒂乌斯（Flavius Aetius），带着一大笔黄金出使匈人，希望寻求帮助。埃蒂乌斯来自一个富裕而显赫的家庭，在军事和行政管理方面政绩突出。他的父亲高登提乌斯（Gaudentius）曾管理过北非的一个省，后在法国指挥作战时被叛军杀害。拥戴埃蒂乌斯的人这样说：

> 他中等身材，比例匀称，有男子汉的魄力……他信念坚定，不会因为他人的蛊惑而轻易改变初衷。即便遭受冤屈，也表现出十足的耐心。他积极进取，希望多承担些工作。面对危险也毫不畏惧，即便面对饥饿、寒冷、缺少睡眠等恶劣环境也毫不退缩。从少年时期开始，他似乎就意识到自己将会肩负重任。

公元409年，埃蒂乌斯尚不满二十岁。他和其他贵族一起被作为人质送到匈人那里，作为霍诺里乌斯从匈人中征集一万雇佣兵的担保。在多瑙河对岸，埃蒂乌斯似乎过得还不错，和匈人的贵族子女一起度过了一段美好的时光。也正因为如此，他不仅精通马术，而且箭术高超。他与很多匈人建立了深厚的友谊，他发现匈人是值得尊敬和信任的，这与罗马人对匈人的偏见刚好相反。公元425年，约翰想利用埃蒂乌斯和匈人的这层关系来帮助自己。埃蒂乌斯出使匈人的任务圆满成功。埃蒂乌斯的人脉，再加上约翰给出的重金，使一支规模可观的军队很快就被纠集了起来。当时，传言有多达六万的匈人士兵正在赶来拉文纳的路上。然而，援军来得太晚了，在匈人士兵进入意大利北部的三天前，约翰已经被处决了。与阿斯帕交战之后，匈人士兵损失不小。于是，埃蒂乌斯就放弃了约翰的安排，转而开始实施自己的计划。加拉·普拉西提阿别无选择，只能接受谈判。她同意给匈人一笔钱，并任命埃蒂乌斯为西罗马驻法国军队的最高指挥官。

当约翰被除掉的消息传到君士坦丁堡时，狄奥多西二世正在战车竞技场上主持比赛。他立刻取消了余下的活动安排，下令举行感恩仪式。很快，一个庆祝仪式准备就绪。这座城市中体育迷的欢呼声很快就被歌颂永远胜利的圣歌所取代。在拉文纳，加拉·普拉西提阿一面感恩神明，一面暗暗祈祷在约翰倒台以后，尽快根除他的余党。对于提拔埃蒂乌斯为西罗马驻法国军队最高指挥官这件事，加拉·普拉西提阿万分不情愿。她所祈祷的是完全的胜利。埃蒂乌斯成功勒索高级指挥官职位的过程，充分暴露出匈人雇佣军的危险性：匈人士兵有可能会被某些野心勃勃的罗马将军用来争取派系利益，而不是将之用于保卫帝国。此后，西罗马所有廷臣都宣称自己效忠于新的皇帝瓦伦提尼安和他那令人敬畏的母亲加拉·普拉西提阿，然而，所有人也清醒地意识到，如果匈人早几天到达意大利，那现在统治拉文纳的就是约翰及其支持者！

War on Three Fronts

第七章
三线作战

罗马帝国所面临的最大威胁是多方受敌。同时在两条战线上作战不可避免地分散了兵力和补给，使得战争的结果更加扑朔迷离。这也增加了打持久战的风险——随着时间的推移，速战速决的希望落空，战争可能会演变成持久战。这样，不仅花费巨大，而且士兵的士气逐渐低落，战争陷入僵局，最后的结果不是撤退就是妥协。更糟的是，这种情形很可能会被罗马的敌人所利用。当罗马将兵力集中到一个阵线上时，另外一处的阵地——可能是几百千米以外——遇袭的可能性大大增加。对于罗马军事指挥者来说，最难的事莫过于在进攻和防御之间保持平衡：主要兵力是应该调往前线参与作战，还是留在后方以防敌军突袭？公元5世纪二三十年代间，狄奥多西二世多次面临这样的困境。当时，他在美索不达米亚和北非都面临艰苦的战事，同时，还要防备匈人横跨多瑙河，持续侵扰周边地区，必须确保巴尔干各省地区的安全。无论多么强大的帝国，也无法在多战线同时作战。

公元420年，即加拉·普拉西提阿和瓦伦提尼安在拉文纳夺取政权的五年前，一个狂热的敢死队的领袖放火烧毁了伊拉克南部波斯胡泽斯坦省的一座寺庙。这名极端的激进分子明知道自己会被当场击毙，但还是义无反顾。此次自杀式任务的目的是给波斯帝国的主要宗教——拜火教以沉重的打击。一位名叫阿布达斯 (Abdaas) 的基督教传教士成功地捣毁了寺庙，却没能当场殉教。被捕后，他被带到伊嗣俟一世面前，伊嗣俟一世在过去的二十年间对基督教一直很宽容。这次，阿布达斯及其追随者的所作所为改变了他的态度。伊嗣俟一世提议，基督徒重修被烧毁的寺庙，以此作为与波斯胡泽斯坦省其他宗教团体和解的姿态。然而，阿布达斯拒绝了。这时，伊嗣俟一世终于明白了，波斯帝国境内的基督徒根本无意于融入波斯社会，他们只会利用这里相对自由的政策来颠覆波斯政权。于是，他无奈地宣布了严厉的措施：围捕和处决基督徒，摧毁基督教堂。在波斯帝国的大规模围剿下，一些基督徒选择为信仰而殉葬，另一些则越过波斯边境逃往罗马。

伊嗣俟一世的暴行遭到君士坦丁堡的谴责。次年，伊嗣俟一世的儿子巴赫拉姆五世（Bahram V）继位，波斯和罗马之间的敌对状态进一步加剧了。狄奥多西二世下令采取强有力的军事行动。这是罗马历史上一个重要的时刻。罗马皇帝第一次为了捍卫基督教而公开宣战。狄奥多西二世的支持者声称，上帝在暗中帮助罗马，十万来自沙漠地区为波斯而战的阿拉伯人因惧怕神灵，自投幼发拉底河而亡。虽然在这个关键时刻发生了这样的奇迹，罗马军队一开始也取得了几次小规模的胜利，但是，罗马并没有在美索不达米亚北部地区取得决定性胜利。公元422年，双方开始谈判休战，并同意不再在前线地区增加防御工事，波斯允许基督徒留在境内，罗马也允许少量的拜火教徒生活在罗马境内。

不到一年的时间，狄奥多西二世又放弃了十字军东征。其中一个重要原因是多瑙河地区遭遇突袭。公元422年初，匈人趁罗马人在波斯作战时，向南入侵色雷斯（大致相当于今天的保加利亚）。这次袭击是如何进行的还不得而知，也没有具体领导人姓名的任何记载。只是在公元6世纪的编年史里有简要的叙述：匈人将色雷斯夷为了平地。这次入侵的规模显然超过了一次普通的越境偷袭，它还迫使罗马迅速召回派往美索不达米亚的军队。狄奥多西二世的宗教热情受到严格的战略限制：只有在和波斯和平相处时，才能有足够的兵力保护巴尔干地区。公元422年3月3日颁布的法令，是为了应付如此大规模的部队调动而匆忙制定的规定的一部分。狄奥多西二世命令租借狄奥多西城墙的罗马人为战争提供紧急援助物资。法令里写道："我们最忠诚的战士从战场归来，或者出征征讨外敌，他们需要神圣的罗马城中每一座瞭望塔的主人所提供的帮助。"

罗马增派军队之后，就有足够的实力与匈人谈判了。如果匈人答应撤退，每年可以得到三百五十磅黄金。通过这样的谈判，君士坦丁堡成功地实现了与波斯人及与匈人的和解。人们在海勃德曼（Hebdomon）竖起一座皇帝的雕像，并在狄奥多西城墙之外的普罗庞提斯海滨的陆地上举行军事阅兵仪式。这座雕像已经不复存在了（其残存部分现陈列在伊斯坦布尔的考古博物馆），在雕像的底座上，刻着一行字，赞颂狄奥多西二世是"常胜之王"。这只是赞颂之词，但是，考虑到他能够与波斯人、匈人和解，并把这说成是罗马的胜利，说明他是精于盘算的。

狄奥多西所面临的另一个危机就没这么快，也没这么容易解决了。这起源于上一代匈人西进过程中所造成的破坏。公元406年12月，汪达尔人越过莱茵河，穿过法国境内，于公元409年到达西班牙。二十年后，仍旧没有定居之所的汪达尔人越过直布罗陀海峡，进入北非。这样，汪达尔人对罗马领土完整的破坏比他们对西班牙的破坏更加严重。北非诸省是整个地中海地区最繁荣的地区。绵延海岸线的大片农田盛产红酒、石油和谷物，还能带来大笔的税收，堪称罗马帝国的粮仓。迦太基是北非的主要港口，也是一座富饶的城市。其周围拥有大量的货舱和装备优良的船坞，人口多达二十万，规模仅次于罗马、君士坦丁堡、安提俄克和位于尼罗河三角洲的亚历山大港。公元429年春，汪达尔人入侵迦太基，威胁要摧毁这个围绕大海建立起来的帝国世界。

当时的罗马人把地中海称作"我们的大海"。罗马帝国在过去的五百年间基本是环海而建。如果丧失了北非海岸线，意大利会随时遭到袭击。依托迦太基，汪达尔人可以派海上舰队攻打罗马、拉文纳甚至君士坦丁堡。罗马在东部和北部部署的边防要塞可以用来抵挡波斯人和匈人，但是，对于来自北非方面的突击，这些就不管用了。

在公元4世纪罗马帝国分裂的过程中，北非（除埃及和利比亚外）被划入西罗马的管辖范围。然而，面对汪达尔人的入侵，狄奥多西二世不想把如此重要的战事交给年仅十一岁的瓦伦提尼安三世和他的母亲加拉·普拉西提阿，于是决定介入此事。公元431年，曾经于425年围困阿奎莱亚和拉文纳的弗拉维乌斯·阿斯帕率领一支军队去增援西罗马帝国指挥官博尼费斯（Boniface）。尽管此前双方发生过几次摩擦，但此次的军事合作却非常密切。汪达尔人太危险了，罗马帝国内部必须团结起来，一致对外。东西罗马军事力量的联合有望迅速取得决定性胜利，然而，盖萨里克所（Geiseric）率领的汪达尔人不是那么容易对付的。博尼费斯和阿斯帕只是阻止了敌军的推进，但也仅此而已。公元432年年初，在一次开阔地作战失败以后，罗马军队撤退到迦太基。两年后，狄奥多西二世意识到，要想彻底驱逐汪达尔人，就必须为北非战线增加补给。通常情况下，如果决定在一个距离国土遥远的地方发动战事，政府总得拿出合理的理由。非洲的战争已经打了三年，现在撤军并不是一个明智的选择，而且这次撤退很难再被粉饰成军事胜利。狄奥多西二世曾经号称"常胜之王"，而此次放弃北非的举动，可能会被视为对西罗马的背弃。

当时，北部边境尚算安定，罗马已经和匈人首领卢阿（Rua）

建立了外交关系。卢阿和他的兄弟奥克塔（Octar，公元430年去世）以及乌尔丁、多纳图斯和查拉通都是罗马作家命名的匈人（卢阿或者奥克塔可能就是在公元422年袭击色雷斯的匈人首领）。公元434年初，卢阿通过匈人派驻君士坦丁堡的大使艾斯拉斯（Eslas），表达了计划袭击多瑙河以北地区若干部落的意图。他坚持要求此前渡过多瑙河加入罗马军队的匈人必须立刻回到匈人军队中。就这个议题，双方展开了协商并取得了进展。狄奥多西二世及其谋臣经过认真探讨，认为匈人入侵的可能性极小。在这种情况下，最好是继续对付盖萨里克。先前派到北非的军队不再召回多瑙河地区戍守边防，而是留下来继续作战。

不料，几个月以后，即公元434年的夏季，匈人发动了攻击。也许是为难民提供庇护的谈判最终破裂了，也许是卢阿一直在误导罗马的使者，用一系列的谈判掩盖了真实的意图，也许是匈人看出了罗马不会把派往北非的军队再调遣回来，因此乘虚而入。匈人摧毁了色雷斯，一路打到君士坦丁堡。城里惊恐的民众预感到一场血腥屠杀即将来临。他们的安危取决于狄奥多西城墙的坚固程度。这道防御工事自修建以来首次经历实战考验。宫廷里，没有预见到匈人入侵的廷臣遭到指责，但是他们并不服气。毕竟，他们是在考虑了所有现存因素之后才得出的结论。有些判断，无论在当时看起来多么合理，事后都可能会被证明是错误的。这就是残酷的政治现实。

同样，在解决危机的过程中，运气与正确的判断一样重要。就在这危急关头，匈人竟毫无征兆地撤退了。具体原因尚不清楚。最合理的解释是卢阿暴毙。或许，没有了卢阿，他的继任者对战争信心不足，尤其是面对固若金汤的狄奥多西城墙。狄奥多西二世把这次胜利归功于神灵的保佑。在君士坦丁堡，有谣言说，卢阿是被雷电意外击中并被烧成了灰烬，而他的追随者则可能是死于瘟疫或遭火球击中。君士坦丁堡的主教普罗克鲁斯（Proclus）在一次布道中，感恩都城的幸存，并指出《圣经·旧约》中已经预言了这一系列事件。先知以西结（Ezekiel）曾预言歌革（Gog）将会战败，可以理解为这也预示了匈人的失败——耶和华的话临到我说："人子啊！你要面向玛各地的歌革……我必用瘟疫和流血的事审判他；我也必将暴雨、大雹、火与硫黄，降在他和他的军队，并他所率领多族的民身上。"

不管是因为运气，还是因为神灵干预，罗马城保住了。狄奥多西二世将此功绩据为己有，认为上帝的庇护比政治手段更值得歌颂。两次死里逃生（迅速撤回对波斯的十字军东征，以及卢阿的暴毙）使罗马得以逃过军事危机。这其中，或许对波斯作战是可以避免的，尽管作为虔诚基督徒的狄奥多西二世有责任保护受难的信徒。非洲的战事更加紧迫，放任汪达尔人控制非洲，无异于坐视帝国被瓜分而无动于衷。因而，罗马皇帝及其谋臣别无选择，只能冒险赶赴非洲战场，但如果误判时局，将会使君士坦丁堡陷入危机。令人欣慰的是，狄奥多西二世愿意妥协并撤军。公元435年，即卢阿暴毙的一年之后，瓦伦提尼安签署了一项协议（北非乃是西罗马帝国的领土），准予汪达尔人占领努米底亚（北非古国，在今阿尔及利亚北部）地区，而更加富饶的土地（现今突尼斯）以及重要的港口城市迦太基则仍然牢牢控制在罗马人手里。

事实上，狄奥多西二世别无选择，只能做出让步。为了抵御匈人，捍卫多瑙河和帝国首都的安全，东罗马帝国追求更广泛战略目标的能力就受到制约。巩固防御工事、增加巡逻艇以及重建狄奥多西城墙都在一定程度上缓解了北部边境的压力，但并未完全消除危机。这一系列措施仅能减缓敌人进攻的速度，但是无法阻止敌人的全面入侵。如此看来，卢阿暴毙对罗马来说可谓是件大好事！

对乌尔丁战败、奥林匹奥多罗斯出使以及多纳图斯被谋杀事件记忆犹新的人来说，匈人在卢阿死后突然撤军让他们意识到，也许解决匈人问题，依靠的是匈人内部的长期内耗。

一些人，包括君士坦丁堡的主教在内，他们认为当时所发生的一切都是以西结预言过的，"主耶和华这样说：歌革啊！我要与你为敌……我要把弓弩从你的左手里拿走，让箭从你的右手上坠落"。确实，这些话语给了人们一些安慰。

然而，这些慰藉都是徒劳的。以西结可能预见了歌革的下场，但是没有预见到反基督教者的降临，也没预见到罗马帝国会走向终结。

当然，即便皇帝是虔诚的基督徒，他也不可能凭借主教对《旧约》的解读来制定外交策略。

歌革最终被打败了，但是，在卢阿死后，匈人并没有消沉下去，而是迅速重整。卢阿的两个侄子成为新的首领。现在，匈人国的未来在于两位首领是否合作愉快，即便是以西结也不好做这个预测。

在充分了解多瑙河地区局势之前，狄奥多西二世及其军事谋臣还需要掌握更多的情报。目前，匈人的新首领不过是两个听起来陌生的名字：布勒达（Bleda）和阿提拉。

Chapter 8

Brothers in Arms

第八章

并肩作战的两兄弟

匈人王阿提拉不是草原的儿子，他可能出生在公元5世纪初的匈牙利大平原上。阿提拉的父亲是蒙迪乌克（Mundiuch），母亲的名字不详。蒙迪乌克是奥克塔和卢阿的兄弟，三人曾在公元5世纪20年代末至30年代期间共同领导匈人。作为多瑙河北部最有权势的家族成员，阿提拉的成长环境极为优越。因此，他可不是马塞林所认为的那种无家可归、半饥半饱的野蛮人的后裔："匈人从不住在房屋里……甚至连用芦苇覆盖的茅草屋也很少见。他们终日游荡在山间和森林里，从小就学会了忍耐寒冷和饥渴。"在衣着服饰方面，阿提拉又要让马塞林失望了。他既没穿过羊皮护腿，也没穿过会碎成片的、用老鼠皮缝制的衣服。

年幼时期的阿提拉常常和兄长布勒达在一起。他俩一起学习射箭，学习如何用剑和索套决斗，学习如何骑马和照顾马匹。也许两人都学习过哥特语和拉丁语，或许还可以阅读。拉丁语在同罗马人做生意时用得上，哥特语用来控制业已被征服的欧洲中部和东部地区。阿提拉和布勒达也接受过军事和外交方面的训练。在卢阿和奥克塔接见罗马使者时，他俩很可能被悄悄安排在幕后观察整个过程。作为年轻人，他们在匈人越过多瑙河和匈牙利大平原北部发动的突袭中，扮演了关键角色。难怪一些匈人的高级将领猜测说，终有一天，他们两个人也会像他们的叔父一样，一起统治匈人。

当然，这种联合还存在不确定性。奥克塔死后，卢阿不想和任何人共享统治权。他本人在罗马境内的暴毙使两个年幼的侄子陷入了危险。也许他们得到那些希望恢复联合统治的人的支持；但也有人对进军君士坦丁堡的计划不如卢阿那么有信心，所以希望跟随新的首领勇敢而有序地撤退。也许，卢阿的意外死亡才是事情的关键,这使得匈人大军在撤回营地之前就已经开始效忠于阿提拉和布勒达了。毫无疑问,在匈牙利大平原上,仍然存在着其他的王权竞争者。在争夺王权过程中,阿提拉和布勒达的双手可能已经沾满了竞争对手的鲜血。卢阿可能有自己的儿子,但是他们应该活不了多久。

奥克塔和卢阿在位期间,加强了对多瑙河以北地区的控制。关于这部分历史——也许是因为罗马史学家对此不感兴趣——仅存一些零散的记载。根据普利斯库斯的记载,在公元434年入侵罗马之前,卢阿的主要任务是阻止来自阿米尔足利(Amilzuri)、艾提马里(Itimari)、图索里斯(Tounsoures)和博瓦赛(Boisci)等部落的难民越过边境加入罗马军队。人们对这些部落知之甚少,他们可能是一些来自黑海附近的游牧部落,匈人在公元4世纪西征时,把这些人驱赶至欧洲。匈人怀疑他们的忠诚,担心他们会站在罗马一边,因而想通过武力手段阻止他们。卢阿在进攻罗马之前,曾经和狄奥多西二世约定:罗马不得干涉匈人军队在多瑙河以北地区的战事。

在此前的几年,即公元430年,奥克塔曾试图继续扩大匈人的统治范围,攻打当时占据着莱茵河地区(今德国西南部的沃尔姆斯附近)的勃艮第人(Barbarians)。有关这次征程的记载出现在十年之后史学家苏格拉底(其父母为纪念八百五十年前逝世的伟大希腊哲学家苏格拉底所取的教名)所记录的勃艮第人皈依基督教的经过里。

> 从前,有一个名叫勃艮第的野蛮民族,生活在莱茵河沿岸……匈人多次袭扰过这个民族,摧毁了其领地,屠杀其人口。面对这样的危机,勃艮第人决定不去求助

任何人类，而寄希望于神灵。他们心里非常清楚，罗马人的上帝会为任何敬畏他的人提供帮助……他们去了法国的一个城市，请求那儿的基督主教为他们洗礼……然后皈依基督教的勃艮第人开始对抗匈人，结果并没有让他们失望。当时，匈人首领乌普塔罗斯（herecalledUptaros）因暴饮暴食在夜里暴亡，勃艮第人趁机袭击了这群龙无首的匈人……勃艮第人以三千兵力打败约一万匈人。自此，勃艮第人成了狂热的基督徒。

对于相信奇迹的人来说，如此虔诚的叙述一定能带来许多慰藉。乌普塔罗斯暴饮暴食后，撑破了内脏，痛苦地死去。这是一个有关基督教胜利的严肃故事，其中又带些神曲的色彩。不太相信历史进程中有神灵干预的人，在史学家苏格拉底的记载中，也可以发现奥克塔——也就是乌普塔罗斯——曾试图把匈人的统治范围向西推进至莱茵河一带，但却以失败告终。

卢阿希望多瑙河地区的各部落能够团结起来，以及奥克塔出征勃艮第人失利，都说明阿提拉和布勒达继承的是一个以军事实力立国的帝国，但不太稳定。面对匈人的袭击，一些人选择了逃跑，而另一些则留下来对抗。匈人能够成功迁入欧洲大陆，并不是轻而易举的事。匈人利用高超的骑术，不断侵袭未设防的村落，最终，村民放弃了抵抗。勃艮第人却是个例外，只有训练有素的军队才能在突发事件中，反败为胜。

阿提拉和布勒达在继奥克塔与卢阿之后，加强了匈人对中欧的控制。在两人联合执政的前六年（公元434—440年），除了莱茵河沿岸的一些战役（见下一章内容）以外，很难找到他们在匈人帝国扩张中的作用。根据普利斯库斯语焉不详的叙述，或许是在公元5世纪30年代末期，匈人帝国的范围扩张到了"海中之岛"，即波罗的海地区。在新近征服的领地上，阿提拉和布勒达进一步巩固了匈人统治。正如第五章中提到过的，能否定期从其他部落获得供给，取决于匈人与地方势力之间的合作程度。一些人是出于害怕才缴纳供给，另一些人是出于利益考虑。考虑到不服从的话就要逃亡到罗马帝国或者逃到山里孤军奋战，权衡利弊之后，他们选择了和匈人合作。阿提拉和布勒达没有介入当地的事务，也尝试和当地人做朋友，接受他们成为伙伴。对于许多人来说，与敌人站在一起是一种务实的选择。不是每一个被征服的人都会奋起抵抗。

当地的统治者聚敛了多少财富，看看彼得罗阿萨宝藏 (the Pietroasa treasure) 就知道了。这个宝藏是在喀尔巴阡山脚的罗马尼亚彼得罗阿萨村的一个石灰岩巨石下发现的。目前，在布加勒斯特的罗马尼亚国家历史博物馆展出了部分出土文物，其中包括四枚大胸针、一只碗、两个酒杯、三条项链、一个巨大的圆盘以及一只高脚罐。所有这些都是纯金打造的，总重量超过四十磅。彼得罗阿萨宝藏的文物，在民间辗转流落了多年。1837年，两个农民把发现的二十二件宝物一分为二，有些物件甚至被劈开了。后来，他俩把残缺不全的宝物卖给一名只对金子感兴趣的商人，这名商人把宝物上大多数珍贵的宝石撬出来丢掉了，还用斧头把一些宝物敲碎了。罗马尼亚官方得到这些宝物时，它们已经严重受损，只有十二件能够修复。修复后的宝物于1842年开始在罗马尼亚国家历史博物馆展出。

1875年，在一个暴风雪肆虐的夜晚，这些宝物被一名年轻的传教士盗走了。盗窃是精心策划过的。窃贼先是在博物馆的屋顶划开一个小洞，插进去一把雨伞，雨伞打开后，接住了从洞口散落下来的灰泥。然后，窃贼顺着一根绳子滑落到地面，轻而易举地打开了展览柜，把展品藏在用内衣做成的临时袋子里，从博物馆的一个侧门溜了出去。后来，窃贼在与当地珠宝商联络时，被警察寻到了踪迹。这些纯金制品被塞进一架竖着放置的钢琴里，发现时已经被折弯或压得变了形。第二次修复后，这批宝物一直保存在布加勒斯特，直到1916年，为了避免落入德军手中，才被运往俄国。1956年，苏联政府将宝物归还给了罗马尼亚。

彼得罗阿萨宝藏中最大的一枚胸针展示了当时精良的制作工艺。胸针长10.5英寸（约26.7厘米）、宽6英寸（约15.2厘米），它可能是佩戴在肩膀上的，被用来系紧一种厚重的男士斗篷。这枚经过两次修复的胸针，其骨架是由厚厚的金片制成的，形似一头雄鹰：宽宽的身体（下面有搭扣），脖颈优雅地弯曲着，还有锐利的眼神和锋利的钩状的喙。鹰尾由四条从胸针的尾部垂下来的细金链子组成。每一条金链末端都缀着一颗水滴状的半透明水晶。令人遗憾的是，其他几颗最初镶嵌在胸针上的宝石都找不到了：鹰背正中间的椭圆形宝石，鹰颈周围的由小型宝石镶嵌而成的项链，还有最华丽的、一对由深红石榴石做成的鹰眼，闪烁着冷峻的光芒，好像在一动不动地盯着猎物。用这样一枚华丽的胸针系斗篷的男人，哪怕是一个路人看到他，也能仅凭借他的装束就发现他像鹰一般高贵、桀骜不驯的性格，或许，还有像鹰一般的个性：从容、警觉，以及对敌人精准、致命的打击。

佩戴这枚胸针的人或许也是其他宝物的主人。这些宝物包括两只酒杯、一只高脚罐以及一只巨大的圆盘。从制作工艺和风格上可以看出，这些宝物和那枚鹰头胸针一样，很可能出自公元5世纪前半叶的多瑙河以北的某个地方。只有一件例外，也是最漂亮的一件。那是一只直径约28厘米、深37厘米的浅碗。碗的中央是一尊高12.7厘米的坐姿仕女。碗的内壁是一群惟妙惟肖的神像。每一位神都清晰可辨：半裸的阿波罗手持七弦竖琴，女神伊西斯（源自埃及，后来其崇拜者遍及地中海地区）站在她的丈夫塞拉匹斯身边。整个图案的寓意尚不明晰，但是其制作工艺无可挑剔。这个碗的设计和装饰工艺都表明，它是出自东罗马安提俄克或亚历山大技艺最为高超的工匠之手。

这只罗马风格的碗及其他彼得罗阿萨宝物的主人已无法追寻。有人猜测这些都是一个地位极高的哥特人的珍贵收藏品。在其中的一条项链上，刻着一小行哥特文字。其译文颇有争议，因为其中的个别字词已无法辨别，但是，"神圣""哥特"这样的字迹还是非常清楚的。彼得罗阿萨位于喀尔巴阡山脉肥沃的斜坡上，也是当时哥特人重要的常住地之一。如今，这里是一个著名的葡萄酒产区。这里分布着大量的石堡和农舍，其周围大量的仓储设施表明，它曾经是一个大庄园的中心地区。可能有人会猜测，彼得罗阿萨宝藏可能属于一位当时在匈人境内寻求安身之所的哥特人首领。作为身份高贵的象征，他佩戴着一枚鹰头状胸针，用亮闪闪的金盘和金杯做餐具。也许这位哥特人首领还在战争中加入了阿提拉一方。这就解释了为什么宝藏中会出现一只价值不菲的金碗。这也可能是匈人越过罗马边境后在突袭中掠夺的战利品，然后赏赐给了一个忠心的下属。

阿提拉和布勒达能够将这样的财富慷慨地分发给各部落的首

领,这是匈人帝国成功的一个重要因素。匈人并没有独吞掠夺来的财物,也没有仅仅凭借暴力和威胁管理被征服地区的人。协作互助的好处是显而易见的。拥有彼得罗阿萨宝藏的哥特人在匈人的统治下过得很好。回顾过去七十年间的战乱,这位哥特首领一定非常庆幸,他的父亲或者祖父当时没有选择加入弗里提根的队伍。事实证明,与其到多瑙河对岸的罗马人那里寻求避难所,还不如站在阿提拉和布勒达一边。

除了定期收缴税赋,维持一支强大的军队,与地方统治者合作之外,推进国家宗教的普及也是治理帝国的手段之一。君士坦丁大帝在一个世纪以前确立了基督教与罗马之间的联系,如今,狄奥多西二世巩固了这种联系。支持基督教会及信徒,清除异教徒,让不信奉上帝的人受苦楚,这些都是罗马皇帝义不容辞的责任。公元 427 年,也就是在美索不达米亚匆匆取消十字军东征后的第五年,君士坦丁堡新任主教聂斯托里(Nestorius)明确指出,狄奥多西二世作为一名基督教君主,应当履行以下职责:"给我一个没有异教徒的世界,我赐给你一个天堂;助我除掉这些异教徒,我助你消灭波斯人。"

令狄奥多西二世和聂斯托里沮丧的是,帝国的敌人还是固执地忠于他们自己的宗教——只有当哥特人陷入绝望,必须渡过多瑙河求生时,才愿意皈依基督教。但是,不管传教士们如何劝说,匈人都拒绝皈依。公元 5 世纪初,黑海沿岸的托米河的主教特奥提姆斯(Theotimus)试图用食物和其他礼物来说服匈人皈依。不幸的是,主教这一善良的举动给自己招来了灾难。匈人把特奥提姆斯当成了一个富人,想通过绑架他来得到一笔赎金。匈人设下陷阱，约特奥提姆斯见面，可怜的主教一定以为自己成功地说服了匈人。当特奥提姆斯走近时，一个匈人突然用右手举起一根绳子，打算把主教套住、拖走，但索套却迟迟没有放下来。匈人保持着要扔索套的姿势，一动不动，直到特奥提姆斯祈求匈人放了自己。尽管这是基督教神圣力量的戏剧性展示，但是试图抓住主教的举动也表明匈人仍然对基督教怀有敌意。一个午后，当特奥提姆斯正在骑马时，发现不远处有些匈人。情况十分危险。正当主教的仆人惊慌失措时，主教开始祈祷神灵保佑，结果匈人竟然没有理会他们，径直走了过去。这是一次奇迹般的脱险。即便如此，特奥提姆斯还是没能完成自己的传教任务，因为他在面对自己的布道对象匈人时，却不敢站出来表明身份。

匈人固执地坚守自己的信仰，这对于信奉基督教的罗马帝国来说，是一个莫大的挑战。在这方面，阿提拉做得更加过分。狄奥多西二世曾声称自己是君士坦丁大帝的继承人，也是上帝的宠儿，而阿提拉也强硬宣称自己另有一位强大的神灵相助。据普利斯库斯记载，有一天，一个穷苦的牧人发现一只小母牛的脚跛了，并且还在流血，焦急的他循着血迹走下去，在地下发现了一把几乎完全插进土里的剑。牧人既不敢保管也不敢卖掉这样一把华丽的剑，于是带着它去见了阿提拉。阿提拉立刻认出这是战神之剑。很久以前，这把剑突然不见了，很多人以为它永远消失了。阿提拉非常清楚，这把剑失而复得具有重大意义。"匈人王大喜过望……当他渴望伟大时，他觉得自己就恰好被任命为了世界的统治者，有了战神之剑，阿提拉就可以攻无不克、战无不胜。"

对于匈人和干草原上的人来说，剑具有重大的象征意义。普利斯库斯也意识到了这一点：根据希腊史学家希罗多德的记载，斯基泰人有膜拜战神的传统,"他们会把一种象征性的剑,竖立在用一捆捆的灌木堆起来的平台上"。匈人在各种仪式上使用的剑都由技艺精湛的工匠打造而成。1979年,在匈牙利帕农哈马修道院附近出土的一把剑,剑鞘上覆盖着精致的浮雕金箔,剑柄上还环绕着三条黄金饰物。阿提拉的创新之处在于,他将传统信仰与刀剑的重要性联系起来,并把它和帝国的统治结合起来。这是一个精明的政治举动。牧人的故事和失而复得的神剑使阿提拉肯定,他就是上天属意之人,拥有至高无上的权力。他能登上王位绝非偶然,是他宣扬君权神授思想的必然结果。在相信有神灵相助,并以此宣扬统治的合法性方面,阿提拉和君士坦丁、狄奥多西二世一样明智。

对于阿提拉所做的这一切,布勒达会做何感想,我们不得而知。可能他并没有认识到必须要用宗教信仰来巩固自己的统治。对于狄奥多西二世认为基督教偏爱罗马帝国的说法,布勒达也没有提出异议。布勒达更愿意用武力来巩固匈人帝国的统治。他把自己的信仰诉诸刀剑,而不是神灵。在匈人的宫廷里,有人敏锐地觉察到兄弟俩的关系正日益紧张。在这场兄弟相争的危险游戏中，支持阿提拉的人认为，布勒达常常在重要的国事上咨询一个叫泽尔坤(Zercon)的罗马俘虏。在宫廷上，匈人冷冷地看着这个长相怪异、说话结结巴巴的人。根据普利斯库斯的记载："阿提拉简直无法忍受泽尔坤的相貌，但是布勒达却很喜欢他，不管他是不是在讲笑话，即使是他走路的样子很滑稽。他身材矮小、驼背，双脚畸形，鼻子扁平，看上去只有两个鼻孔。"

后来，泽尔坤和其他几个战犯一起逃了，但是很快就被抓了回来，被捆绑着带到布勒达面前。泽尔坤吓坏了，结结巴巴地说不出一句话。后来，他借口说是因为没有妻室才逃走的，要求主人为他娶妻。布勒达听后哈哈大笑，立刻就把一位高级匈人将领的女儿送给他做妻子。她曾经是布勒达的一个妾，因言行失检而被冷落。(据猜测)看到这一幕，阿提拉厌恶地转过身去。也许，他觉得这样对待一个出身高贵的匈人女子，未免太过分了。即便是行为不端，那也应该受到相应的惩罚，而不是为了博布勒达一时的开心而突然下嫁。阿提拉忍住了满腔的怒火，因为他是一个精明的战略家，在自己的地位巩固之前，他还需要布勒达。只有这样，他才可以践行战神之剑对他的期许，独自统治匈人帝国。

Chapter 9

Fighting for Rome

第九章

为保卫罗马而战

在西罗马帝国，最令人忌惮的人是弗拉维乌斯·埃蒂乌斯，这多半是因为他和匈人的亲密关系。霍诺里乌斯去世以后，很多廷臣都支持他把约翰推上皇位。此举失败后，他们又迫使拉文纳的瓦伦提尼安三世和他母亲加拉·普拉西提阿，通过给匈人一笔钱以及任命埃蒂乌斯为高级指挥官，来避免内战。随后在法国战场上的一系列胜利也使得埃蒂乌斯的地位日益巩固。假如有人敢挑战他的权威，他就会以匈人进攻拉文纳相要挟。

在匈人首领卢阿于公元434年暴毙的十年前，西罗马帝国宫廷控制在加拉·普拉西提阿手中，她一直在试图压制住日益强大的埃蒂乌斯。加拉·普拉西提阿指望埃蒂乌斯的对头——也就是北非战场上的罗马指挥官博尼费斯——来牵制埃蒂乌斯。博尼费斯一直在支持加拉·普拉西提阿和她的儿子，曾帮助他们从拉文纳逃到君士坦丁堡。霍诺里乌斯去世后，博尼费斯拒绝伙同埃蒂乌斯一道，拥护约翰为帝。鉴于博尼费斯的忠诚，公元427年，当埃蒂乌斯声称博尼费斯秘密谋反时，加拉·普拉西提阿有些难过，但更多的是怀疑。最终，她没有听信埃蒂乌斯的话，而是打算从北非调回博尼费斯，让他亲自澄清事实。埃蒂乌斯早料到加拉·普拉西提阿会这样做，就事先写信给博尼费斯，警告说有人要密谋夺走他最高指挥官的职位，如果他回到拉文纳，就会掉入一个精心设置的陷阱里。博尼费斯得知此事后，并没有立刻采取行动，他打算观望一下，看罗马宫廷方面是否会召他回去。果然，加拉·普拉西提阿的命令到了，这下博尼费斯确信有人要陷害他，因此拒绝遵从加拉·普拉西提阿的命令。

在西罗马宫廷里，埃蒂乌斯宣称，博尼费斯公开抗拒皇帝的命令，这就说明他的确意图谋反。此时的博尼费斯非常被动，因为一旦违抗加拉·普拉西提阿的命令，他就很难让对方相信自己是无辜的。于是，他被迫宣布北非独立，不再隶属于罗马帝国。具有讽刺意味的是，埃蒂乌斯捏造的罪名居然成了事实。在接下来的两年，博尼费斯的部下成功地击退了意大利派去镇压"反叛"（埃蒂乌斯总是用"反叛"这个词）的军队。公元429年春，汪达尔人入侵罗马，打破了这种僵局。埃蒂乌斯又把这笔账算到博尼费斯头上。他说，这一切都是博尼费斯反叛计划的一部分，他肯定和盖萨里克达成了秘密协定，瓜分北非。一定是博尼费斯纵容并协助汪达尔人越过直布罗陀海峡，然后又故意战败，使罗马领土失守。

实际上，埃蒂乌斯的诋毁之词没有任何证据。如果说博尼费斯在战场上抵抗汪达尔人进攻时，行动比较迟缓，那是因为他需要保留一些部队来保护自己。毫无疑问，盖萨里克利用了罗马人内部缺乏团结这一弱点。考虑到汪达尔人入侵的势头过于猛烈，廷臣都赞成加拉·普拉西提阿与博尼费斯和解，现在，加拉·普拉西提阿也开始相信博尼费斯是被埃蒂乌斯陷害的。所有人，包括埃蒂乌斯最亲近的盟友也都认识到，北非对罗马至关重要。派往迦太基的使者很快就解决了这件事，博尼费斯也恢复了指挥权。公元431年，东罗马的狄奥多西二世派遣自己最信任的将领弗拉维乌斯·阿斯帕增援博尼费斯，北非的军力更加强大了。

尽管埃蒂乌斯竭力否认的肮脏勾当被揭露了出来，但他仍然得以继续担任原职。因为他足够强大，可以抗衡任何反对力量。当时，西罗马的主力部队正在与汪达尔人作战，因此加拉·普拉西提阿没有冒险对付埃蒂乌斯，以免匈人介入而致使意大利发生动荡。当然，她也清楚地意识到，埃蒂乌斯是唯一有能力调遣帝国以外军事力量的人。公元430年，和五年前一样，埃蒂乌斯又一次从维护帝国安全的使命中捞了一大笔钱。在他的要求下，加拉·普拉西提阿任命他为整个西罗马的最高军事指挥官。对于加拉·普拉西提阿而言，这简直是莫大的耻辱。毕竟，她是罗马皇帝的女儿，也是东罗马皇帝同父异母的妹妹，如今又是现任西罗马皇帝的母亲。她无法忍受被埃蒂乌斯要挟，被一个利用罗马的敌人来实现一己之私的人所要挟。她将瓦伦提尼安三世推上皇位，不是为了让他处于一个曾支持过篡权者的新贵将军的阴影下的。

两年后，加拉·普拉西提阿决定发动反击。公元432年，北非的局势趋向稳定。在经历过最初的挫败以后，罗马军队已经阻止了汪达尔人的进攻。更重要的是，奥克塔暴毙和匈人军队被勃艮第人屠杀的消息传到了拉文纳。加拉·普拉西提阿盘算着，匈人遭遇了如此大的挫败，想必埃蒂乌斯不能再指望他那远在多瑙河对岸的盟友了。加拉·普拉西提阿召回博尼费斯。这一次，他遵从了命令。在罗马都城，博尼费斯被任命为西罗马军队的最高指挥官，同时，也被授予"贵族"的荣誉头衔。一千年以前，这样一个世袭的军衔象征着罗马共和国时期最古老、最重要的家族。如今，这个令人梦寐以求的荣誉只授予那些最德高望重的廷臣和军官。同为西罗马军队的最高指挥官，博尼费斯和埃蒂乌斯平起平坐，但是，博尼费斯比他多了一个"贵族"的头衔，这对于埃蒂乌斯而言是个莫大的耻辱，实际上，加拉·普拉西提阿是故意要激怒埃蒂乌斯的。

当时埃蒂乌斯正在法国作战，他匆匆赶回意大利，挑战这位刚得到提拔的竞争者。对此，加拉·普拉西提阿十分担忧，她要求博尼费斯出行时必须有保镖护送。公元432年年末，双方在距离拉文纳四十八千米的阿里米诺（今米里尼）城外相遇并展开了激烈的对决。在战争进行到一半时，两位罗马将军面对面站在了一起。后来，有传言说埃蒂乌斯为了获胜让手下把刺刀上的矛加长了，这样就可以在袭击博尼费斯的同时躲开他的剑。而且，埃蒂乌斯根本没打算公平决斗，因为那样就无法除掉对手。在决斗中，博尼费斯受了致命伤，埃蒂乌斯逃走了。虽然加拉·普拉西提阿事先提醒过博尼费斯，博尼费斯的军队也打败了埃蒂乌斯的军队，但是，她还是没有预料到埃蒂乌斯会通过耍诡计赢了那场决斗。

后来，埃蒂乌斯成了反叛者，被剥夺了军衔，惶惶终日。他无路可走，便趁夜色悄悄乘船来到克罗地亚海岸。为了躲避追捕，他都是在夜里赶路，直到越过多瑙河边境地区，到达匈牙利大平原，他才停下来休息。此时距离埃蒂乌斯上一次拜访匈人已经九年了。曾经，他用约翰赠送的黄金让匈人相信他们一定会胜利；这一次，他只能述说掠夺拉文纳所带来的种种好处。有一部分过去非常支持他的人，包括阿提拉在内，都被他说服了。这些人认为，趁罗马军队忙于北非战事时袭击意大利，必定会大获全胜。然而，卢阿却不为所动，当时，他最关注的是多瑙河以北那些始终顽强抵抗匈人的部落。因而，他特别留意了埃蒂乌斯讲述的有关汪达尔人的消息，以及有关狄奥多西二世战略部署范围的信息。事实上，可能就是因为这些信息，卢阿才决定于次年对东罗马发动袭击。毕竟，与拉文纳相比，君士坦丁堡更加诱人。

卢阿答应给埃蒂乌斯提供援助，但是他只愿意提供一小部分兵力。埃蒂乌斯不得不孤注一掷。他充分利用了匈人的威势。既然匈人曾经攻打过西罗马，谁说不会有第二次呢？公元433年秋，埃蒂乌斯返回意大利，他否认了匈人士兵力随着奥克塔的死去而有所削弱的传闻。相反，他信心十足地说，几千名匈人士兵很快就会打过来。埃蒂乌斯放出的消息传到了拉文纳，加拉·普拉西提阿信以为真，担心匈人的介入会让她失去所拥有的一切。毕竟，公元425年，匈人士兵前来援救约翰时只是晚了三天。考虑到罗马军队主力仍在北非战场，加拉·普拉西提阿不敢冒险。她知道自己什么时候该妥协。加拉·普拉西提阿重新任命埃蒂乌斯为罗马军队最高指挥官，并授予他"贵族"的荣誉。埃蒂乌斯还继承了博尼费斯的财产并娶了他的遗孀。作为回报，埃蒂乌斯同意让匈人撤兵。显然，埃蒂乌斯在这场交易中讨了个大便宜。

政治领域的成功一半靠实力，一半靠胆量。而真正的政治技巧则是劝说人们将未加证实的可能性当作是事实。在接下来的时间里，证实这些可能性本身并不重要，那是史学家和法庭的事。因为作为统治者，总会有新的担忧。次年，卢阿在君士坦丁堡战役中暴毙，加拉·普拉西提阿不禁开始怀疑，匈人士兵果真会出兵西罗马来帮助埃蒂乌斯吗？匈人如何凭借有限的兵力帮助埃蒂乌斯获胜呢？也许加拉·普拉西提阿已经意识到自己被埃蒂乌斯骗了，如果当时她敢于直面埃蒂乌斯的谎言，或许她已经除掉埃蒂乌斯并为儿子瓦伦提尼安三世获得了西罗马的绝对统治权。

之所以选择效忠瓦伦提尼安三世，是因为埃蒂乌斯不相信西罗马帝国会高枕无忧。虽然戍守帝国的疆域变得越来越难，但他仍然愿意为罗马帝国的统一而努力。在过去的十年间，罗马军队取得了一系列的胜利，但是，罗马在法国的统治并不稳固。目前，哥特人已经定居于法国西南部的图卢兹，但是，他们认为那里的领地过于闭塞，希望向地中海方向推进。公元430年，勃艮第人成功抵御了奥克塔的进攻,如今已经夺得了罗马位于莱茵河流域的一部分土地,成了一支令人畏惧的力量。而聚集在卢瓦尔河以北的土地所有者及其支持者所组成的松散联盟,即所谓的"巴高达人"(Bagaudae, 高卢语意为"战士"),也拒绝承认罗马帝国的统治。在巴高达人眼里,罗马帝国距离太遥远,国力也太弱,没有能力保护他们,也无权向他们征收税赋。

埃蒂乌斯意识到,以罗马当时的力量,尚不足以摆脱上述困境。公元435年,他再次拜访匈人,希望能够说服当时的首领阿提拉和布勒达出兵西罗马。或许他也想到了,此前在出征东罗马过程中卢阿暴毙,这件事可能会在一定程度上影响匈人士兵的积极性。毫无疑问,埃蒂乌斯认为,与指挥博尼费斯的旧部相比,带领匈人士兵打仗要安全得多。如果匈人能够出兵,宫廷里关于埃蒂乌斯能够调遣匈人的说法仅是夸口的谣言也就不攻自破了。因此,埃蒂乌斯邀请阿提拉和布勒达出兵也是为了迷惑他的反对者。他也想借机说明,匈人仍是他坚实的后盾,他将依靠匈人来巩固——而不是削弱——罗马在法国的既得利益。

阿提拉和布勒达两人,尤其是阿提拉,考虑了埃蒂乌斯的建议,但是,他们都不愿意因此而影响到巩固匈人统治这个近期目标。考虑到匈人王的顾虑,埃蒂乌斯提出,罗马军队将不会妨碍匈人对潘诺尼亚(今匈牙利地区)和巴莱里亚(Valeria, 今属西班牙)两省的控制。也就是说,西罗马帝国将让出多瑙河对面约一百六十千米宽的一大片土地,该地域在如今布达佩斯急转弯(所谓的"多瑙河大拐弯"地区),河水向南流淌了三百二十二千米后,再向东流经塞尔维亚。不管有没有瓦伦提尼安三世的许可,埃蒂乌斯都准备牺牲这一带未设防的边境地带来换取匈人的援助。正如埃蒂乌斯的批评者所指出的那样，此举既不现实，也不是解决哥特人和巴高达人问题的爱国之举。对此，埃蒂乌斯的回应很简单，西罗马帝国要么维护其在法国的核心利益，要么去保护相对而言不那么繁荣的多瑙河地区，但是，鱼和熊掌不可兼得。

最终，埃蒂乌斯抛出了一个联手对付勃艮第人的计划，才促成了这个协议。这对阿提拉而言非常重要。经过权衡，阿提拉认识到，与其对付一个气势汹汹的勃艮第王国，从而动摇匈人帝国的统治，还不如巩固与罗马帝国相邻的西部边境，后者所带来的好处是显而易见的。毕竟，在过去的四个世纪里，罗马并没有对莱茵河地区表现出多少兴趣。对于狄奥多西二世在美索不达米亚和在北非方面遭遇的困境，阿提拉也是非常清楚的。君士坦丁之后一个世纪里的罗马帝国的历史，已经暴露了同时在两线作战的危险性。对于阿提拉而言，除掉勃艮第人，巩固与埃蒂乌斯的联盟的好处显而易见。如果能巩固莱茵河前线，西罗马帝国就会放弃对潘诺尼亚和巴莱里亚的防御，阿提拉就可以越过多瑙河向东进军君士坦丁堡。

罗马人和匈人的联盟取得了巨大的胜利。公元436年，勃艮第人的进攻遭到遏制，双方达成停战协议。次年，勃艮第人被彻底击败了。罗马作家都清楚地记得，勃艮第人在打败奥克塔以后皈依了基督教，他们至今仍对匈人敢死队的残暴惊惧不已。公元5世纪50年代，阿基坦的修道士普洛斯佩鲁（Aquitaine，约390—455年）在罗马出版了最后一卷《编年史》（chronicle），其中他严肃地指出，"匈人将勃艮第人屠杀殆尽"。在这次残酷的种族屠杀中，据说超过两万名勃艮第人被害，其中包括男子、妇女还有孩童。这一灭绝性的大屠杀，仅有简短的记载流传于世。细节只能留给想象：惊恐不已的勃艮第人被匈人从藏身之地拉出来杀掉，被害者的尸体堆积如山，渐渐腐烂。罗马指挥官也没能阻止这场屠杀。也许他们认为这是为保全罗马所付出的代价，是与匈人结盟所付出的血的代价。

匈人士兵一面对信奉基督教的勃艮第人实行血腥大清洗，一面和罗马军一道，在埃蒂乌斯手下的一位高级将领李多利乌斯(Litorius)的率领下，向西推进，以恐吓巴高达人令其投降。李多利乌斯选择了几个村庄作为目标，巴高达的首领得知被包围以后，立刻投降并要求讲和。一位罗马史学家简短的记载只提供了最残酷的概要，"当一些叛军首领被戴上铁链，其他的首领被杀掉时，巴高达人掀起的叛乱终于平息了"。随后，李多利乌斯立刻挥戈南下，对付哥特人。军队行至法国中部富饶的奥弗涅地区时，匈人军中的骑兵没有按原计划路线行军，而是中途劫掠了几个农场和村庄。李多利乌斯也没有阻止他们，或许和埃蒂乌斯一样，他认为，要巩固罗马在法国的统治地位，就难免要付出相应的代价，哪怕是掠夺罗马帝国最亲密的盟友。

当然，如果有人提出异议，埃蒂乌斯和李多利乌斯就可以说，如果没有匈人的帮助，罗马不可能打败勃艮第人或巴高达人，也不可能把哥特人赶出法国。公元436年，在匈人和罗马的联军与勃艮第人交战时，哥特人趁机袭击了距离图卢兹东南一百二十九千米的纳博（今纳博讷）。纳博始建于六个世纪前，此时已成了奥德河河口一个繁荣的地中海港口。它位于两条大道的交汇处。一条是连接意大利和西班牙的"多米西亚大道"(via Domitia)，另一条是沿奥德河经图卢兹和波尔多向西北方向延伸至大西洋沿岸的"阿奎丹尼亚大道"(via Aquitania)。纳博通过贸易积累的大量财富在如今的罗杰·德·利塞尔街的地下仓库仍可看到部分遗存，这是当时拥挤的市中心仅存的一个大型室内市场。

对于哥特人来说，想要占据法国西南部和地中海之间的主要通道，首先得控制纳博。他们希望通过封锁整个城镇来迫使它降服。直到公元437年年底，李多利乌斯率兵至此，才解除了围困。饥饿的民众为匈人骑兵欢呼，据普洛斯佩鲁记载，当时，每个匈人骑兵的肩上都背着一袋子粮食。次年，埃蒂乌斯和李多利乌斯继续攻打哥特人。公元439年，按照埃蒂乌斯的指示，李多利乌斯继续独立作战，并抵达图卢兹。当时，并不是所有的罗马人都为他的凯旋欢呼雀跃。沿海岸线距离纳博二百四十一千米的马赛，是座繁荣的商业中心，也是纳博的商业对手。马赛的修道士萨尔维安认为，罗马利用异教徒匈人来对付皈依基督教的哥特人，上帝还会继续保佑罗马吗？在他看来，"罗马人寄希望于匈人，而哥特人选择信奉上帝"，这非常不合理。

那些和萨尔维安（Salvian）一样虔诚的基督徒一定对李多利乌斯的所作所为深感失望。李多利乌斯拒绝与哥特人派去的基督徒使者谈判。在图卢兹的城墙外，他允许匈人祭祀他们的神，甚至向匈人的占卜者问询。匈人使用肩胛骨占卜术来预测重大事件的结果。这种占卜术用的是祭祀动物的肩胛骨，具体做法是将肩胛骨剔干净，然后放在火上烤，占卜师通过骨头表面的裂痕和裂痕所形成的图案来预言。匈人帝国境内的罗马人和哥特人都不用这种方法，据推测，这种占卜术是起源于中亚干草原地区的一种古老的宗教仪式。

在李多利乌斯军队中信奉基督教的罗马士兵以及守卫在城垛上信奉基督教的哥特士兵看来，这样的异域典礼必定是一场奇观。在罗马帝国漫长的历史中，这是罗马军事指挥官最后一次就战争结果去问卜。李多利乌斯在做这些的时候，并不是蓄意挑起事端，最多是为了获取匈人的忠诚，他不得不在宗教信仰方面做出让步。允许匈人宗教自由，这并不能说明李多利乌斯缺乏应有的基督教信仰，只是睁只眼闭只眼罢了。诸如普洛斯佩鲁或者马赛的萨尔维安这些偏狭的反异教徒的人是不会容忍这样的事情发生的。据说，李多利乌斯无视手下军官的建议，相信了匈人占卜师和他们所信奉的恶魔，决定攻打图卢兹，消灭哥特人。在作战过程中，曾经有一段时间，双方势均力敌。有些人相信匈人士兵很快就会取得重大突破，哥特人即将遭遇勃艮第人被剿灭的悲剧。然而，局势逆转（或者说是奇迹降临）：李多利乌斯被俘，哥特人反败为胜，夜幕降临时，匈人已被击溃了。几天后，李多利乌斯被处决。也许我们还在纠结究竟是谁占据了道德的制高点：是信奉上帝的哥特人，还是傲慢而亲近匈人的罗马人？萨尔维安引用《路加福音》中的话尖锐地指出，《圣经·新约》的真理已被证明是正确的，即"凡自高的必降为卑，自卑的必升为高"。

在匈人于图卢兹城墙下受辱的前一年，狄奥多西二世及其部下已经在计划与匈人和解了。如今，时机已到，条件也具备了。自从四年前卢阿暴毙后，多瑙河边境便少有战事。阿提拉和布勒达也许看出了东西罗马之间的关系日益紧密。双方联合出征，已经有效地阻挡了汪达尔人的攻势。最新签订的协定也将迦太基和北非最富饶的城市重归罗马。公元437年，也就是勃艮第人和巴高达人被先后镇压的那一年，瓦伦提尼安三世前往君士坦丁堡迎娶狄奥多西二世的女儿丽西尼亚·尤多西亚。在返回拉文纳之前，两人会在希腊北部的萨洛尼卡度蜜月。

阿提拉和布勒达也许都看到了与罗马和解的好处。多瑙河沿岸的安全边界将允许他们继续巩固匈人帝国。也许是李多利乌斯战败的消息最终让匈人下定了决心。和平会为匈人提供一个休养生息的喘息空间。兄弟俩可趁此机会掳掠经过精心挑选的北欧和东欧的某些地区，比起征服多瑙河，在这些地区的胜算更大些。与狄奥多西二世和解，这标志着匈人今后将不再卷入罗马帝国的内政。阿提拉不得不承认，卢阿当初没有全力帮助埃蒂乌斯，真是明智之举。在消灭勃艮第人后，匈人就应该撤兵返乡。只有在匈人首领的麾下，匈人才能打胜仗——他们实在不应该在图卢兹为别人而战。

公元439年冬，匈人和罗马的特使在马古姆〔Margum，今奥哈塞耶（Orašje）〕会面。这是位于摩拉瓦和多瑙河交汇处的一个重要的商业小镇，在今贝尔格莱德以西六十四千米处。狄奥多西二世派遣的是他的一位高级军官弗拉维乌斯·布林多（Flavius Plinta）和一位负责起草罗马帝国宪法的经验丰富的廷臣伊壁琴尼（Epigenes）。匈人方面的代表是阿提拉和布勒达。会面之初，双方在礼仪上就开始了争执：匈人拒绝下马，而罗马人也不想站在地上仰视对方。最后，布林多极不情愿地让步，双方在马背上进行会谈。伊壁琴尼在君士坦丁堡过惯了舒坦日子，如今不得不坐在马背上，他肯定觉得自己正处于不利的地位。经过协商，双方就四点意见达成一致：罗马人将遣返境内所有的匈人难民，并且不再给越过多瑙河进入罗马境内的匈人提供任何帮助；罗马人不得与任何匈人的敌人结为盟友；双方的贸易条款应当建立在公平的基础上；罗马每年向匈人王阿提拉和布勒达缴纳七百磅黄金。

这是一个双赢的协议。公元435年埃蒂乌斯曾与匈人达成约定，即匈人可以越过边境侵占部分本属于西罗马的领土，如今阿提拉和布勒达则减少了对多瑙河地区的军事行动。罗马缴纳黄金，并遣返在罗马境内避难的匈人，这有利于匈人进一步巩固自己的统治。他们不想冒任何险，他们要确保特别是曾向罗马寻求庇护的匈人反叛者不会对他们产生任何威胁。这些反叛者可能会在罗马帝国的支持下反对阿提拉和布勒达。这一批从罗马遣送回来的匈人里面有两个男孩是阿提拉和布勒达的血亲，他们被处以极刑，钉死在了尖桩上。这件事意在警告匈人国内潜在的敌人以及意图利用年幼的皇室成员策划谋反的人。

罗马通过马古姆协议，以合理的代价赢得了和平，使得用于防御巴尔干地区的军队可以另作他用。这也轻松解决了边境防御的燃眉之急，不需要在征兵和修建防御工事方面花费巨额资金了。一旦北部边境稳定了，罗马帝国的对外战略就可以更加灵活了，尤其是在对付眼下占据北非领土的汪达尔人方面。在马古姆会谈之后，狄奥多西二世终于如愿结束了将近一个世纪的断断续续的边境冲突，实现多瑙河地区的和平。

Chapter 10

Shock and Awe

第十章

震慑与敬畏

多瑙河地区的和平态势刚刚开始没多久，北非战场上就硝烟再起。公元439年10月19日，盖萨里克带领汪达尔人，撕毁公元435年与罗马达成的协议，进犯迦太基，严重破坏了罗马帝国的领土完整。据当时的人记载，罗马统治迦太基已有五百八十五年，是经过近一个世纪的战争所获得的胜利果实。这期间，共经历了三场历时较长的冲突，史称"布匿战争"，这一系列战争几乎将罗马推向了崩溃的边缘。在第二次布匿战争中，罗马险些败给迦太基的汉尼拔将军。公元前218年，汉尼拔将军率领五万步兵、九千骑兵、三十七头大象，从西班牙出发，途径法国南部，越过阿尔卑斯山进入意大利。两年后，在坎尼，汉尼拔几乎摧毁了罗马的军队，在一天的战斗中就杀死了五万罗马人。这也是罗马有史以来最惨痛的一次失败。能与此次惨败相比的是阿德里安堡战役，那是在公元378年8月一个炙热的午后，两万罗马士兵死于哥特人屠刀之下，东罗马皇帝瓦伦斯也死于那次战争。

坎尼战争后，罗马军队收复了失地。汉尼拔不得不撤回到意大利。直到七十年后，第三次布匿战争接近尾声之时，罗马军队才控制了迦太基，从而建立了历史上最庞大的帝国之一：罗马帝国。曾有人怀疑，在经历阿德里安堡战役之后，罗马能否幸存下来。在那次战役以后，罗马城还惨遭洗劫，西罗马几乎成为一片废墟。在西罗马首都拉文纳，二十岁的瓦伦提尼安三世已经失去了对意大利和法国之外的控制权，只有依靠埃蒂乌斯和他的匈人盟友才勉强控制了法国。但即便是和匈人联手，也没能把哥特人赶走。迦太基沦陷的同年，李多利乌斯在图卢兹大败，这对于罗马军队来说是一个沉重的军事打击，也是极为严重的经济损失。在过去的六个世纪中，作为粮仓的迦太基是罗马人的主要粮食产地。北非各地上缴的税赋也是一笔可观的收入。如今，罗马失去了迦太基以及其他地中海沿岸富饶的省份。要么艰难度日，要么打败盖萨里克，夺回迦太基。此外，别无选择。

迦太基陷落，汪达尔人控制了非洲海岸线上最优良的海港之一，因此一定要物尽其用。汪达尔人在东部和西部地区都严密设防，以防海上遇袭。公元439年年末，罗马开始修缮君士坦丁堡的防御工事。从前君士坦丁大帝沿普罗庞提斯修建的海上驻防如今被延伸到狄奥多西城墙。在意大利，于罗马城过冬的瓦伦提尼安三世下令修缮堡垒。罗马公民被编入志愿军，以确保所有的瞭望塔、城墙和城门都有人防卫。正如罗马人所料，汪达尔人夺取迦太基后，立刻率领舰队开赴西西里岛。公元440年6月24日，瓦伦提尼安三世在皇帝诏令中宣布："据报，我们的敌人盖萨里克已经率领一只庞大的舰队从迦太基出发，直奔西西里岛，意欲劫掠沿途所至地区……考虑到夏季航行的有利条件，目前尚不清楚敌舰的位置。"

在君士坦丁堡，狄奥多西二世做好了战争的准备，而且军事目的十分明确。他认为，进犯西西里岛可能是汪达尔人所发动的一系列战役的开始，意在进一步削弱罗马对地中海地区的控制权。假如盖萨里克选择沿非洲海岸线向东推进，这足以把埃及从罗马分割出去。那样的话，亚历山大这座优良的商业海港可能会被封锁，致使君士坦丁堡所有的运粮船只停运。虽然此时派遣一支特遣队很危险，但过去二十年所奉行的这项政策为多瑙河各省带来了新的稳定。自公元434年卢阿入侵之后，匈人再也没有越境来犯。卢阿之所以发动突袭，是因为双方虽然进行了漫长的谈判，但毫无结果。如今罗马和阿提拉、布勒达签订的协议规定：罗马必须移交滞留在境内的匈人，并每年向匈人缴纳七百磅黄金。

对此，弗拉维乌斯·阿斯帕将军有不同意见。公元5世纪30年代初，他曾在北非战场上与盖萨里克交战，十年后，他又在拉文纳大败叛乱者约翰。阿斯帕十分清楚，匈人能够在短时间内纠集大量兵力，其行军速度更是快得惊人。考虑到个中利害，只要汪达尔大军尚未开进利比亚和埃及，罗马就不应该冒险开赴北非战场。因为谁也无法保证阿提拉和布勒达是否会遵守约定，就像此前盖萨里克出尔反尔一样。匈人士兵曾经两次越过多瑙河边境：第一次是在公元422年，当时罗马军队正在美索不达米亚作战；第二次是公元434年，他们趁罗马军队忙于北非战事时侵入。阿斯帕尖锐地指出，历史总是会重演，但是，狄奥多西二世没有采纳阿斯帕的建议，他认为，反对出征的人或者是过早地否定了罗马与匈人之间的协议，或者是尚未意识到讨伐盖萨里克的紧迫性。考虑到君士坦丁堡的安危及其粮食供应的稳定性，迦太基必须尽快夺回来。狄奥多西二世来不及观望埃及的情况，就出动了讨伐汪达尔人的远征军，而此前在北非战场失利的阿斯帕则失去了指挥权。

直到公元441年春天，舰队才正式从君士坦丁堡起航，这一年的延误说明狄奥多西二世做了漫长而充分的准备工作。这不是一个鲁莽的统治者为追求军事荣誉而进行的英勇冒险。胜利与否取决于两个关键因素：罗马北部边境的状况和汪达尔军队被击败的速度。狄奥多西二世深信他与阿提拉之间的协议牢固可靠，并做出了一个至关重要的决策：从多瑙河边境调配兵力作为远征军的主力。他希望依靠这些作战经验丰富的兵力来攻克汪达尔人的抵抗。此时，狄奥多西二世看着静静停泊在祖父狄奥多西一世建造的港口里的庞大舰队，愈加对此次出征充满信心。在春日明媚的阳光下，一切看起来都那么生机勃勃。三位将军——弗拉维乌斯·阿瑞奥本笃斯（Flavius Ariobindus）、安斯拉（Ansila）和日曼努斯（Germanus）——所率领的大军不日将进驻西西里岛，然后再向迦太基挺进。如果对北非的再征服能按计划推进，那么大军将在圣诞节前返回君士坦丁堡。

阿提拉和布勒达得知罗马舰队已经开赴西西里岛，便对多瑙河地区发动了攻势。鉴于匈人士兵前不久刚在图卢兹战事中失利，兄弟俩也一直没有在罗马军队兵力充沛之际贸然越过边境。在那种情况下，假意达成停战协议对匈人更有利。狄奥多西二世将戍守多瑙河边境的军队调去北非战场，罗马的优势地位也就没有了。匈人的第一个目标是位于马古姆河对岸的康斯坦莎，就在两年前，罗马派驻的大使与匈人在此地达成了和平协议。当时，双方同意促进边境地区的商业交流。位于多瑙河北岸的康斯坦莎（Constantia）是罗马指定的为数不多的安全贸易区之一。在一个看似平常的熙熙攘攘的集市日，匈人不宣而战，袭击了这座城市，他们计划周密，很快就拿下了罗马的边防要塞。狄奥多西二世不相信匈人意在发动一场全面战争。相反，他认为现在需要的是一场恰到好处的谈判，了解匈人的不满，从而迅速达成可行的协议。具有讽刺意味的是，这次，他派弗拉维乌斯·阿斯帕作为特使，与匈人谈判。阿斯帕的使命是让匈人休战，并调查其撕毁协议的真正原因。到了前线以后，阿斯帕发现，阿提拉根本就没把双方的协议当回事。阿提拉声称，罗马人违背了马古姆协议，这个理由令人感到意外。据说，马古姆的主教曾越过多瑙河，在夜色的掩护下盗走了匈人陵墓中的宝藏。更严重的是，这位财迷心窍的主教还亵渎了阿提拉和布勒达家族陵墓。（如果像阿提拉的葬礼所描述的那般，丧宴的最后一个环节就是杀掉所有知道陵墓位置的仆人，但这并不一定能抹掉这些富有的坟墓的踪迹。）阿提拉要求罗马交出这个盗墓的主教，以及其他逃到罗马的匈人难民。因为罗马违背了双方的约定，为这些难民提供了避难所。

阿提拉的这些说辞很难成立，阿斯帕也很难完成狄奥多西二世下达的任务。鉴于匈人公开敌视基督教，所以他们所谓的基督教主教亵渎了死者的说法，很难令人相信。当然，匈人还为阿斯帕提供了证据：坟墓被挖开了，棺木被毁坏，尸骨被动过了，但是没有证据表明，这一切是基督教主教或马古姆的其他居民所为。阿斯帕甚至无法确定，这是否真的是阿提拉和布勒达亲属的墓穴，抑或这里真的藏过任何值得盗窃的宝藏。他也不清楚马古姆官方是否真的曾拒绝交出匈人难民。公元439年所签订的协议言辞模糊，并没有明确规定罗马有义务围捕并定期遣返匈人难民。但现在不是争论这个问题的时候。阿斯帕现在只能一面猜测匈人的真正意图，一面就双方都关注的问题进行商谈。如果狄奥多西二世是对的，阿提拉意不在发动战争，那么这可以为新一轮的和谈和达成协议提供机会。

然而，阿提拉没有坐下来谈判。对他来说，阿斯帕不能交出马古姆的主教以及匈人难民，这就足够了，也就是说此前双方签订的协议不再有效。在接下来的九个月中（公元441年夏至公元442年春），匈人开始袭击、占领甚至摧毁了多瑙河中部和摩拉瓦河谷东南部几乎所有重要城市。罗马的作家都不愿讲述这些城市溃败的细节，只是提到了几个被围困和被劫掠的地名：塞尔曼（今斯雷姆斯卡米特罗维察)、辛吉度努姆（今贝尔格莱德）、马古姆（今奥拉斯耶）、费米拉孔（今科斯托拉茨）、纳伊斯（今尼什）和塞迪卡（今索菲亚）。另外，还有数以百计未设防的堡垒被占领、掠夺和破坏。但对于这些，没有任何记录，甚至连城市的名字都没有留存下来。很多人誓死捍卫自己的家人和财产，却连一座纪念碑也没有留下，更别提胆小怯懦之辈了。一个接一个的血腥惨剧在这里反复上演。农庄的人先是看到远方有一团浓烟腾起，渐渐地，尘烟中的匈人和战马的轮廓越来越清晰，等人们弄清楚匈人的来意后，为时已晚。穿着铠甲、戴着战盔的匈人咆哮着，霎时间刀光剑影，血流成河。罗马人对战争并不陌生，但是，这一次，直到很多城市都已惨遭破坏，成千上万人被奸淫、奴役和杀害，直到野蛮的匈人杀到眼前，罗马人才感到震惊不已。

在马古姆，人们激烈地讨论着该如何对付匈人。阿斯帕则是在意识到阿提拉根本没打算谈判以后就迅速离开了。有人说，阿斯帕擅离职守，逃走了。阿斯帕却说，他不希望给匈人留下一个有价值的人质。无论如何，没有军队，将军百无一用。作为罗马帝国的使者，他有义务向君士坦丁堡汇报情况。阿斯帕走后，很多人都在考虑是否要答应阿提拉的要求。有些人为了向匈人示好，同意把被指控盗窃匈人陵墓的主教交出去。那些不那么虔诚的罗马人认为，上帝一定会同意这么做的：如果主教真的有罪，那正义就会得到伸张；如果他是无辜的，那么他会欣然赴难，牺牲他一个可以挽救众多的基督徒同胞。

然而，这位主教并没有在教堂里坐等他的信众变成暴民。他悄悄地溜出城，越过多瑙河，投降了匈人，以城池作为代价换取匈人的保护。阿提拉当然很高兴，他对着利剑发誓，祈祷战神能见证他和这位基督徒之间的契约。当晚,主教想起自己对神灵许下的誓言,于是用实际行动兑现了承诺。他回到罗马,对守城的士兵说,他在执行秘密侦察任务时得到了一个紧急情报(也许,他会解释说,自己之所以出现在这里,是为了表明他并没有投靠匈人)。人们相信了他的话。毕竟,他是一名主教。然后,他提议对阿提拉和匈人实施突袭,他可能会说匈人正在渡过多瑙河,可趁其立足未稳时偷袭。然而,阿提拉在河畔设置了伏兵,还屠杀了留守的罗马人,从而攻克了马古姆。

当然,不是每一座城都会因为背叛而失守。阿提拉在多瑙河地区的胜利,主要归功于匈人在围困战方面的技巧。七十年前,由于无法攻克罗马的要塞,也没能攫取到那里的财物和粮食,阿德里安堡战役后,哥特人的攻势遇阻。后来,阿提拉和匈人士兵通过研究罗马人的防御技巧,学会了打围困战,袭击并占领了罗马的很多要塞城市。这些技巧很可能来自罗马的战俘。有时,类似马古姆主教这样的人会主动献策,以此作为自保的条件。有了这些策略,匈人就成了多瑙河沿线最强大的敌人。在匈人的攻势面前,这些防守严密的地区再也无法充当安全岛,保护罗马的物资、人民和财产的安全了。

以匈人攻击纳伊斯为例。他们先是渡过护城河,然后推出很多带轮子的高大的攻城车(吊车),弓箭手藏在覆有生牛皮的柳木制成的盾牌后面,爬上攻城车的机械臂,朝城垛上射箭。一旦城墙某处无人驻守,攻城车就会被攻城槌所取代。普利斯库斯详细描述了这场围困战,他对匈人的攻城槌的外形和破坏力印象极为深刻,"攻城槌是一台巨大的机器,一根带有锋利金属尖的横梁(撞槌)由数根松垮的铁链悬挂在V字形木架上……撞槌的后半部系有短绳。攻城时，匈人士兵用力将撞槌拽向后方，然后再猛地放开绳子，在撞槌巨大的冲击力下，城墙很快就被摧毁了"。

纳伊斯被从地图上抹掉了，城里的人不是被杀戮就是被驱逐，或者被俘虏卖为奴隶。纳伊斯城直到一个世纪以后才得以重建。七年后，普利斯库斯再次回到纳伊斯，发现这里已经被遗弃了，只有几个修道士低沉的祈祷声还在这块荒凉之地上微弱地回荡着。普利斯库斯的旅伴们花了一些时间才找到一个干净的地方搭帐篷。朝向河岸的方向就是曾经被匈人的攻城槌摧毁过的地方，到处散落着被杀者的白骨。回望残败不堪的城墙，很难想象，一百五十年前的纳伊斯会是君士坦丁大帝的诞生地，也是他十分珍爱和用心美化过的故乡。所有这些都被阿提拉和他的匈人士兵给毁掉了。如今，这片废墟庇护的是那些满心期待世界末日来临的宗教狂热分子。对于这些基督徒来说，这座曾经辉煌一时的帝国首都，如今虽已化成了一片焦土，却是一个静待世界末日的好地方。

狄奥多西二世郁郁寡欢地坐在君士坦丁堡金光闪闪的王座上。信使每天都会送来匈人稳步推进的消息。由于无法集结足够多的军队对抗匈人，狄奥多西二世一筹莫展，只是希望阿提拉会逢城必攻，从而放慢行进的速度。在这种情况下，只有一个办法，那就是与盖萨里克讲和，然后将军队从北非召回。罗马军队进驻西西里岛已有大半年了，但还没有试图收回迦太基。得知了多瑙河边境局势恶化，罗马的军事指挥官都无心继续投身于与汪达尔人漫长而艰苦的作战中。

盖萨里克当然不会放过这个机会，他清楚地意识到，如果罗马北部边界安定下来，罗马可能会再次讨伐他们。如果双方停战，汪达尔人就有了足够的时间来巩固现有的地盘。从长远来看，这次和解对汪达尔人有好处。这次对北非地区的重新划分，是在公元435年协议的基础上进行的。以迦太基为中心的最为富饶的地区（比突尼斯略大），归入汪达尔人的领地。非洲海岸线沿岸的其他地区（阿尔及利亚和摩洛哥），包括公元435年曾割让出去的原属努米底亚的一部分领土，归西罗马帝国所有。此外，盖萨里克同意每年向罗马政府支付一笔钱，用于补偿罗马失去北非税赋所带来的损失。

公元442年春，罗马舰队终于回到了君士坦丁堡。但是，已经太晚了，纳伊斯已然陷落。当时，阿提拉已经攻打到塞迪卡，他决定不和强劲的罗马军队发生正面冲突。匈人士兵从容地穿过战后的废墟回到匈牙利大平原。这是一次巨大的胜利。多瑙河中部的主要城镇遭到破坏，罗马北部边防线被撕开了一个口子。纳伊斯被攻破，塞迪卡东部遭袭击，为匈人士兵攻打君士坦丁堡开辟了道路。阿提拉用从多瑙河地区劫掠回来的战利品来拉拢人心。战利品和战俘被用来奖励忠诚的下属及其随从。雕刻着精美的众神雕像的彼得罗阿萨金碗也许就是来自塞尔曼、辛吉度努姆或者纳伊斯。它可能是被一个与匈人并肩作战的哥特人夺取的，也可能是阿提拉的赏赐。总之，阿提拉利用这批战利品巩固了他在匈人帝国的地位。

罗马的作家只关注匈人袭击后留下的一片废墟，对阿提拉不断加强自己权威的事却只字未提。

在战争结束的第三年，阿提拉开始挑战布勒达的地位。这是一场长期的、艰苦的斗争。

布勒达可能也是用将从罗马劫掠来的礼物赏赐给部下和亲信的方式巩固自己地位的。很多人都认为，布勒达作为兄长，有权分得匈人帝国的半壁江山。另外，他本人从未想过阿提拉会独吞匈人帝国。也许是布勒达太过粗鲁、暴力和庸俗，竟从未留意过事态的发展；也许是布勒达太过热诚、友好和慷慨，对于自己年幼的兄弟独揽大权的说法一笑置之；也或许是布勒达太过狡猾、卑劣和奸诈，像困兽一般为了王权而与阿提拉进行了恶斗。

遗憾的是，这些斗争的细节已经无从知晓了。在匈人入侵后的几年中，罗马人对匈牙利大平原上的事情并不是很清楚。这反映在公元5世纪40年代中期的一些简单公告中，这些公告只记录了帝国之外的一些零星事件，但是，所有相关的记载都只剩下了标题，详细的细节遗失了，而这也引发了后世无尽的猜测。

有一件事是确定的，根据最可靠的记载，公元445年，即袭击多瑙河地区并返回匈牙利大平原的第三年，"布勒达被阿提拉密谋杀害了"。

Chapter 11
Barbarians at the Gates

第十一章
野蛮人来了

公元447年1月26日，狄奥多西二世没有像往常那样身着帝王装盛装出现在君士坦丁堡，相反，他脱下了厚重的紫色皇袍，拿掉镶满宝石的皇冠，脱下了珍珠耳环以及镶嵌着宝石的靴子，没有乘坐金铸的马车，猩红色的制服也不见了踪影，身穿亮闪闪盔甲的护卫也没有跟在身后。他身穿一件简单的白色外套，赤着脚，脚上磨得流血了，额头上涔涔渗着汗滴，沿着用坚硬的大理石铺就的十一千米的街道，从君士坦丁堡的皇宫前往狄奥多西城墙以外的阅兵地点海勃德曼。他身后跟随着一群廷臣和一大群民众。在海勃德曼，所有人都唱着《三圣颂》(Trisagion)，就是十年前的天使启应祷文（如今东正教教堂中仍在使用）："圣哉上帝，圣哉大能者，圣哉不朽者，怜悯我们。"

罗马都城的居民富有、自信，他们向来认为上帝与自己同在，而如今，他们只有忏悔和祈祷的份儿了。1月26日黎明时分，一场严重的地震袭击了君士坦丁堡，整座城市摇摇欲坠。公元5世纪，受过教育的人都知道地震是如何发生的（八百年前希腊哲学家亚里士多德发现了地震的成因）：它是巨大的地下洞穴中的气体剧烈运动的结果。对于很多基督徒而言，亚里士多德可能解释了地震爆发的原因，但是没有说清是什么导致了气体的运动。人们都相信，地震是神的意志使然，是让有罪的人忏悔。地震是神灵对人们的警告——亚里士多德本人一定不屑于理会这个说法。看着皇帝赤着脚，痛苦地走过都城，人们明白了，上帝的旨意是多么重要。

在去往海勃德曼的路上，人们可以清楚地看到地震所带来的破坏。新近完工的普罗庞提斯沿岸的海防被破坏无余。大片的狄奥多西城墙成了一堆堆瓦砾，五十七座瞭望塔全部倒塌。如果这个时候敌军来犯，那么罗马都城将不堪一击。仅仅这一点就足够使罗马皇帝脱下皇袍，和他的民众一起祈祷。罗马皇帝和子民共同赎罪苦行的景象令人动容，他们希望能以此得到神灵的护佑。然而狄奥多西二世和心腹大臣心里很清楚，形势有多危急。他们望着毫无防御能力的都城，惊恐地意识到，北部边境的防御此前已被攻破。根据最新的军事情报，阿提拉和匈人士兵已经开始了新一轮的多瑙河攻势。人们都祈祷着，"圣哉上帝，圣哉大能者，圣哉不朽者，怜悯我们"。

公元446年末，就在地震发生的前几个月，阿提拉向罗马宫廷发出了"国书"，再一次要求罗马立刻遣返越过多瑙河边境的匈人。同时，要求罗马补缴公元439年马古姆协议所商定的每年七百磅黄金(在公元441年战争爆发前，罗马可能只支付过一两次)，但狄奥多西二世拒绝交出匈人避难者，也拒绝继续支付黄金。他建议派遣使者就这些有争议的问题进行谈判。但是，他也知道其中的风险：五年前，弗拉维乌斯·阿斯帕和匈人协商马古姆主教的事情，结果谈判失败，匈人立刻采取了军事行动。

这一次，狄奥多西二世却对形势充满了信心。防御多瑙河地区的兵力已经恢复了实力，边境防御也在近期得以巩固。公元443年9月，罗马的高级将领接到命令，务必加强训练并足额发放军饷。此时，狄奥多西二世在想方设法鼓励士兵在多瑙河边境地带定居，并确保普通士兵在多瑙河地区拥有自己的农庄，还免去了一切租金与税赋。而这些士兵需要在每年1月向宫廷汇报多瑙河河面巡逻艇和军营方面的状况。狄奥多西二世坚信，这些改革措施将会带来预期的收益。"我们相信，如果军事组织如此前所规划的那样运行，(根据上帝的旨意)无论敌人试图从什么地方发动侵袭，甚至在战争打响以前，我们都有把握获胜。"

阿提拉并没有被这些话吓倒，他毫不客气地拒绝了狄奥多西二世的谈判要求。匈人士兵开始袭击罗马边境上的要塞，包括罗马舰队的基地所在拉提亚里亚（Ratiaria, 今阿恰尔）。袭击速度之快、破坏力之大都出乎罗马人的意料。匈人军队距离纳伊斯（充斥着焦土和瓦砾的废墟）东北方仅有九十七千米的时候，狄奥多西二世还有宣战的机会，但是，他更希望通过妥协来换取和平。不管狄奥多西二世的计划是什么，公元447年1月的地震都让这一切泡了汤。当务之急是都城的安全。也许是城中居民和他们赤脚受难的皇帝虔诚的祈祷感动了上帝，让罗马的命运有了转机，都城最终得以保全。在此之前，正如皇帝的心腹所说的那样，要想在阿提拉抵达君士坦丁堡之前修复狄奥多西城墙，除非有奇迹发生。

对于当时东罗马执政官中最杰出的弗拉维乌斯·君士坦提乌斯来说，虽然他并不怀疑祈祷的力量，但是他也不打算坐等上帝的援助。相反，他迅速组织起一大批熟练的工匠和劳动力来修复城墙。其中还包括城中两支主要的体育组织：蓝队和绿队的成员。平日里，这些狂热的追随者习惯了在赛马场中为自己的战车队欢呼喝彩，就好像现代的足球或棒球俱乐部一样，两队都有着良好的管理制度。他们各自拥有一支职业的管理队伍，主要负责挖掘、训练和选拔赛车手，以及筹办比赛。更为引人注目的是他们各自的追随者，这些人会在观众席上排成整齐的一排。最狂热的追随者甚至剪着同样的发型，身穿绿色（或蓝色）的束腰宽松外衣，每当他们挥手或者为喜欢的赛车手呐喊助威时，宽大的衣袖便迎风鼓起，像是飘动的旗子。

成功的赛车手都是君士坦丁堡的名人。狂热的人们为他们建造雕像，崇尚并模仿他们奢侈的生活方式。竞技场里，赛车手入场时，人们欢呼鼓掌，其盛大的场面堪比皇帝驾到。毕竟，人们来此是为了观看战车比赛的。比赛开始后，激动的支持者为心目中的英雄高呼，为他的高超技艺而喝彩——无论是在赛车场上，还是在赛车场下，皆是如此——同时，也不忘诋毁辱骂对手。赛场上，啦啦队有节奏的欢呼声和他们诋毁对手的谩骂声都是战车娱乐不可或缺的内容。这使人们观看赛车手技艺高超地操纵马匹沿着狭窄的直道驰骋，或在跑道两侧的急转弯处娴熟地转身时，更加兴奋。有时，蓝绿双方的激烈竞争甚至蔓延到整个城市。君士坦丁堡的居民常常把纵火、街头斗殴或者破坏公物的行为归咎于那些离开竞技场的流氓无赖。

弗拉维乌斯·君士坦提乌斯竟然要将这些如暴徒一般的体育迷集合起来修复城墙，这真的太让人意外了。果然不出意料，蓝队拒绝与绿队合作。聪明的君士坦提乌斯正是利用了这一点，给两队指派了不同的修复任务，并鼓励双方展开竞赛。于是，这些人马不停蹄地干了六十天。在夜间，双方还借着火把的光亮垒砌砖瓦，搬运石块。对于君士坦丁堡的所有人来说，这都是一场严肃的关乎生死存亡的比赛：不是在养尊处优的赛车手和他们那些膘肥体壮的赛马间，而是惊恐万分的罗马人和正挥舞着屠刀奔袭而来的匈人间的生死斗。罗马人赢了，但仅仅是战略上赢了。狄奥多西城墙刚好在阿提拉赶到之前修复完毕，这才阻止了匈人进犯帝国都城。

君士坦丁堡的民众竭尽全力铸就的城墙至今可见。穿过伊斯坦布尔巨大、尘土飞扬的公共汽车站，来到一大片嘈杂之地。这里是城市的主要街道之一——梅耶·葛达西。它横穿过狄奥多西城墙，靠近南端的新梅夫利文门(Yeni Mevlevihane Kapisi, 土耳其语，又被称为"红门")。新梅夫利文门是一个古老而悠闲的处所。其宽度仅能通过一头驴子，或者一位熟知城墙过道愈来愈窄的身手敏捷的摩托车手——狭窄的过道可以起到意想不到的防御作用。城门的左侧有一块牢牢固定在石雕上的灰色大理石板，石板上镌刻着简短的拉丁文，其文字至今仍清晰可辨。此处正是弗拉维乌斯·君士坦提乌斯在一千五百年前下令修复的城墙。

狄奥多西二世联合众人力量，在短时间内迅速重建城墙，成功地捍卫了君士坦丁大帝开创的基业，坚固的城池为罗马提供了强有力的支持。从此，希腊女神雅典娜永远守护在这里。

根据狄奥多西二世的命令，君士坦提乌斯在两个月内成功地重建了牢固的城墙。即便是雅典娜，也无法在这么短时间内修建如此牢固的城堡。

重建的狄奥多西城墙，无论是从规模上还是在速度上，都超过了古代雅典城的守护神——帕拉斯·雅典娜所建造的任何一座防御工事。雅典娜是守护女神，也是雅典的守护神(被誉为雅典的天然堡垒、矗立在石灰岩构造上的雅典卫城，仍被修建于公元前4世纪的美轮美奂的帕特农神庙统治着)。无论如何，君士坦提乌斯都有理由对自己的成感到满意。他驱逐了那些反对者——一如既往，虽然动手修建城墙比祈求神灵庇佑更见效，但总会有一些人认为整个计划欠考虑。通过重建君士坦丁堡的防御系统，君士坦提乌斯的政绩甚至超越了古希腊的雅典娜。

仅用六十天时间就重建了狄奥多西城墙，他的确创造了一个奇迹。

即使此时阿提拉已经知道了公元447年1月发生在君士坦丁堡的地震，也知道地震所造成的巨大破坏，但是，他却不计划突袭君士坦丁堡，因为这可能会破坏业已取得的胜利。从多瑙河前线到君士坦丁堡之间，存在两个障碍。第一，阿提拉不愿意放弃任何业已占据的罗马城市。因为在战争结束时，或者需要迅速撤退回多瑙河以北时，这些被放弃的城市就会成为罗马人截杀匈人的要塞。第二，也是更重要的一点，阿提拉清楚地意识到，虽然他攻克了罗马的北部防线，但如果他进军到君士坦丁堡的话，有可能遭遇一支战胜了波斯人和汪达尔人的强大的精锐部队。因此，对于匈人来说，稳扎稳打才是上策，贸然出击君士坦丁堡显得过于莽撞。

匈人占领拉提亚里亚之后，开始进攻位于边境和君士坦丁堡之间的主要城市和要塞。公元441—442年，罗马史学家记载了这一段历史，匈人士兵"劫掠了七十多个城市"，然后是一串遭到破坏的城市，"**菲利波波利**（保加利亚南部城市普罗夫迪夫）、**阿卡迪奥波利斯**（今土耳其吕布尔加兹，伊斯坦布尔西北约一百六十千米处）、**加里波利**（加里波利半岛北部的盖利博卢）、**塞斯特斯**（埃杰阿巴德，恰纳卡莱南部附近）和**阿塞拉斯**（马尔马拉海北部海岸的布尤切克梅奇）"。最后一个地点说明，当时匈人距离君士坦丁堡有多近了。阿塞拉斯要塞距离狄奥多西城墙已不足三十二千米。

这次袭击巴尔干地区的过程中，匈人没有采用闪电战。菲利波波利四周是坚固的城墙，和纳伊斯一样，必须采取围困的策略才有效。随着阿提拉逼近君士坦丁堡，匈人遭遇的抵抗愈加顽强。在其中的两次作战中，罗马军有效地击退了入侵者：在罗马与哥特人大战的阿德里安堡，以及位于沿君士坦丁堡海岸线九十七千米处的赫拉克利亚（马尔马拉埃雷利）。这次小小的胜利与罗马军的部署有关，应归功于三位经验丰富的将领：弗拉维乌斯·阿斯帕、曾经参与过公元441年对汪达尔人远征的弗拉维乌斯·阿利奥本笃（Flavius Ariobindus）以及曾经在色雷斯指挥过帝国军队的阿纳吉斯克鲁斯（Arnegisclus）。

在三位将领的统帅下，罗马兵分为三路，覆盖了各条通往君士坦丁堡的主要路线。虽然无法阻止匈人的攻势，却减慢了其行军速度。虽然没有打败匈人，却时常扰乱匈人的阵列，使匈人不得不谨慎行事。盖利博卢半岛的加里波利和塞斯特斯的陷落就是分散匈人兵力的结果。虽然罗马军在一些战役中失利了，但他们还是通过盖利博卢战役，有效地把匈人士兵力引到了远离君士坦丁堡的地方。当然，这种战术的代价是高昂的：为了拯救君士坦丁堡，很多士兵和城市都被牺牲掉了，而且，阿斯帕及其将领们也不准备毕其功于一役。他率军进行了耗时两个月的顽强抵抗，以巨大的代价为重修狄奥多西城墙赢得宝贵时间。只有这样，才能保证君士坦丁堡的安全。

阿提拉及其匈人士兵没见过狄奥多西城墙。匈人在入侵罗马的过程中接连取胜，不愿意冒险攻打这个号称"地中海世界最坚固"的都城。君士坦丁堡城及其周围地区暴发瘟疫后，阿提拉更加不愿意投入到一场注定会旷日持久的围攻战中。他也意识，在遭受了战乱和地震的君士坦丁堡驻扎军队将面临诸多困难。最终，匈人放弃了君士坦丁堡，向北进入马西安诺堡。正如其他在公元5世纪40年代战乱中被摧毁的城市一样，马西安诺堡直到一个世纪以后才得以重建。由于补给短缺，匈人不得不返回匈牙利大平原，并避开了曾经劫掠过的地区。在马西安诺堡以西约二百四十千米处的塞特斯特附近，阿纳吉斯克鲁斯率领罗马军队拦住了匈人的去路。只有在确保君士坦丁堡安全的情况下，罗马军才敢于发动如此大规模的攻势。在漫长而疲惫的激战之后，双方都损失惨重。阿纳吉斯克鲁斯本人的战马被杀后，寸步难行的他仍在乱战中英勇抵抗，直至战死。最后，匈人占了上风，但是在最后的争夺战中阿纳吉斯克鲁斯的奋力一搏，差一点儿就取得了罗马与匈人作战史上唯一的一次胜利。

尽管阿纳吉斯克鲁斯奋勇抵抗，但匈人还是在多瑙河战场取得了决定性胜利。阿提拉成功地撕开了罗马北部边防，并把匈人军部署到距离君士坦丁堡不足三十二千米的地方。根据公元 6 世纪的史学家马塞林的记载，匈人士兵"袭击并劫掠了罗马的要塞和主要城市，几乎破坏了罗马都城周边的所有领地"。历史上，阿提拉曾两次巧妙地利用了罗马的弱点：一次是公元 441 年罗马调配兵力前往北非对抗汪达尔人，一次是公元 447 年君士坦丁堡遭遇了大地震。也许阿斯帕及其同僚有信心在阵地战中战胜匈人，但是一旦失败，阿德里安堡的悲剧就可能再次上演。假如公元 447 年 2 月或 3 月罗马军队在一个午后的战役中全军覆没，君士坦丁堡必定会随之陷落，东罗马帝国也会在血光中覆灭。即便如此，阿纳吉斯克鲁斯在乌图斯河战役中险胜，也表明当时罗马军有获胜的可能性。这也说明，阿提拉对罗马军队小心防备的策略是正确的。无论是谁，总会有失利的时候。

公元447年，匈人没有像以往那样疯狂地劫掠杀戮。阿提拉经过深思熟虑，没有贸然攻打君士坦丁堡。在巴尔干地区正面对抗罗马军队是有风险的——无论是什么样的风险——罗马将会紧急召回东部边境的精锐部队。阿提拉也不准备花费更多的时间和资源去围困君士坦丁堡。否则，匈人军队很可能因为食物短缺和疾病肆虐而被困在狄奥多西城墙前，无法返回多瑙河边境地区。没有舰队，匈人也无法发动有效的阻击战。决定放弃攻打君士坦丁堡以后，匈人士兵带着劫掠的财物和俘虏回到了匈牙利大平原。由于狄奥多西城墙已经被修复——即便匈人士兵擅长围困战术——罗马都城成了一个难以攻克的目标。毫无疑问，即使匈人在攻城战中获得了新的技能，防御能力恢复后的君士坦丁堡仍然是一个难以对付的目标。历史证实了阿提拉的判断。在此后的八百年间，狄奥多西城墙有效地防御了外敌入侵：公元626年的阿尔瓦人(Avars)、公元670年的阿拉伯人、公元813年的保加利亚的克鲁姆大公(Krum the Bulgar)、公元860年的俄国人以及公元1097年的第一次十字军东征都没有突破这道坚固的城墙。1204年，第四次十字军东征期间，威尼斯人爬上了城墙。终于，狄奥多西城墙在1453年被征服者穆罕默德二世攻破了，他所率领的奥斯曼军队拥有一种阿提拉也会十分羡慕的东西——火药。

Chapter 12

The Price of Peace

第十二章

和平的代价

阿纳吉斯克鲁斯战败后，狄奥多西二世派高级将领弗拉维乌斯·安纳托利乌斯（Flavius Anatolius，又译为亚纳多留斯）与阿提拉进行和平谈判。在过去的十五年间，安纳托利乌斯一直负责东部边境的安全。或许同行的还有诺姆斯（Nomus），他是宫廷中最有权势的官员之一，其职责包括监管所有帝国事务以及一切觐见皇帝的事宜。罗马派出的特使地位如此之高，让阿提拉十分惊讶。他表示愿意谈判并会撤出罗马领土。正如十年前那般，他这次的主要要求仍是让罗马立即遣返匈人难民以及每年支付一定数量的黄金。

鉴于匈人士兵在战场上所取得的胜利，罗马的谈判人员没有对阿提拉的要求提出异议。他们同意遣返任何滞留罗马的匈人，并同意每年支付两千一百磅黄金，并还清之前拖欠的六千磅。巨额的赔偿还包括按人头计算的战俘的赎金。对比公元422年双方协定的每年三百五十磅，以及公元439年在马古姆协议中商定的七百磅，这次的赔款数额剧增。此外，安纳托利乌斯和诺姆斯也勉强承认，多瑙河地区不再是罗马帝国的边境线。阿提拉要求罗马人撤出从辛吉度努姆至诺维（Novae，今保加利亚的斯维什托夫）多瑙河沿岸长达四百八十三千米的一大片领土。横跨这一地区的最宽处，需要花费五天的时间。这个人烟稀少的缓冲区使得匈人免遭突袭，同时也剥夺了罗马人在多瑙河边天然的防御优势。新的边界线上大致向南后撤了一百九十三千米，纳伊斯城的遗址就位于新的边境线上。

对于当时的罗马人来说，这项协议简直是奇耻大辱。在记述罗马与阿提拉冲突方面最重要的史学家普利斯库斯，毫不留情地谴责了狄奥多西二世的怯懦。

> 罗马的军事将领被匈人吓破了胆，被迫接受了一项项的不公平条款。无论条件多么苛刻，都阻挡不了他们迫切的求和之心……即便是高级廷臣，也都捐出了一定数额的黄金……曾经富有的人不得不把妻子的珠宝和家具拿出去卖掉。对于战后的罗马来说，这无异于一场灾难。结果很多人不是饿死了就是自杀了，国库也被清空了。

普利斯库斯是对的，罗马每年支付给阿提拉的黄金数量惊人。2100磅黄金相当于151200索里迪（72索里迪等于1磅黄金）。1索里迪就已经不是个小数目了，它够一个劳动力生活好几个月。公元4世纪时，士兵在应征入伍时会得到6索里迪，用于购买服装、装备和其他花销。从公元6世纪纳塞纳（今以色列南部）遗留下来的私人文书、遗嘱、租约和销售账单来看，在罗马一个地方的集市上，1索里迪能买一头驴，2索里迪可以买一头雄性小马，3索里迪可以买一个年轻女奴，5索里迪可以买一头骆驼，6索里迪可以买一个年轻的男奴。根据这些数字，151200索里迪堪称天文数字。如普利斯库斯所言，罗马帝国的财政面临着巨大的挑战。

遗憾的是，有关罗马帝国当时的财政收入和支出情况的记载已经消亡了，因而在没有确切证据的情况下，只能粗略预估当时的财政情况。公元445年，与汪达尔人划分非洲的势力范围后，瓦伦提尼安三世颁布了一项法令，根据该法令，预计努米底亚每年要向罗马上交78400索里迪，不到1100磅黄金。粗略计算一下，假如努米底亚是一个中等富裕的省份——有些省份，比如埃及的各省要更加富裕，也有些省份，例如遭受战争破坏的多瑙河流的省份则比较贫瘠——东罗马帝国每年从60个省份征收的税赋约为 66000 磅黄金。换言之，每年支付给阿提拉的黄金约占罗马年收入的 3%。虽然这不是一笔小数目，但即便加上之前拖欠的黄金，罗马的国库还不至于出现亏空，或者出现任何财政困难。事实上，公元 457 年，即罗马与匈人签署和平协议的十年后，狄奥多西二世的继任者马尔西安（Marcian）在位时，据说罗马国库里还有 100000 磅的黄金盈余。

即便罗马是靠增加国内的税赋来支付赔款的，也不可能让罗马最富有的廷臣破产。在罗马，古老的贵族家族的财富已经积累了数代，即便是地位中等的廷臣，每年也有 1000 磅～1500 磅黄金的收入，少数超级富豪的年收入可达 4000 磅黄金。换言之，罗马向匈人每年支付的 2100 磅黄金，只相当于罗马帝国一个最富裕家庭的年收入。不管怎么说，这都是一笔巨款，但抛开普利斯库斯夸张的说法，这对罗马帝国来说，还不至于让它的廷臣变卖家具和妻子的珠宝，甚至因为走投无路而自寻短见。

虽然普利斯库斯为反对公元 447 年的协定而虚构了骇人的细节，但他批评的主旨很明确：狄奥多西二世是个无能的统治者，他解决不了当前所面临的问题。大敌当前，他没有奋勇抵抗，而是采取了绥靖政策。在普利斯库斯看来，战争是一个充满活力的超级大国捍卫自身利益的最有效手段。回避战争，力主和平的做法削弱了罗马帝国作为超级大国的自信心。仅仅从道德的角度看，这些看法似乎很有道理，然而，却是有失偏颇的。首先，这些观点没有考虑到公元 5 世纪上半叶狄奥多西二世所面临的复杂的国际局势。当时的东罗马帝国危机四伏，多瑙河地区的战事接连失利。即便如此，在过去的 30 年期间，罗马成功遏制住了匈人、汪达尔人以及罗马的心腹大患波斯人。从亚美尼亚、叙利亚至西奈长达 1609 千米的边境线，也在持续不断地消耗掉资源。罗马的史学家只关注一些重要的战争，但是忽略了罗马边境防御薄弱地区频繁发生的冲突和小规模的入侵。从军事的视角来看，要想有效地解决这些问题，就需要大量的兵力驻守在要塞和边防重镇。

鉴于上述原因，狄奥多西二世的计划基本上算是稳妥的。他没有把更多兵力调遣到多瑙河北部边境，去冒险对抗匈人。显然，财政在政策制定方面也发挥了至关重要的作用。越过多瑙河边界对匈人发动一次有效的攻击所费不赀。公元468年，也就是马尔西安皇帝去世的十一年后，他的继任者利奥（Leo）派遣一支特种兵，目标是将汪达尔人驱逐出北非。这次出征花费十多万磅黄金，但最终以失败告终。狄奥多西二世每年支付给匈人两千一百磅黄金，虽然是一笔巨款，但是和战争的成本相比，却并不算高。

这些精心计算的结果是一种严酷的遏制战略。以一种冷酷的现实主义来看，除非帝国首都将受到或者正在受到攻击，否则无论是从军事还是财政上来说，允许匈人掠夺多瑙河诸省都是划算的。当然罗马军队也可以对匈人发动正面进攻，但很可能会以失败告终，重演阿德里安堡的悲剧；而如果拒绝向其他遭遇攻击的地区派兵，又对这些地区无法交代。这就是狄奥多西二世在处理公元421—422年间波斯战争，431—434年汪达尔人入侵的第一阶段，以及441—442年盖萨里克围困迦太基时，罗马所面临的困境。因此，狄奥多西城墙的重要性，以及它倒塌之后所带来的灾难之严重性，就不言而喻。只有君士坦丁堡固若金汤，罗马的军队才能四处征战。因此，无论多瑙河南部的局势多么的严峻，都要把军队调遣回来，或者调回东部边境的军队以保护帝国的都城。

正如普利斯库斯所说的那样，牺牲罗马的边境地区来换取和平，并不是长久之计。匈人摧毁了罗马人赖以生存的城市和农庄，但罗马对此无计可施。看上去罗马军队并没有全力以赴，罗马军队的三位将领——弗拉维乌斯·阿斯帕、弗拉维乌斯·阿利奥本笃和阿纳吉斯克鲁斯也都不愿意冒险与敌军展开激战。当匈人返回匈牙利大平原的意图十分明确时，罗马军队才发动攻击，但功败垂成。在乌图斯河（the Utus River）战役中，阿纳吉斯克鲁斯丧命。

阿斯帕和阿利奥本笃也为自己在战场上的谨小慎微付出了代价。到了公元447年年底，两人都被免职了。不难看出，狄奥多西二世不再需要他们了。最重要的是，不能让皇帝来承担边境防御不力的责任。将阿斯帕和阿利奥本笃免职，算是对多瑙河地区所遭受的破坏做一个了结。皇帝巧妙地把责任推到了将领身上，但这并不公平。正如普利斯库斯所说的那样，皇帝不仅怯懦，而且也不承认两位将军所做出的努力。在匆忙间修复狄奥多西城墙之际，阿斯帕和阿利奥本笃所采取的谨慎策略，避免了与匈人军发生正面冲突，从而保全了君士坦丁堡。如果鲁莽行事，就需要冒很大的风险，然而，在政治上，巧妙地避免战败还远远不够，重要的是，两位将军没有在战场上取得决定性的胜利。但是，把责任全部推卸到两位将军身上，的确有失公允。

谨慎调度军事物资，修建大量防御工事以保卫帝国的都城，这是罗马帝国得以保全的主要原因。正如狄奥多西二世及其幕僚所承认的那样，用黄金来换取和平的策略和作战策略是同样重要的（当政府向一个敌对政权支付一大笔钱时，往往需要一块政策遮羞布来为自己辩护。通常这样一笔钱会被冠以"补贴"或者"发展援助"的名义）。和普利斯库斯这类乐于煽动好战情绪的批评家不同，狄奥多西二世更善于在战争与和平之间求得平衡，他的策略是非常明智的。在保证帝国北部边境的领土完整和都城安全的情况下，他意识到，在多瑙河以北地区存在一个敌对政权会给罗马带来许多好处。东罗马帝国资源丰富，它可以购买它所需要的机会，从而可以使罗马的军队去应对更加严重的危机。

当然，乍一看，罗马人似乎并没有从这笔交易中获得明显的好处。毕竟，公元434年和441年的匈人入侵，罗马都没能阻止。罗马的廷臣都十分清楚，和平来之不易。此外，支付给匈人的钱还可以带来其他好处。在日常生活中，这些金钱促进了跨境交流。一部分钱通过边境贸易又回到了罗马人手里。持续的小规模商业往来也让罗马人逐渐掌握了匈人财产的规模、居民人数以及居住地的分布情况。人们还借跨境的商务旅行所提供的便利从事间谍活动，就像外交使团那般。

边境地区货币的流动也是为匈人内部的不同政见者提供秘密支持的手段。罗马的黄金可以被用来资助政变，推翻阿提拉的统治，扶植一个更合作的政权。无论如何，这都是一个非常好的选择。比起用武力干涉政权更替，这种方式的风险更小。战争本身是一种粗糙而不可预测的武器。罗马帝国不大可能聚集足够多的兵力，越过多瑙河，对匈人发动大规模战争。通过战争，罗马有可能消灭阿提拉及其政权，但是，这也会导致匈人帝国的倾覆。由此引发的不稳定甚至暴乱会严重地威胁到北部边境甚至君士坦丁堡的安全。因此，出兵攻打匈人不仅风险大，而且花费不菲。事实上，罗马出兵攻打匈人，只会让已经很糟糕的情形变得更糟。为了瓦解、分化匈人政权，罗马帝国需要额外在军事、行政和财政方面进行长期的巨额投入，然而，这必然会极大地削弱罗马在对抗波斯和汪达尔人方面的投入。鉴于罗马帝国当时的处境，狄奥多西二世的决策是明智的：相对于战争，用金钱收买阿提拉的代价更低，也更有效。

对于阿提拉来说，尽管他要求罗马支付大笔的赔偿，但他也在极力把这件事的负面影响降到最低。他不希望多瑙河边境地区出现任何由罗马人支持或扶植的敌对势力。公元439年，在马古姆协议签订时，阿提拉要求所有的款项必须付给他本人或者布勒达。匈人和罗马人之间的贸易往来都处于他的严密监视之下，任何越境寻求庇护的匈人都必须尽早遣返。公元447年以后，很多匈人流放者都不愿意再回到匈牙利大平原。根据普利斯库斯的记载，很多这样的人都被罗马处决了，因为罗马不想给阿提拉留下任何违反和平协定的借口——"其中一些难民是匈人皇室成员，他们不愿意听从阿提拉的命令"。阿提拉开始规范多瑙河地区的边境贸易，规定了交易的地点。其中一个是公元439年指定的多瑙河左岸的康斯坦莎，就在马古姆城的对面；另一个地点是公元447年遭到破坏的纳伊斯。

阿提拉一面对边境地区采取严密的防范措施，一面也意识到了以金钱换和平的种种好处（对于狄奥多西二世来说，如果匈人一定要发动战争，攻打都城、侵占领土的话，他将会陷入更加不利的境地）。阿提拉具有丰富的作战技巧，又自认为有神灵护佑，因此，他希望用丰厚的奖赏赢得部下广泛的支持，以维护自己的统治。他需要通过多瑙河源源不断输送来的罗马的黄金，来确保自己稳坐匈人王的宝座。因此，在5世纪上半叶，主宰匈人和罗马人关系的似乎是没完没了的突袭、漫长的外交谈判和大量的赔款。对于善于劫掠的匈人士兵，阿提拉每年还会有额外的年度奖励。对于匈人来说，生活在这样一个富裕的邻国旁，其好处是显而易见的。既然能够利用罗马的弱点给自己带来好处，阿提拉就不希望东罗马快速衰落下去，不然他的损失就大了。

Part III
Dinner with Attila

第三部
与阿提拉共进晚餐

Chapter 13

Mission Impossible

第十三章

艰巨的外交使命

在阿提拉发动战争、狄奥多西城墙得以匆忙修复的五百年后，君士坦丁堡仍然是东罗马帝国的都城（希腊名字是拜占庭）。到了公元 10 世纪，东罗马帝国不再是一个超级大国了，成了一个普通的国家，四面楚歌。不顾政治现实，伟大的君士坦丁七世普菲洛杰尼图斯（Prophyrogenitus，意为"出身显贵"）宣布自己是"整个世界的主宰者"。事实上，君士坦丁七世仅仅控制了土耳其西部、巴尔干半岛和意大利南部。罗马只能算是一个没落的帝国，有名无实。曾经是基督教世界一部分的地中海地区，如今大部分都皈依了伊斯兰教。

内忧外患的罗马皇帝固守着先祖留下的遗产。即便是无法再现古代罗马帝国的辉煌，也不愿意被历史遗忘。君士坦丁七世派人搜罗了大量的历史文献和记录。对于那些认为图书馆是令人生畏的地方的人来说，（用皇帝本人的话说），"大量的资料会引起恐惧和沮丧"。君士坦丁七世下令汇编历史著作的节选。在史料选择方面，他命令编撰者"打破以往学术作品那种想想就很累的——沉闷单调的风格"，所以他要求这套选集是"对历史上最有价值的经验教训的概述"。即便如此，整套选集还是多达五十三卷。每一卷都围绕着某个主题展开：军事胜利、书信往来、公开演讲、英勇之举、狩猎活动以及阴谋权术等。这部鸿篇巨制只有寥寥数卷得以留存下来。大多数关于古代历史的文献都不幸遗失或被损坏了，能够留存下来的就分外珍贵。

君士坦丁七世的一本小册子里记载着罗马派遣使者出访同盟国和敌国的经历。正是在这种剪贴拼凑的作品中，我们获悉了一些有关阿提拉和古代匈人国的往事。在一大堆冗长乏味的罗马外交谈判的史料中，存留着普利斯库斯撰写的有关匈人王阿提拉作品。这本书约创作于公元 5 世纪 50 年代中期至 80 年代早期期间，主要讲述了东罗马帝国时期的重大历史事件，尤其是5世纪40年代晚期与匈人的冲突。后来，为君士坦丁七世撰写史书的人将这套书从八卷缩减至三十五个片段。有几个片段较为完整地讲述了罗马使者在公元449年夏天赶赴匈牙利大平原会见阿提拉的事件。普利斯库斯所记载的罗马使者会见阿提拉的片段引起了公元10世纪历史编撰者的注意，甚至是痴迷。这段叙述不是根据史料拼凑的二手资料，当时，普利斯库斯就在现场。他是唯一亲眼见过阿提拉及其廷臣，并将之记录下来的人。此后，再也没有一个史学家能够如此近距离地观察匈人。也没有其他描述，能够让读者如此身临其境地感受当时的场景。多亏了君士坦丁七世及其史书编撰者，我们才能有幸了解到普利斯库斯的生平。

普利斯库斯于公元420年左右出生在普罗庞提斯北岸的帕尼姆，此地位于君士坦丁堡以南一百二十九千米处。和很多出生在地中海东部的人一样，普利斯库斯的母语是希腊语，当地只有极少数人懂拉丁语。那些从事政务工作的人——贵族、申诉人、诉讼人、律师、法官、廷臣和皇帝——彼此使用的是希腊语，但是，几乎所有的行政和法庭文书用的却是拉丁语。毕竟，这里是罗马帝国。和很多来自富裕家庭的雄心勃勃的希腊人一样，普利斯库斯在学校里学会了拉丁语。学习拉丁语的过程十分艰辛：没完没了的语法和词汇诵读，稍有迟疑或出错后都要遭受体罚。在学校的大部分时间都被用来研读经典。学得好的学生可以背诵大段的诗歌。最受欢迎的是欧里庇德斯（Euripides，公元前5世纪最著名的雅典剧作家之一）的悲剧片段以及荷马史诗中《伊利亚特》开头的一段阿喀琉斯与阿伽门农之间的争吵。在今天看来，这简直匪夷所思。

当时的罗马特权人士喜欢在餐桌旁谈论这些经典作品的片段，并视之为最有趣的宴会娱乐方式之一。

普利斯库斯瞅准机会，离开了帕尼姆。他从一个平淡无奇的小镇，来到了君士坦丁堡，继续学习哲学和雄辩术，为优雅而有说服力的口语和写作艺术而努力。那时，他还是个学生，他将大量时间用于在君士坦丁堡拥挤的酒吧里论辩时政。罗马应该如何应对匈人的威胁？是应当站起来勇敢作战，还是采用精明而有远见的收买匈人的策略？完成学业以后，普利斯库斯决定留在君士坦丁堡做一名家庭教师。公元 5 世纪 40 年代初，他通过某种方式结识了一个叫马克西姆努斯（Maximinus）的年轻军官。马克西姆努斯是君士坦丁堡人，家庭背景显赫，或许可以帮助普利斯库斯成为一位前途无量的雄辩术老师。这正是一种与罗马宫廷有联系的显赫家族所希望支持的高雅的文化活动。马克西姆努斯的父母也非常支持他和普利斯库斯交往。他们认为普利斯库斯所讲的那些刚好可以弥补马克西姆努斯在服役期间所缺失的文化教育。军官的餐桌上不大可能会经常讲到荷马或者欧里庇德斯的诗句。

当时，普利斯库斯和马克西姆努斯都是二十多岁，也亲身体会到了匈人所引发的恐惧。在狄奥多西城墙倒塌后，马克西姆努斯可能参与过那次旨在拖延匈人军进攻君士坦丁堡步伐的战役。与此同时，普利斯库斯及其学生正在为蓝队和绿队日夜兼程修复城墙而呐喊助阵。听闻匈人放弃君士坦丁堡、返回多瑙河以北的消息后，两人一定也都如释重负，欢呼庆幸。公元 447 年年末，安纳托利乌斯和诺姆斯与匈人展开和平谈判时，罗马人都表示赞同。虽然普利斯库斯更希望罗马能在军事上打垮匈人，而不是每年向对帝国威胁最大的敌人支付一大笔经济补偿。

公元449年春天，一位高级匈人将领艾地柯（Edeco）来到了君士坦丁堡。他是阿提拉的亲信和保镖。同去的还有俄瑞斯忒斯（Orestes），一个在萨瓦河畔（今克罗地亚和塞尔维亚边境处）出生并长大的罗马人。俄瑞斯忒斯的家族庄园就位于多瑙河沿岸，公元435年，埃蒂乌斯为了在法国问题上获得阿提拉和布勒达的支持，将此地划给匈人。离开了罗马帝国的庇护，俄瑞斯忒斯小心翼翼地过活，以避免惹到匈人。也许是出于感激匈人允许自己继续保有地产，俄瑞斯忒斯同意私下里做阿提拉的私人秘书，他懂拉丁语，可以在匈人与拉文纳、君士坦丁堡打交道时派上用场。

在君士坦丁堡的宫殿里，人们为匈人使者举行了盛大而冗长的仪式，然后有人把艾地柯带到皇帝的大殿前，俄瑞斯忒斯奉命在外等候。在帝国都城，没有人注意到俄瑞斯忒斯这样一个来自地方却还算富裕的罗马人。艾地柯惊诧于皇宫的华丽。有些人可能希望富丽堂皇的皇宫可以让人对帝国的王权心生敬畏；而愤世嫉俗的人则说，如此富有的罗马宫廷，只会激起匈人再举进犯君士坦丁堡的欲望。在金碧辉煌的宫殿里，身经百战的匈人身穿由兽皮做成的短上衣和裤子，外披毛皮衬里的斗篷，显得不合时宜。也许穿着绘有精美图案的丝质长袍的廷臣看到他的装扮，都会掩面窃笑。罗马官方礼仪禁止人们在皇帝面前穿着裤装。这虽然是一身野蛮人的装束，但看上去并不是敢给狄奥多西二世写信谈条件的样子。

但狄奥多西二世是不会和艾地柯谈判的，至少没有亲自参与。双方仅是举行了一次正式的会晤。在走近王座时，艾地柯跪倒在地，面朝地板，眼帘低垂，身体绷紧。然后，慢慢起身上前，直到他的头与狄奥多西二世那镶嵌着宝石的靴子齐平，他吻了吻皇帝紫色长袍的下摆。艾地柯向皇帝行礼后，后退几步，站在一个适当的位置。他既不懂希腊语，也不懂拉丁语。此时，皇帝的一位廷臣弗拉维乌斯·马尔提亚利斯 (Flavius Martialis) 默默地走上前来。和前面提到的诺姆斯一样，马尔提亚利斯掌管着宫廷，其职责包括对申诉做出答复、签署法令、同意使者出访和授予荣誉，等等。

马尔提亚利斯示意一位随从维吉拉斯 (Vigilas) 走过去。维吉拉斯是个其貌不扬的廷臣，即便是穿着廷服也是如此。他被描述成一个紧张兮兮的家伙，总是小心翼翼地摆弄自己的袍子，遇见谁都说些夸张的赞美之辞。和很多不善于应对复杂官场政治的人一样，他误解了阿谀奉承的目的。当然，当权者都希望听到溢美之词，但是，他们也希望看到等级差别。维吉拉斯的错误在于，他对每个人都如此，一视同仁，因此，在很多人看来，他不值得信任。然而，在此刻的王宫里，维吉拉斯成了最重要的人物。除了在宫外等候的俄瑞斯忒斯，维吉拉斯是唯一懂匈人语言的罗马人。他怎么学会匈人语言的我们不得而知。很多人认为他在还是个孩子的时候，于匈人袭击多瑙河边境地区时被俘了，而后成功逃脱。维吉拉斯充分利用了他这个唯一的长处，在东罗马宫廷里做翻译，最近一次是在公元 447 年为安纳托利乌斯和诺姆斯的和平谈判做翻译。

马尔提亚利斯的另一个属下大声地念出了阿提拉的信件，这份用流畅的拉丁文写就的信件，也许是出自俄瑞斯忒斯之手。在正式的信函往来中，阿提拉摆出了与狄奥多西二世平起平坐的姿态。在这封信中，阿提拉坚持让狄奥多西二世尊重自己的做法。虽然在过去的一年中，匈人四次派人出使罗马——其中一次是艾地柯独自完成的,但仍然有一部分匈人难民滞留在了罗马。罗马军队也没有按照约定的那样,撤出距离多瑙河边界约五天路程远的领地。一些已经同意划分给匈人的地区仍在从事农耕,跨境贸易地点纳伊斯也尚未投入使用。艾地柯开始抱怨罗马政府的种种不是。这位匈人使者挑衅地站在大殿中央,不安地提醒着人们,罗马帝国在过去十年中是如此濒临灭亡。根据维吉拉斯的翻译,阿提拉要求罗马给出解释,为何没有遵守此前双方签订的和平条款。如果这些问题得不到解决,匈人就无法承诺和平。狄奥多西二世没有理会匈人使者的挑衅,他看似无动于衷,也不置一词。其实,这是一个高明的外交策略,既避免了正面冲突,也维护了罗马皇帝得到神灵相助的神话。真正的谈判是在另一处进行的。俄瑞斯忒斯仍在殿外等候时,艾地柯已经被人带入另一个豪华的房间,在这里,皇帝的随从克里萨菲乌斯(Chrysaphius)接待了他。

克里萨菲乌斯是一位宦官。艾地柯是第一次同宦官打交道,因为阿提拉的宫廷里是没有宦官的。在罗马帝国的大城市里,在最富有的家庭之外很少有人能见到这类人。他们的外表令人不太舒服。大多数宦官身材瘦高,臀部很宽,胸部隆起,似乎在不停地流汗。从远处看,他们光滑的皮肤犹如年轻女孩一般,走近以后,才发现他们脸上涂抹着厚厚的脂粉,且满是皱纹,像老妇人一般。宦官的这般样貌,用最恶毒的批评者的话来说,"就像葡萄干一样皱皱巴巴,身材变形,不男不女"。宦官们游走在皇宫冰冷的大理石石柱廊中间,悄无声息地穿行在阴暗的长廊里,就像是"洞穴里的蝙蝠一般"生活着。

宦官在青春期以前就被阉割了,因此身材严重变形。虽然相貌十分怪异,他们却能够拥有超人的力量。很多皇帝都很信任宦官，因为他们一般不会受家族利益的影响。宦官不需要考虑妻室和子女，只需要忠诚于皇帝。与皇帝如此亲近，宦官必定权势很盛，他们可以成就一个贵族，也可以毁掉一个贵族。宦官的一句话，就可以让皇帝回心转意；几句恶意的编排，就会让人惨遭流放。据说，狄奥多西二世很容易被从小照顾他的宦官所左右。当然，宦官也最容易成为替罪羊。罗马人极少公开指责在位的皇帝。相反，他们往往把过错归咎于皇帝所亲近的人，不管是出于嫉妒还是出于误解。宦官时刻陪伴在皇帝身边，无论是吃饭、更衣还是沐浴时都不离须臾。夜晚，他们被关在皇帝的寝殿里，睡在门旁边。人们怀疑，就是因为如此，狄奥多西二世才容易听信宦官的曲意奉承。如果皇帝了解了这个与世隔绝的皇宫里真正发生了什么，事情就会有所不同。

克里萨菲乌斯是狄奥多西二世最亲近的心腹之一。如果不是皇帝准许，他是不可能见到匈人特使的。离开了拘谨的大殿，到了谈正事的时候。仆人端上浸满蜂蜜的美味点心，精致的银杯里斟满了冰镇的甜酒。三个截然不同的声音清晰可辨。克里萨菲乌斯尖声尖气的嗓音时刻提醒着对方，他是一个宦官。艾地柯那刺耳的匈人嗓音，与他作为罗马敌人的身份倒也相称。维吉拉斯在翻译的过程中连哄带骗，不过是为了从中捞一笔好处。维吉拉斯多次提到艾地柯惊叹于皇宫的富丽堂皇。而克里萨菲乌斯闲聊时谈的都是赛马，他可是个忠实的赛马爱好者，也是绿队的拥护者。在普利斯库斯的描述中，"维吉拉斯说，艾地柯非常羡慕金碧辉煌的皇宫和廷臣们巨额的财富。于是，克里萨菲乌斯告诉他，如果他能把匈人的利益放在一边，效忠于罗马，就可以拥有同样的荣耀和财富"。

然后，克里萨菲乌斯向艾地柯打听他和阿提拉的关系。艾地柯说，自己是阿提拉最亲近的人之一。作为罗马皇帝的御用护卫队长，克里萨菲乌斯假借职业问题，向艾地柯进一步打探有关匈人的消息：阿提拉的随从人员是如何安排的？他的保镖是怎样挑选的？有哪些人能接触到匈人的保密信息？艾地柯说，只有阿提拉最信任的朋友才能带着武器觐见他。一群有高级军衔的保镖轮流负责阿提拉的安全，每个人事先都知道自己轮值的日期。得到满意的回答之后，克里萨菲乌斯才换了个话题。望着金碧辉煌的天花板，克里萨菲乌斯慢慢地闭上眼睛，又一次陷入了沉思，他又开始琢磨财富的种种好处，以及如何才能更容易地获得财富。维吉拉斯则确保他所翻译的信息没有任何遗漏。

当天夜里，艾地柯和维吉拉斯在克里萨菲乌斯的私人住宅里受到了款待（俄瑞斯忒斯则被派去办一些无关紧要的差事）。

> 由维吉拉斯从中翻译，两人握手致敬，并互发誓言。克里萨菲乌斯发誓，只说对艾地柯有利的话。艾地柯也发誓，不把他俩谈话的内容泄露给其他人知道。然后，克里萨菲乌斯说，如果艾地柯能够回到匈人国并杀死阿提拉，再返回罗马，那么，他就可以享受幸福的生活，拥有数不尽的财富。于是，艾地柯应下了这个差事。

就这样，双方达成了交易。随后，他们在饭桌上就细节问题进行了讨论。最紧迫的任务是如何才能赢得阿提拉保镖的合作。艾地柯认为，五十磅黄金足以说服这些人加入暗杀阿提拉的计划。为了表明诚意，克里萨菲乌斯立刻派人取来五十磅黄金。艾地柯却说，他带着这么一大笔黄金，恐怕无法渡过多瑙河，因为阿提拉对于罗马人赠予匈人特使的礼物总是疑虑重重。后来，双方同意，由维吉拉斯陪同艾地柯一同回到阿提拉的宫殿。艾地柯会通过维吉拉斯发送运送黄金的指令。

克里萨菲乌斯十分清楚这个计划的利与弊。一旦失败，定会招来匈人的报复；一旦成功，就可以除掉阿提拉，取而代之一位更加亲近罗马的匈人首领，从而确保北部边境的安全。从罗马皇帝的角度看，这个计划也许能帮他除掉帝国最大的敌人。不需要动用军队，也不需要发动进攻，就可以打败阿提拉。只要精心筹划，精准贿赂，就能实现匈人政权的更替。克里萨菲乌斯一面盘算着，一面走向皇宫里防守最严密的地方——狄奥多西二世的住处。对于那些只在皇宫，或是在重大仪式上见到皇帝，或只看过皇帝赤脚穿过都城的人来说，这样的情形是无法想象的。罗马皇帝私下里是什么样的呢？这时，也许皇帝正在和人谈论赛马或猎犬，或者竞技场上其他新奇的娱乐，又或者虔诚的皇帝正在祈祷。不管怎样，克里萨菲乌斯打断了皇帝。

皇帝得知了这个计划后，并没有说什么，用计谋除掉一个敌对的异域首领正中其下怀。在他看来，没有比这更加符合罗马帝国利益的了。即便如此，在事成之前，皇帝还不想公开地卷入克里萨菲乌斯的计划中，他也不需要关注事态的进展，总之，一定要把失败的影响降到最低。在阿提拉的使者面前，他一定佯装不知情。有时，皇帝并不想知道手下暗地里的所作所为，这样，万一失败了，他就可以把责任都推到宦官头上。

狄奥多西二世也向内政总管弗拉维乌斯·马尔提亚利斯透露

了这个计划，后者表示赞同，但是也提出了一些疑问。艾地柯是不是太容易被收买了？收买的代价是不是太小了？他认为，如果维吉拉斯能作为大使参与其中，那他的介入可以让这个计划更加顺利地实施：翻译的身份就是最好的掩护。然而，事情没那么简单。阿提拉坚持要求最高级别的大使谈判。鉴于克里萨菲乌斯的计划存在不可控的风险，罗马的高级官员都不愿参与其中。虽然匈人会为罗马特使提供外交豁免权，但是，长途跋涉到匈牙利大平原，这本身就够凶险了。于是，马尔提亚利斯建议，派一名年轻的、官阶中等的官员同去。这样的人不大可能拒绝皇帝的命令。而且，鉴于这次任务的难度和危险性，他们需要一名军官，而不是手无缚鸡之力的文官。

按照计划，罗马的使者将会转交一封来自狄奥多西二世的信：狄奥多西二世否认了阿提拉所说的罗马不遵守当初的协议会破坏双方和平共处的说法，并暗示匈人的行动已引起了人们对于罗马军队在多瑙河以南撤军做法的质疑。根据普利斯库斯的记载，信中写道："凡是破坏约定的人，都无权占领罗马的领土"，"除了此前遣返的难民，罗马还会再遣返十七名匈人难民。这些就是全部了"。

遣返十七名难民是一种明显的和解姿态。(此举也默认了阿提拉所说的罗马帝国包庇变节的匈人是有根据的。)信中也言明,送信的罗马使者家庭背景显赫,是狄奥多西二世的亲信之一。为了避免其身份遭到怀疑,狄奥多西二世嘱咐道,特使一定要坚持亲自觐见阿提拉,并且在见到阿提拉本人之前,不要交出皇帝的信件。克里萨菲乌斯还建议说,把信件秘密地抄一份给艾地柯,这样,后者就不会质疑罗马皇帝派出特使的动机了。

一切准备就绪以后,马尔提亚利斯仔细地盘点了罗马军队的名单,以确定出使的人选。在周密的盘问过后,他选定了马克西姆努斯。事实证明,这是一个明智的决定。马克西姆努斯就是这样一个胸怀大志的年轻人,他立过战功,并愿意为捍卫罗马帝国的利益而战。马克西姆努斯本人也很高兴,他的功绩终于被君士坦丁堡的权贵注意到了。狄奥多西二世用御用的深紫色墨水签下了委托书,任命这个年轻人为皇帝的使者。对密谋除掉阿提拉的计划,克里萨菲乌斯却只字未提。马克西姆努斯本人肯定以为,出使匈人国将是他辉煌外交生涯的开端。

Chapter 14

Close Encounters

第十四章

近距离交锋

公元449年初夏，马克西姆努斯离开了君士坦丁堡，同行的有阿提拉的特使艾地柯、秘书俄瑞斯忒斯以及翻译维吉拉斯。另外还有一个名叫鲁斯蒂奇（Rusticius）的商人，他与阿提拉的另外一位秘书有着很好的私交。鲁斯蒂奇是出使匈人的上等人选，因为他和阿提拉身边的人有过接触，并且会说匈人的语言。马克西姆努斯认为，万一维吉拉斯不可靠，鲁斯蒂奇就可以派上用场了。有这样的人替换维吉拉斯，多少会让人感到安心。普利斯库斯也参与了这次出使，"马克西姆努斯恳求我一同出使"。在那个时代，偕同雄辩之人一同出使异邦，是常有的事。马克西姆努斯擅长在战场上厮杀，却不擅长谈判桌上的事情。在他看来，一定要有能言善辩且能识别谈判陷阱的人协助他才行。他似乎确信，此次出使将开启罗马和匈人关系的新篇章。也许他希望自己的成就能够被记录下来。在这方面，普利斯库斯无疑可以向罗马的廷臣呈送一份客观公正的简报，马克西姆努斯则是简报的主角。假使皇帝允许，普利斯库斯还可以为他的挚友撰写一部带有传奇色彩的传记，以歌颂他的外交成就。

在这次出使以前，普利斯库斯可能已经发表过一些即兴演讲。除了他与马克西姆努斯之间的友情，希望收集关于匈人的第一手资料也是促成此次之行的另一原因，要知道，之前的罗马作家还未曾接触过匈人。与普利斯库斯同时代的人大都讲希腊语，他们对匈人的印象来自于希罗多德笔下的游牧部族。公元4世纪80年代，马塞林用拉丁文撰写了匈人的历史，使人们对匈人的认识更多了。然而，他的记载并不像他所说的那样可靠。普利斯库斯决心在匈人的历史撰写方面更进一步。除了文字方面的优势（他一直以其优美的散文风格而骄傲），对于相关的史实，他坚持要以自己对多瑙河流域以北地区的实地考察为基础。光凭这一点，他的史学著作《匈人王阿提拉》(History of Attila)——早先还只是个题目——就可以成为君士坦丁堡的畅销书。

离开君士坦丁堡十三天之后，出使队伍先是到了阿德里安堡，然后是被匈人士兵烧成一片废墟的塞迪卡（今保加利亚的索菲亚）。在四百八十三千米的旅途中，人们看到了两年前匈人入侵所带来的破坏。从阿德里安堡到塞迪卡，一路上满目疮痍。艾地柯作为经验丰富的外交使者，自然对匈人王的所作所为只字不提，鲁斯蒂奇和维吉拉斯作为随从翻译，也意识到了这一点，对匈人入侵所带来的破坏三缄其口。在塞迪卡，马克西姆努斯决定停下来吃点儿东西。他们将营地安扎在距离废墟不远的地方。如今，这里仅能供几个牧羊人容身。他们用警惕的目光打量着这群同行的匈人和罗马人，拿不准这是永久的和平呢，还是罗马人准备要放弃更多的领土。马克西姆努斯没有透露半点儿有关出使的事情。只要这些牧羊人承认他是罗马的使者，并愿意卖给他一些羊，就足够了。离开君士坦丁堡之后，马克西姆努斯和艾地柯只是在必要的时候才说上几句话。这期间，两人由各自的随从陪同着，分在两处吃东西。匈人和罗马人坐在篝火的余烬旁边，在欢乐融洽的气氛中享用着丰盛的晚餐。普利斯库斯利用这个机会，开始仔细地观察匈人。他可能注意到了艾地柯更喜欢烤肉排。显然，关于匈人喜欢吃半生不熟的肉，以及他们经常把肉藏在马鞍底下的说法，得要修正一下了。

看起来，一切还算顺利。当人们的酒杯里都斟满了用水稀释过的酒时，马克西姆努斯依照罗马人的习俗，提出为了皇帝的安康和好运祝酒。艾地柯立刻插话，也要为阿提拉祝酒。正当所有人举杯之时，他们听到维吉拉斯说："一个凡人怎可与上帝相提并论？阿提拉怎可与狄奥多西二世同日而语呢？"艾地柯对此深感不快，这是可以理解的。在匈人看来，阿提拉是战神的宠儿，其地位不亚于狄奥多西二世在基督徒心目中的地位。毕竟，就像艾地柯所说的那样，如果他真的是在渴望一场争论的话，那么还有什么比在晴朗的夜空下塞迪卡残垣断壁的剪影更能证明阿提拉得到了神的青睐呢？整个晚上，气氛都十分紧张。马克西姆努斯连忙致歉。也许维吉拉斯喝醉了，也许他只是想开个蹩脚的玩笑。普利斯库斯试着挽回局面，在他的好言相劝之下，艾地柯才没有立刻退出谈判。原本愉快的氛围就这样草草结束了。当匈人准备回到自己的帐篷里时，马克西姆努斯拿出一些珍贵的丝绸和珍珠，送给艾地柯和俄瑞斯忒斯。艾地柯似乎很满意，但是什么也没说。后来，普利斯库斯意识到，整个事件是预先谋划好的。艾地柯与维吉拉斯公开发生冲突，是为了打消人们的疑虑。但是，并不是每个人都能理解其中的奥妙。在离开塞迪卡以前，俄瑞斯忒斯把马克西姆努斯拉到了一边。

> 俄瑞斯忒斯说，他认为马克西姆努斯是个英明之士，不像有些罗马廷臣那般粗鲁无礼。因为马克西姆努斯邀请艾地柯一起用餐，并赠送礼物给他。然而，马克西姆努斯和我都没有领悟这句话的真正意义，因为我们都不知道当时究竟发生了什么。所以我们不断问俄瑞斯忒斯，他是怎样被排除在外的，而艾地柯又是在什么场合受到尊敬的。但他没有回答，就离开了。

第二天早上，马克西姆努斯告诉维吉拉斯，一个有经验的翻译官应当对外交辞令保持一定的敏感性，可他昨天的表现太令人失望了。不过，只要能保证今后不再犯类似的错误，马克西姆努斯对他就会既往不咎。于是，维吉拉斯道了歉。毕竟，他已经成功地制造了和艾地柯发生冲突的假象。然后，马克西姆努斯又问道，在罗马皇宫里，只有艾地柯一个人得到特使的礼遇，接受了馈赠吗？维吉拉斯立刻意识到，俄瑞斯忒斯已经开始怀疑艾地柯在与罗马的谈判中做了妥协。于是，他小心翼翼地应付了几句，只是说那不过是俄瑞斯忒斯的牢骚罢了。在他看来，俄瑞斯忒斯与艾地柯在罗马宫殿中的礼遇不同，没什么值得大惊小怪的。"俄瑞斯忒斯不过是一个仆人，是阿提拉的一个秘书；而艾地柯是位战功显赫的匈人将军，地位自然在俄瑞斯忒斯之上。"

后来，没人再提这件事。大家都很困惑，却不好说什么。几天以后，罗马人在纳伊斯附近寻找宿营地时，又一次目睹了当年多瑙河边境地区惨遭匈人蹂躏的惨状。七年前，被攻城槌破坏的城墙附近，被屠杀者的白骨仍然被丢弃在河岸边。当晚，罗马人和匈人没有在一起用餐。离开纳伊斯以后，他们进入两国的缓冲地带，这是公元447年和平协议中阿提拉指定划入匈人管辖的地区。在五天的时间里，他们穿越了曾经属于罗马帝国的领土。在这片几乎荒芜的土地上，被破坏的农舍和村庄再次痛苦地提醒人们，这里曾经多么繁荣。此刻，普利斯库斯深刻地体会到，当年狄奥多西二世及其将领应该与匈人大战一场。罗马帝国统治这里已经四个世纪了，没有理由故意放弃自己的领土。

最后，人们到了多瑙河，可能就在马古姆附近。普利斯库斯在描写方向和行进时间时语焉不详。显然，他发现行进越发困难，甚至迷失了方向。他不喜欢在阴暗浓密的森林中穿行于蜿蜒的小路的。有时，他可以凭借太阳的位置判断队伍在向西行进，然后一转，又会沿着狭窄的小路朝东行进。人们用挖空的树干做木筏渡过多瑙河，普利斯库斯觉得自己进入了蛮荒之地。这时，离开君士坦丁堡已经有三个星期了。当匈人信使告知他们第二天将与阿提拉会面时，人们才舒了一口气。马克西姆努斯对这次会面充满希望。毕竟，除了俄瑞斯忒斯意味深长的抱怨之词，他对克里萨菲乌斯的计划一无所知。即便是在遥远的多瑙河边境以北地区，马克西姆努斯为了显示自己的友善，也热情地款待了匈人信使。遗憾的是，普利斯库斯没有记载这次用餐后祝酒的情景。或许这一次，马克西姆努斯巧妙地省略了说祝酒词的环节。

罗马人到了匈人的营地以后，事情就变得有些糟糕了。他们在草坡上扎的帐篷都必须收起来，移到别的地方。匈人认为，罗马人的帐篷不能驻扎在高处，不然阿提拉的营地就会暴露在罗马人的视野里。艾地柯与俄瑞斯忒斯分别会见了阿提拉。与他俩一同返回的还有斯科特(Scotts)，据说是阿提拉麾下最受器重的谋士，他将代表阿提拉与罗马人会晤。斯科特询问马克西姆努斯这次出使的目的，马克西姆努斯却闪烁其词，没有正面回答。他觉得，在这个时候提出要求显得有些唐突，并有可能伤了两国的和气。于是，他谨遵狄奥多西二世的命令，声称此行的目的是向阿提拉本人呈上罗马皇帝的亲笔信。斯科特事先已经得到阿提拉的授权，于是他再次询问了出使的目的，并说："我不是以个人的身份来过问此事的，我是受了阿提拉的委托。"马克西姆努斯则坚持自己的外交原则，沉着冷静，并以略微傲慢的姿态察言观色，他反驳说："罗马的使者必须先见到匈人王以后，才能说出此行的目的。"他也深知，匈人是了解这一做法的。匈人派使者到君士坦丁堡时，也遵循了这一原则。"我们要求得到同样的待遇，否则就不会说出此行的目的。"

斯科特见对方不肯说，便离开了。也许，此时的马克西姆努斯还在为第一次与匈人的交锋而沾沾自喜。他坚信不久以后就可以亲自与阿提拉进行会谈了。不一会儿，斯科特回来了。让马克西姆努斯难堪的是，斯科特很快就说出了狄奥多西二世信件的内容。然后，他说，如果没有其他事的话，罗马人必须马上离开匈人的地盘。普利斯库斯和马克西姆努斯都蒙了，"我们都不知道罗马皇帝的密信是怎么泄露给匈人的"。也许那时他们就应该意识到事情有些不对劲儿。平心而论，他们没有理由怀疑维吉拉斯（他不可能接触到如此机密的文件），也没有把这件事和十天前俄瑞斯忒斯在塞迪卡说的那些莫名其妙的话联系起来。因此，他们相信，信件的内容一定是在他们离开罗马之前就泄漏了。或许是弗拉维乌斯·马尔提亚利斯手下的官员干的。当然，这个猜测只对了一半。在君士坦丁堡，已经有人把信件拿给艾地柯看过了——这个人是克里萨菲乌斯。然而，此刻的克里萨菲乌斯还不知道艾地柯已经出卖了他，把他俩的计划告诉了阿提拉。

在多瑙河以北，并不是只有马克西姆努斯和普利斯库斯被蒙在了鼓里。维吉拉斯也不知道艾地柯已经背叛了自己。艾地柯可能是在去往塞迪卡的途中向俄瑞斯忒斯坦白了一切，也可能是在见到阿提拉和斯科特之后。最终，普利斯库斯也没能弄清楚事情的真相。"艾地柯有可能一开始就骗过了克里萨菲乌斯，假装同意他的计划；也可能是害怕俄瑞斯忒斯向阿提拉告发在塞迪卡用餐时说过的那些话，指责他单独和皇帝及太监说话。"因此，维吉拉斯还以为一切还在按照计划行事。斯科特说出狄奥多西二世信件的内容时，他一点儿也不意外。艾地柯事先就知道信件的内容，一旦有人问他为什么会在罗马皇宫里和罗马人私下见面，他可以说都是为了获得这一机密信息。让维吉拉斯失望的是马克西姆努斯对此事的反应，他固执地要求觐见阿提拉，完全不理会斯科特已经知道了狄奥多西二世信件的事实。

后来，普利斯库斯意识到，当时的出使进程对维吉拉斯来说至关重要。这样，他和艾地柯就可以找到借口来密谋如何干掉阿提拉，如何用带来的黄金买通阿提拉的保镖。如今，马克西姆努斯和匈人相持不下，这让维吉拉斯非常沮丧。维吉拉斯认为，应当编造一个借口留下来继续谈判，也好有机会接近阿提拉。而马克西姆努斯认为，作为一名罗马帝国的特使，怎么能干这样的事呢？他一筹莫展，沮丧地躺在草地上，看着天边的云慢慢地飘过，想着回到君士坦丁堡以后，如何向众人交代。

普利斯库斯挽回了局面，他在书中自豪地记下了这一天。借助鲁斯蒂奇的翻译，他接近了斯科特。虽然这种方式未免过于直白（普利斯库斯作为一位经验丰富的雄辩术教师，或许可以把事情办得更漂亮一些）。经过是这样的：斯科特接受了普利斯库斯的礼物，答应向阿提拉说情。普利斯库斯记载道："我对斯科特说，我们知道他的话在阿提拉面前很有分量，但外面的人可不是这么认为的，除非他能向世人证明一下他的能力。"果然，斯科特中计了，他急切地想证明自己在阿提拉心目中的分量。对此，普利斯库斯对他的激将法很满意。"他立刻翻身上马，朝着阿提拉的帐篷疾驰而去。"也许有那么一瞬间，普利斯库斯认为和匈人打交道并不难。利用斯科特的自尊心，去影响阿提拉，使他改变主意，这简直太容易了。然而，事实证明，被愚弄的是普利斯库斯。阿提拉一定事先想到了，马克西姆努斯明知自己无法完成外交使命，却坚持觐见阿提拉，这就是一种近乎自杀的鲁莽行为。鉴于马克西姆努斯和普利斯库斯的表现，他俩应该还不知道克里萨菲乌斯的阴谋。如果真是这样的话，局势就对匈人更有利。于是，阿提拉命令斯科特，请罗马人到帐篷里来。

这次觐见堪称罗马外交史上的灾难。阿提拉身边布满重兵，早有防范。毕竟，马克西姆努斯还是有可能猜到了克里萨菲乌斯的意图，并冒着生命的危险去行刺阿提拉。马克西姆努斯和普利斯库斯进入帐篷后，发现阿提拉坐在一把木质椅子上面，马克西姆努斯向阿提拉行礼，那是罗马式的礼节，动作很夸张。然后，他呈上狄奥多西二世的信件，并说道："罗马皇帝祝愿您和您的家人一切安好。"阿提拉回答说，他也向罗马皇帝及其家人表达同样的祝福。当时，马克西姆努斯并未领悟到话中的意味，后来，他得知克里萨菲乌斯的阴谋后，才理解了这句话中的讽刺意味。

在宴会上，普利斯库斯仔细地观察着一切。这是他第一次亲眼见到一个象征着恐怖和毁灭的人。普利斯库斯曾经幻想过，他见到的应该是一个粗野的君主，一个类似荷马笔下会吃人的独眼巨人般的怪兽，或者是希罗多德笔下那如野兽般的典型游牧民族的模样。让普利斯库斯吃惊的是，阿提拉的外貌一点儿也不吓人。"他身材矮小，胸膛很宽，头颅很大，眼睛却不大，胡须稀疏花白，鼻子扁平，肤色黝黑。"然而，阿提拉对眼前这几位略显局促不安的罗马人却没有太深的印象。越过马克西姆努斯和普利斯库斯，他直接对维吉拉斯说，匈人和罗马曾经达成一项协议，只有在遣返匈人难民的情况下，罗马才能向匈人派出使者。于是，维吉拉斯向阿提拉保证，罗马境内没有匈人难民。闻听此话，阿提拉大怒，他毫不客气地斥责维吉拉斯，并说，如果不是因为顾及双方交战不斩来使的外交原则，他真想把维吉拉斯钉到尖桩上，让食腐类的鸟儿一点点啄食他，以惩罚他的无耻行为。接下来，阿提拉让手下大声地念出仍然滞留在罗马境内的匈人的名字。他命令维吉拉斯立即返回君士坦丁堡，遣返滞留在罗马的所有匈人难民，然后回来报告罗马皇帝对此事的回应。为了强调维吉拉斯此次使命的重要性，阿提拉派遣了谈判经验最丰富的艾斯拉斯（Eslas）陪同。十五年前，艾斯拉斯曾代表阿提拉与狄奥多西二世谈判。马克西姆努斯和普利斯库斯则必须留下，以便在适当的时候转交阿提拉写给狄奥多西二世的回信。在此期间，他们不得赎买罗马战俘，也不能购买任何奴隶和马匹。从君士坦丁堡带来的钱只能用来买食物。

回到营地以后，马克西姆努斯困惑不已，不明白阿提拉为何会对维吉拉斯如此愤怒。普利斯库斯不太确定地说，也许阿提拉知道了在塞迪卡祝酒那次，维吉拉斯说出了对他不敬的话。维吉拉斯还记得，公元447年，在罗马与匈人谈判期间，阿提拉自始至终都表现得十分理智。所以对于阿提拉今天的表现，他十分不解。毕竟，他还不知道阿提拉已经得知了克里萨菲乌斯的阴谋。普利斯库斯后来写道："当时，他没想到，他在塞迪卡说的那番话，以及罗马人的阴谋都已经泄露给阿提拉了。"后来，艾地柯来了，维吉拉斯更加坚信自己的判断没有错。艾地柯把维吉拉斯叫到一边，告诉他事情进展得十分顺利，并嘱咐他从罗马回来时务必带上那五十磅黄金，用来收买阿提拉身边的保镖。后来，马克西姆努斯问维吉拉斯两人谈话的内容，维吉拉斯谎称阿提拉之所以生气是因为罗马境内的确还滞留着一部分匈人难民，此外，阿提拉也觉得罗马这次派来的使者级别不够。

罗马人被耍了。

马克西姆努斯对狄奥多西二世的计划全然不知。明知道皇帝的信件已经泄露，却还坚持要完成自己的使命。对于这种精神，普利斯库斯是赞同的。毕竟，他还得意地认为是自己的激将法激怒了斯科特，所以如愿以偿地见到了阿提拉。

维吉拉斯也天真地认为，艾地柯会按照克里萨菲乌斯的计划行事，而在匈人看来，情况完全不同。艾地柯坦白了一切。斯科特刻意的提问，成功证实了马克西姆努斯和普利斯库斯对克里萨菲乌斯的阴谋一无所知，并心甘情愿地以特使的身份留在匈人国。

最重要的是，维吉拉斯中计了。他答应返回君士坦丁堡，并带回来五十磅黄金。一旦被发现，他就很难解释清楚为何要带这样一大笔钱来匈人国。匈人不允许赎买罗马战俘，也不允许购买奴隶和马匹，如果说是用来购买食物的话，也不合理。因此，维吉拉斯将要冒一次很大的风险。

直到后来，普利斯库斯才意识到，这些都是阿提拉的圈套，"维吉拉斯带着黄金返回匈人国后，一定会被抓个现形，然后被定罪"。

就这样，维吉拉斯即将踏进匈人布好的陷阱。

Eating with the Enemy

第十五章 与敌人共进晚餐

接下来的十天是整个旅途中最艰难的时刻。这期间马克西姆努斯和普利斯库斯没有再见到阿提拉。在匈人的指引下，他俩朝匈牙利大平原西北部行进，据说阿提拉大多住在那里。他们行进的方向与多瑙河流向平行，再往北约三百二十千米，就到了多瑙河河湾地区。在罗马境内时，普利斯库斯还能够准确说出自己的位置。可是到了这里，他几乎迷失了方向。既无法在地图上标出行进的路线，也无法定位阿提拉的住所。对于他来说，这里只是一片一望无际的广阔平原，偶尔会遇到叫不出名字的沼泽或者河流。在这个陌生的世界里，既没有道路，也没有城市——连城市的废墟也没有——普利斯库斯完全不知自己身在何处。

旅途十分艰苦。和此前渡过多瑙河的方式一样，他俩用大的独木舟渡过河流，穿越沼泽地则用的是轻型木筏。身上带的粮食吃完了，他俩就沿途讨要。"人们给了我们很多食物，主要是粟谷，而不是小麦，还有，他们喝一种用大麦制成的酒。"我们可以想象得出，为了不失礼，普利斯库斯面带微笑吃着当地的食物，嚼着用手工磨制的粟谷制成的硬面包，喝着当地的啤酒。这种用麦芽制成的啤酒气味浓烈，口感酸涩。这并不是匈人自己的发明，而是源自于罗马人。啤酒是边境地区的饮品。普利斯库斯在小口呷着一大杯啤酒的时候，和很多罗马帝国国内接受过良好教育的人一样，他更喜欢一小杯加了水和蜂蜜的白葡萄酒。

对于普利斯库斯来说，整个旅途中最糟糕的事就是帐篷在半夜里被大风给吹垮了。在那次暴风雨中，一阵狂风突然袭来，掀翻了帐篷，还把他们的行李也裹挟着吹落到了附近的一条小溪里。普利斯库斯万万没想到，边境以北的生活如此艰难。营地被洪水淹没以后，普利斯库斯和马克西姆努斯在暴雨中艰难前行，寻找避难所。在附近的一个村庄里，一位贵族妇人帮助了他俩。当时，普利斯库斯浑身湿透了，不停地打着冷战。他发现这位妇人举止间散发着高贵的气质。在谈话中得知，她原来是布勒达的遗孀之一。第二天，两人找到了浸湿的行李，晾干行李后，他俩向这位妇人赠送了礼物，包括三个银质的碗、一些红枣和印度的辣椒。经过仔细观察，普利斯库斯发现，香料和果干在匈人这里十分珍贵，也备受喜爱。

这些贵重的礼物还有另一层含义：作为婉拒匈人妇人好意的补偿。让匈人女子陪罗马人过夜是匈人的一种待客礼节，并且只有地位高的人才享有这样的待遇。对于普利斯库斯而言，这却成了一件很麻烦的事。虽然他俩认为这些匈人女人"长相标致"(用普利斯库斯的话讲)，但还是婉言谢绝了。普利斯库斯并没有透露具体原因。也许他和马克西姆努斯更喜欢独处，抑或两人在各自都已婚的情况下，惦记着各自的妻子。风暴过后，他们俩都筋疲力尽，可能还没有准备好迎接一场艰难的文化交流，如果没有翻译的帮助，他们可能也无法应付。无论如何，普利斯库斯拒绝了与匈人女子亲热。也许是因为和敌人同床共枕太过分了，况且，此前的史书中也从未有过类似的经历。

阿提拉的住处给普利斯库斯留下了十分深刻的印象。整个宫殿坐落在一个村庄中心的高地上。主厅是木质结构，墙壁由粗细均匀的木板拼接而成，十分坚固。整座建筑底部是圆形的石碓。周围是高高的木质围栏，每隔一段就有一个瞭望塔。普利斯库斯注意到，在不远的村庄入口处，有另一个相似的建筑群，只是没有那么壮观。这里是阿提拉最亲密的战友和谋臣奥尼吉修斯

(Onegesius)的住所。奥尼吉修斯已经从他的兄弟斯科特那里得知了罗马人的计划。从这套住宅的外部，普利斯库斯和马克西姆努斯可以清楚地看到准备迎接阿提拉的人群。当阿提拉骑着马到了村口，年轻的女孩子纷纷奔上去迎接。她们七个一队排列整齐，头顶上飘动着长长的、白色的亚麻布。这是一个精心排练过的仪式，她们按照一定的次序，在华盖下翩翩起舞，用美妙的歌声迎接阿提拉的到来。接下来，奥尼吉修斯的妻子走上前来，用大银盘呈上食物，酒杯里斟满美酒，献给阿提拉。后来，有人告诉普利斯库斯，呈送和接受食物与美酒被视为无上的荣耀，也是对忠诚和友谊的公开肯定。显然，阿提拉十分珍视他与奥尼吉修斯之间的友谊。

当夜，普利斯库斯与马克西姆努斯成了奥尼吉修斯一家人的座上客。奥尼吉修斯本人则被阿提拉召去商议如何对付这两个被当作"观众"的罗马人。这两个罗马人知道他们的帐篷就扎在宫殿的外面。在这种情形下，就要谨慎点了，因为奥尼吉修斯已经意识到，普利斯库斯和马克西姆努斯对于暗杀的计划仍旧一无所知。因此，他建议说，应当尊重这两个罗马人的大使身份。只有稳住马克西姆努斯，才能顺利地拿到克里萨菲乌斯阴谋的证据。而这一切都要等到维吉拉斯从君士坦丁堡带回来五十磅黄金之后才能真相大白。

马克西姆努斯在见过阿提拉及其随从之后，决定不再坚持要求与阿提拉进行面对面的谈判。他需要一个能够影响阿提拉的人从中斡旋。他还记得，普利斯库斯曾经说服了斯科特，请他帮忙说情。这次，他仍然信心十足地以为，可以说服奥尼吉修斯帮助自己。马克西姆努斯身为使者，必须小心行事，而普利斯库斯则不然，他可以利用自己的身份，以非正式的方式接近匈人。令他满意的是，这一次又得手了。第二天早上，也就是接受普利斯库斯亲自送来的馈赠之后不久，奥尼吉修斯就穿过村庄来到了罗马人的营地。

这一次，马克西姆努斯没有冒险去讨论任何实质性的问题，而只是聊些轻松的话题。他发现，有一个绝佳的机会，能够让奥尼吉修斯留名青史。那就是请他出使君士坦丁堡，协助解决阿提拉与狄奥多西二世之间的矛盾。作为回报，奥尼吉修斯不仅可以成为一位维护匈人利益的政客，还"能够世世代代与罗马皇帝及其家族成为朋友"。听了这话，奥尼吉修斯带着一丝嘲讽的语气问道，他能为狄奥多西二世做些什么呢？马克西姆努斯认为，如果奥尼吉修斯同意出使，那么他必将赢得罗马皇帝的感激，并凭借与罗马达成"和平协议"的名义消除双方的分歧。

奥尼吉修斯没有听信这一套。他明确地表示，即便他同意出使君士坦丁堡，也只是去那里重述阿提拉的旨意。他说："罗马人是不能说服我背叛君主的，我怎能置匈人的身份、置妻儿于不顾呢？宁愿做阿提拉的奴隶，也不拿罗马人的好处。"奥尼吉修斯是经过深思熟虑，才说了这番话的。为了保全自己的地位，他明确提出，不愿意和狄奥多西二世谈判。哪怕流露出半点儿意愿，都会让自己陷入危险境地。艾地柯差一点儿被罗马人利诱了，此后，再有人出使君士坦丁堡，阿提拉都会心存疑虑。虽然艾地柯坦白了一切，但是阿提拉已经意识到，如果换作是一个比艾地柯更聪明、拿了罗马更多好处的人，也许克里萨菲乌斯的阴谋就得逞了。除了出使罗马帝国之外——这件事的后果他十分清楚——奥尼吉修斯愿意做些别的事情，来帮助罗马人和阿提拉斡旋。他提出，自己要尽量避免与马克西姆努斯见面，最好是与普利斯库斯谈这件事，因为频繁地接触罗马使者对他来说很不利。

第二天，普利斯库斯开始继续讨好阿提拉身边的人。现在，他可以随意出入宫殿了——已经和护卫们混熟了——这一次，他来到阿提拉的一个妻子所在的寝宫。这位名叫艾瑞卡（Erecan）的女子给普利斯库斯留下了深刻的印象，她有教养，有品位。当时在护卫的簇拥下，她正优雅地斜靠在软榻上，看着一群女仆在上好的亚麻布上刺绣。普利斯库斯瞥了一眼刺绣的图案，上面装饰着很多形状和颜色各异的珠子。在东欧和俄罗斯南部地区公元5世纪的女性陵墓里曾出土了刺绣用的珠子。1991年至1993年，人们在贝尔格莱德市中心做了一次抢救性挖掘，据统计，22座陵墓中共发掘出764颗不同样式的珠子。这些陵墓最早可追溯到公元441至442年匈人洗劫此地之后。这些珠子绝大多数都是玻璃材质的，有蓝色、紫色、红色和黄色的。少数珠子是由琥珀或珊瑚制成的。在位于罗马城要塞附近的一个陵墓中，人们找到了231颗珠子，其中两颗是琥珀的，其余的都是玻璃的。这些玻璃珠子大部分是绿色和红色的，还有一些较大的珠子是深蓝色的，上面带有白色的漩涡状的图案。可以想象得到，当普利斯库斯第一次见到艾瑞卡时，她正舒服地斜卧在软榻上，身穿一件点缀着色彩斑斓的玻璃珠的亚麻连衣裙。当她慢慢起身招呼这位来自罗马的客人时，衣服上的玻璃珠在日光照射下熠熠生辉。

普利斯库斯没有记录他跟艾瑞卡之间的谈话。或许他希望这是一次私人访问，因此没有带翻译，似乎一切顺利。也许普利斯库斯优雅地鞠躬行礼让艾瑞卡十分高兴，她也微笑着还礼，表示对礼物非常满意。在普利斯库斯的记录中，和此前与奥尼吉修斯见面的情形一样，他忽略了见面的细节，对所赠予的礼物也只字未提。其原因可能是，他对狄奥多西二世逐年向匈人支付赔偿的做法不满，罗马政府已经支付给了匈人太多的黄金，他不愿意再让罗马的黄金经由他的手送到匈人手中。

普利斯库斯可能送给了艾瑞卡一些贵重的礼物，都是君士坦丁堡最好的作坊里最昂贵的珠宝首饰。这些珠宝与公元1797年和1889年在罗马尼亚西部的西姆雷乌·西尔瓦尼耶伊（Simleu Silvaniei，属于奥匈帝国领土，这些首饰如今分别保存在维也纳艺术史博物馆和布达佩斯的国家博物馆里）出土的首饰非常相似。这74件宝物中有金币、胸针、吊坠、戒指、项链和金碗，全部是纯金打造的，很多还镶嵌着珍贵的宝石。这些文物看上去是从公元4世纪（有的金币上面刻着君士坦丁大帝的字样）到5世纪中叶近150年间积累起来的。位于西姆雷乌·西尔瓦尼耶伊的两处宝藏的主人很可能是当地的一位统治者，在匈人崛起前是独立的，但后来臣服于阿提拉。公元4世纪的金币（有些只是娴熟的哥特工匠制作的仿制品）反映了多瑙河两岸的密切联系，以及罗马帝国为赢得匈人的支持所做的努力。有些4世纪晚期和5世纪早期的珠宝可能是公元4世纪三四十年代匈人南下劫掠的战利品，而后由匈人王分发给属下。还有些珠宝是作为礼物，由罗马的外交使者赠送给了地位显赫的匈人。

西姆雷乌·西尔瓦尼耶伊宝藏让我们了解了当时多瑙河北岸地位显赫的妇人所佩戴的珠宝。其中一件十分珍贵，从做工看，是出自君士坦丁堡的一位技艺精湛的金匠。30个小环均匀地分布在一条长约177厘米的粗重的扭链上。挂在这些小环上的是51个小型饰物，大多是劳动工具。整体上看，与现代的幸运手链颇为相似，但是，这条链子是由700千克的22K黄金打造的，更加炫酷、更加华丽。这些小饰物都长约2.5厘米，造型很别致。无须去探寻每一个饰物的深刻含义，单看其外形就非常可爱：铁匠用的锤子和铁砧、剪刀和一把梯子、凿子和钳子、镰刀和大剪刀、一把斧头和一截棍棒、五片同样风格的藤叶、一把弯曲的手锯和一只铁锉、一把剑、一个盾牌以及一个坐在船里双手摇桨的裸体男人。关于这条链子的佩戴方式有多种猜测。或许是佩戴在腰部，末端对折置于腰的前部；或许因为链子足够长，它也可以佩戴在肩部，两端分别垂到胸部和后背。无论是哪种方式，它都是一件非常优雅的饰物。也许当时的普利斯库斯就代表罗马皇帝送了艾瑞卡类似或者同样别致的东西。显然，西姆雷乌·西尔瓦尼耶伊宝藏让我们见识了多瑙河以北的贵妇人的品位是多么高雅。她们也想拥有君士坦丁堡宫廷中精美的珠宝。任何来自罗马使者的贵重礼物都要契合她们高雅的品位才行。

不管普利斯库斯当时送给匈人的礼物是什么，结果都让他很满意。奥尼吉修斯愿意安排进一步的谈判，推动事态的发展。他重申了阿提拉的要求，派往罗马的使者必须由一位德高望重的廷臣来担任。于是，普利斯库斯把他的话转述给马克西姆努斯。两人商议如何才能说服奥尼吉修斯，让他担负起出使罗马的任务。很快，普利斯库斯接到罗马方面的消息，如果奥尼吉修斯不去君士坦丁堡的话，那狄奥多西二世将派来罗马使者。这条经过精心设计的信息被传达给了阿提拉，他同意接见马克西姆努斯。但阿提拉没有邀请普利斯库斯，所以在普利斯库斯的记载中，只说这是一次简短的会晤，没有任何细节。马克西姆努斯得到了阿提拉可接受的出使匈人的人员，其中包括安纳托利乌斯和诺姆斯，这两人曾参与过公元447年的议和。马克西姆努斯说，阿提拉不需要指定由哪些人出使匈人，因为这样做只会引起狄奥多西二世的怀疑。阿提拉不愿再多说，只是回应道，如果罗马不能按照他的意愿去做，他只能诉诸战争了。

虽然他的建议被驳回了，阿提拉也只是做了简短的声明，但马克西姆努斯仍然确信事情已经取得了进展，双方有望达成共识。即便将来狄奥多西二世果真派安纳托利乌斯和诺姆斯出使，马克西姆努斯仍然想把这件事说成是他的主意，而不是阿提拉要求的。目前，最重要的任务是保持沟通渠道的畅通。不久，马克西姆努斯接到阿提拉的命令，邀请他共进晚餐。这让他非常高兴。阿提拉还邀请了普利斯库斯同去。这时，马克西姆努斯不禁暗自庆幸，当初自己坚持要觐见阿提拉，而没有屈服于匈人的武力威胁。在他看来，被邀请共进晚餐是一个好的征兆，也许他的外交使命马上就要取得突破了。

马克西姆努斯和普利斯库斯到达宫殿主厅时，被要求暂时待在门口。在落座之前，有人给了他俩每人一杯酒。对于普利斯库斯来说，能得到这样一个机会，旅途中经历的种种磨难都是值得的。他终于能够作为阿提拉的座上宾，亲自观察匈人帝国中位高权重的人的一些风俗和习惯。然而，史实的准确性，取决于当事人的记忆力。普利斯库斯的叙述时而语焉不详，时而前后矛盾。公正地讲，幸存下来的文本是经君士坦丁七世手下的史学家删减和概述而成的。即便如此，读者仍然可以感觉到普利斯库斯会时不时地努力回忆那天晚上发生的事情。

有一件事他记不清了，那就是晚宴上的位次排序。阿提拉坐在大厅正中间的一个长榻上。他的右侧，也是最尊贵的座位，是奥尼吉修斯。整个右侧（奥尼吉修斯所在的一侧）都是地位显赫的匈人，包括阿提拉的两个儿子。和阿提拉坐在一起的（据普利斯库斯猜测）或许是他较为年长的儿子。阿提拉左侧则是其他匈人贵族，其中一个名叫伯力奇（Berich）的还能讲一点儿拉丁语。再稍远的位置上坐的是马克西姆努斯和普利斯库斯。作为罗马使者，马克西姆努斯本希望自己的座位距离阿提拉及其高级廷臣再近一点儿。

普利斯库斯有关晚宴仪式的记录也存在一些语焉不详之处。一个仆人为阿提拉奉上一个木杯，里面斟满了酒。阿提拉接过酒杯，依次向在场的尊贵的人敬酒，每一位宾客都站起身从仆人手中接过一杯酒，或呷一口杯里的酒，或者一饮而尽，普利斯库斯已经记不清自己怎样喝下的那杯酒。在接受敬酒的宾客落座后，所有其他宾客一起举起了手里的银质酒杯敬酒。在祝福仪式结束后，仆人先为阿提拉奉上了精美的食物，并依次为各位贵宾奉上了同样的食物。这是一顿丰盛的、精心准备的晚宴。银盘中盛放的是美食，金质或银质的杯具里斟满了酒水。在第一道菜摆好之后，所有人站起身来，为阿提拉的健康干掉了满满一杯酒。第二道美食盛上之后，所有人又一次站起身来，向阿提拉敬了一杯酒。此刻的马克西姆努斯或许隐约意识到，匈人反复向阿提拉祝酒，是因为他们对于维吉拉斯在塞迪卡没有为狄奥多西二世和阿提拉一起祝酒的事情而耿耿于怀。不用说，在阿提拉的晚宴上，没有人为罗马皇帝狄奥多西二世祝福。

当时的情景令普利斯库斯永生难忘。夜幕降临后，大厅里悬挂的松树枝火把上火焰跃动，匈人身上佩戴的宝石被映照得熠熠发光。在西姆雷乌·西尔瓦尼耶伊出土的宝藏中，有一件饰物是一枚用来系斗篷的胸针。它整体呈椭圆形，上面镶嵌着切工完美的深紫色玛瑙石，直径约七十六毫米。中间的横挡上嵌着浅灰色水晶和红宝石(本书序言描述了阿提拉的丧宴，这枚胸针被想象成了阿提拉的随葬品)。这件饰品的卓越品质说明，它和那条幸运手链一样，出自罗马帝国一位手艺超群的工匠之手，很多帝王都曾佩戴过类似的胸针。现存于马德里的一个大银盘上雕刻着一幅理想化的狄奥多西一世的画像，他高傲地坐在宝座上，雍容华贵。他身上的披风就是由这样一枚硕大的玛瑙石胸针固定的。

这种帝王风格的胸针在多瑙河以北地区也十分盛行。罗马尼亚的彼得罗阿萨宝藏中有一枚胸针，其上镶嵌的石榴石和水晶是通过在金条上打孔的方式固定的。相对而言，这枚胸针的制作工艺稍逊，上面所镶嵌的宝石也不如罗马的那般珍贵，但是设计风格却如出一辙。西姆雷乌·西尔瓦尼耶伊宝藏还有八枚同样风格的长方形胸针。普利斯库斯和马克西姆努斯在匈人的宴会上见到这些熟悉的饰品，一定非常惊讶。在遥远的多瑙河北岸，在一个满是匈人的大厅里，人们佩戴着这些华丽的首饰，其气势竟然丝毫不逊于君士坦丁堡最富有的廷臣。

晚宴过后，仆人带上来两位吟游诗人，这令普利斯库斯十分震惊，他在书中写道："他们开始吟唱自己编写的歌曲，歌颂阿提拉的战功。宴席上的宾客都看着他们。有的人为诗歌所陶醉，有的人被勾起了痛苦的战争回忆，还有的人被感动得热泪盈眶。"接下来是晚餐后的娱乐活动。先是一个疯疯癫癫的人开始胡言乱语，引起一阵哄笑。(此处不得不强调一下，匈人以精神疾病患者为取乐的对象，在这一点上，罗马人亦是如此。事实上，直到17世纪的英国，还有人把疯人院看作是午后消遣取乐的处所。)然后是泽尔坤，阿提拉死去的哥哥布勒达最喜欢的那个发育不良还口吃的怪人，布勒达一时兴起竟然把一位高官的女儿许配给泽尔坤做妻子。布勒达被谋杀后，泽尔坤被当作礼物送给了当时驻扎在法国的埃蒂乌斯。后来，泽尔坤逃了回来，声称要讨回自己的妻子。"他走上前来，他的外貌、衣服、嗓音，以及他所说的那些乱七八糟的话（语言里夹杂着拉丁语、匈人语和哥特语），将众人逗得大笑不止。"

只有阿提拉没有笑。普利斯库斯就在距离这位匈人首领的不远处，从进来的那一刻起他就仔细地观察着阿提拉。他饶有兴趣地注意到，在整个晚宴的过程中，无论是食物还是盛放食物的银质器具，阿提拉的和别人的都不一样。第一道菜品呈上以后，他只吃了木盘里的一些肉，喝了木杯里的一点儿酒。他的装束很朴素，没有佩戴金银珠宝。人们围着泽尔坤哄堂大笑时，他显得十分平静。据普利斯库斯观察，只有当小儿子厄纳克（Emac）待在他身旁时，阿提拉才变得温和起来。阿提拉把厄纳克拉到身边，"用温柔的目光看着他"。坐在附近的伯力奇，注意到当所有人都被泽尔坤吸引了注意力时，普利斯库斯却在目不转睛地注视着阿提拉，他悄声（用拉丁语）解释说，有位占卜者曾经预言，匈人帝国的未来全靠厄纳克了。

普利斯库斯瞪大了眼睛，目不转睛地盯着这难得的一幕。他同意陪马克西姆努斯出使，就是为了亲眼见证这一切，而马克西姆努斯则受够了。他觉得自己作为使者的身份没有得到应有的尊重，或许他的沮丧之情已经溢于言表了。毕竟，整个晚宴中，他都坐在下等座位，坐在一把极不舒服的椅子上，距离阿提拉以及奥尼吉修斯很远，连句话也说不上。在漫长而枯燥的仪式中，他还得向在座的每一位宾客祝酒。光是祝福阿提拉身体健康的话，就说了三次。最糟糕的是，还要耐着性子听两位吟游诗人歌颂匈人的赫赫战功。马克西姆努斯认为，坐在那儿听泽尔坤含混不清地胡言乱语，一点儿意义都没有。也许此刻的普利斯库斯并不愿意离开，虽然他可能意识到自己喝了太多酒（因此，他对当晚发生的很多事情都记不清了），但是，对于匈人和匈人王，还是有很多需要了解的。毫无疑问，马克西姆努斯坚持要他的朋友和他一起离开，回他们的帐篷去。事实上，如果不是马克西姆努斯坚持的话，普利斯库斯很可能会整夜坐在那里，一边和匈人喝酒，一边观察阿提拉。

Chapter 16

What the Historian Saw

第十六章

史学家的洞见

直到第二天早上，普利斯库斯的脑海里仍然浮现着前一天晚上宴会上的情景。当他试图回忆这段经历，为未来将之诉诸笔端做准备时，他也越来越清晰地认识到，此前的史书中把匈人称作"野蛮人"，实乃一种误导。诚然，在普利斯库斯看来，匈人社会的某些方面的确令人反感。比如，他不赞成匈人社会的一夫多妻制。在他看来，一个妻子足矣。一夫一妻是一种古老的习俗，基督教在道德上神圣化了这种行为。此外，无论怎么看，远离城市居住的匈人上层人士都只能被视作落后的人。只有无知的族群才会拒绝城市生活的乐趣：洒满阳光的大广场、清凉的喷泉、竞技场、浴室、图书馆、剧院、天主堂和精致的社交生活。人们创造了这一切，也享受这一切所带来的欢乐。虽然普利斯库斯也算不上一个虔诚的基督徒，但是和同时代的许多人一样，一旦遭遇自己无法接受的宗教信仰时，还是会深感不安，就好像异教就是邪恶的魔鬼，是自己信仰的仇敌。

和很多古代的史学家（希罗多德之后的学者）一样，普利斯库斯能够列数出信仰基督教的罗马帝国和信奉魔鬼的匈人国之间的诸多不同之处。匈人是异类，凶猛而落后。君士坦丁堡中接受过良好教育的人中，大多数都没有见过匈人，他们只是通过书本，将有关遥远的民族和地方的各种各样的信息或二手的信息整理在一起。可是，这次数十天的多瑙河北岸之旅却暴露了这种方法的弊端。普利斯库斯决心通过自己的叙述，让人们了解一个不一样的匈人社会。他的著作《匈人王阿提拉》将极大地挑战甚至颠覆此前史学家对匈人社会的种种记载。

当普利斯库斯第一次进入村庄时，就注意到在阿提拉宫殿旁边有一座石头建造的浴房，毗邻奥尼吉修斯的住宅。普利斯库斯发现这座建筑在建造时应该耗费了不少力气。周围的平原上既没有木材，也没有石料。用来建造浴室的材料是从另一座被烧毁的罗马建筑或别的什么废弃的建筑上拆卸来的。浴室的建筑师是一个在公元441—442年塞尔曼战争中被俘的罗马人，"这个可怜的罗马人希望用自己的聪明才智换取自由。但是，令他失望的是匈人没有放走他，反而把他留下来做了一名浴室的侍者，伺候奥尼吉修斯等人沐浴"。

奥尼吉修斯住宅里的浴室跟大多数罗马城里的大型浴室不同。在罗马，城市越是重要，城里的浴室就越大。这类奢侈的建筑群，有时还包括购物中心、表演艺术中心、演讲厅、图书馆和博物馆，是繁荣和市民自豪感的体现。通常，富有的罗马人会在家中布置一个小型的功能区。例如，浴室还包括更衣室、带有冷水浴盆的冷水房、暖房（茶室）和带有小型游泳池的热水房。更加豪华的浴室里还有桑拿室，通过燃烧木材的炉子来供热。蒸汽通过地板下一个坑式的风道系统在室内循环流通，用窄砖垒成的风道将地面抬高了半米到一米。

1961年，塞尔曼的一座浴室的部分建筑在施工过程中被挖掘了出来，为了不耽误新酒店的施工，人们匆忙进行了为期两周的抢救性挖掘。热水房高出地面六十厘米的地板下是砖垒的风道。热水房的一端是一个半圆形的游泳池，池内壁用白色的防水水泥加固。游泳池的后方有一个通道连接着外面的火炉，厚厚的一层木炭可以证实这一点。这间浴室很可能隶属附近的一座大型住宅，人们在不远的地方发现了这套住宅的地基。看来，那位身为战俘的设计师一定对罗马的浴室结构非常熟悉，他后来也为奥尼吉修斯设计了类似的浴室。普利斯库斯的猜测是正确的。在这样一个既没有树木，也没有石头的平原上，要建造这样一座浴室，是相当昂贵的。一位匈人首领能够花费巨资修建这样一间奢华的浴室，足以说明他接受罗马生活习俗的意愿是相当强烈的。奥尼吉修斯及其同僚是如何利用这套浴室的呢？也许他们仍旧是以不可理喻的野蛮人方式，比赛谁能在热水房里待得更久，然后再跳进冷水池，感受凉爽的刺激。普利斯库斯甚至怀疑，奥尼吉修斯是否也邀请过阿提拉一同洗浴。

奥尼吉修斯的浴室是罗马文化在多瑙河以北地区的一个缩影。那里是两种不同文化相互碰撞的地方。普利斯库斯在介绍匈人的过程中，决心向读者描述一个他们至少在某种程度上能理解的社会。他对此前史学家将匈人描写为怪物的做法发出了挑战。马塞林说匈人"没有固定居所"，"像难民一样……终日带着他们居住的马车四处迁移"。普利斯库斯则详细地描述了奥尼吉修斯和阿提拉的住宅。这里根本不是临时搭建起的营地：到处是简陋的羊皮帐篷，以及杂乱的大篷车。相反，匈人的居所体现了秩序性和永久性的特点。阿提拉的宫殿遵循了罗马传统的建筑设计原则。宫殿建在了天然的坡地上，主建筑周围的木质围墙里安插了许多瞭望塔，可见，其选址和构造都是精心策划过的。

普利斯库斯与艾瑞卡见面的情景直接否定了马塞林关于匈人服饰的说法，他说，"匈人丑陋不堪的衣服是他们的妻子坐在马车里缝制的"。普利斯库斯见到艾瑞卡时，她正穿着上好的亚麻布料制成的衣服，看着女仆在亚麻布上刺绣。她的房间布置得十分舒适，因此平日里不大可能是经常住在马车里。在普利斯库斯的叙述中，我们也没有发现匈人的饮食习惯有何异样之处。他完全不赞成马塞林所说的"匈人不需要火或者美味的食物，植物的根茎以及各种半生不熟的动物肉对他们来说就足够了"。普利斯库斯的记录中没有出现这些奇怪的饮食习惯。如果有些匈人喜欢啤酒胜过白葡萄酒，那也不能说明他们比生活在多瑙河边境的罗马人更粗俗。有一定地位的匈人都吃煮熟的肉，并且和很多罗马贵族一样，要求在肉里加入辣椒或者果干来佐味。

当然，普利斯库斯非常敏锐地注意到了等级这个概念。阿提拉的宫殿设计精良，结构也十分坚固，但是，仍然无法和君士坦丁堡的皇宫相比。而私人浴室不是平民百姓都能拥有的。几枚红枣、一些印度辣椒以及一块熟透的牛排在这里都算不上是大餐。论财富，论文化，匈人永远无法和罗马人相媲美。与很多后来的学者过于强调匈人文化和罗马文化之间的差异有所不同，普利斯库斯更希望读者能够注意到两种文化间的巧合之处（建筑、沐浴习惯、服饰以及食物）。毕竟，发现其中的差异不难，难的是用一种开放的态度和探寻的视角去观察两个不同世界之间交锋的那些时刻，哪怕这一时刻是短暂的。

普利斯库斯就是用这样一种模式来描述阿提拉宴请的那个夜晚的。在很多方面，这次晚宴都缺少了罗马式的盛大宴会所应该具有的一些要素。晚宴是在一个狭长的木质结构的大厅中举办的，墙壁上装饰着挂毯和昏暗的松枝火把，而在罗马，那应该是一座精心打造的宫殿，装饰着上等的大理石和镶嵌图案，在油灯的照耀下通透明亮，金碧辉煌。根据史料记载，公元5世纪60年代，在法国南部尼姆附近的一座豪宅里举行了一次盛大的午餐。宾客们先是被邀请参观了这座宅子的图书馆，在那里，他们有的人观赏了主人收藏的大量手稿，有人玩棋盘游戏自娱自乐，还有些人进行了有关神学的辩论。当众人兴致高涨之时，受邀用餐。当时，有钱人家的餐厅都是方形的，餐厅三面均设有供人休息用的半圆形卧榻。宾客可以倚靠在上面。椅子是只有农夫才会用的。其中每条卧榻上可以舒适地容纳九位客人，他们并排仰卧着（就像车轮上的条辐一般），朝向摆放着食物的D形矮桌。座位的安排体现了宾客地位的高低。地位较高的宾客被安排在卧榻的右手边。席间的谈话是渊博和有趣的，虽然不是每一位宾客都能如此。用餐后，主人会安排舞蹈、音乐和表演等节目供娱乐，并进行更深入的讨论。

相比之下，阿提拉的晚宴就显得相当朴素。座位是椅子，而不是卧榻；餐后的娱乐节目安排也没法与罗马相比，一个是引用古典文学中的名句，一个是泽尔坤祈求要回妻子的疯癫呓语。然而，普利斯库斯并不是意在嘲讽匈人没有罗马宴请的规格高，而是想让读者了解两种文化间的某些共性。阿提拉的宴会可能没有罗马宴会那么复杂，但是它也有一套复杂的礼仪。主人没有在大厅里迎接宾客，却在餐桌上向每一位宾客敬酒，这也是一套精心而不失礼貌的仪式。人们（除阿提拉）都坐在椅子上，但座次的安排是有讲究的——精心安排的座次明摆着就是在挑衅罗马使者。食物盛放在精美的银盘中。匈人喝白葡萄酒，用的是金质或银质的酒杯；喝啤酒时则用陶制的杯子。供宾客取乐的不仅有半疯半癫的泽尔坤，还有载歌载舞的诗歌诵读。总的来说，整个晚宴中最重要的一点是秩序和礼仪。由此可以看出，匈人绝不能简单地被视为一群粗野的游牧人。

当然，普利斯库斯并没有否定罗马文明的价值，他只是想说，不能想当然地认为罗马文明具有天然的优越性。有一天早上，当他在阿提拉殿外等候之时，一位匈人打扮的人走上前来，用希腊语向他问候。普利斯库斯非常惊讶："我也向他问候，询问他的身份和来历……他回答说,为什么着急问这个问题呢?我说,我很好奇你竟然会说希腊语。"后来普利斯库斯得知,此人来自边境城镇费米拉孔,是个商人。公元441—442年期间被匈人劫掠至此,作为战俘,他被指派给奥尼吉修斯。此后,他就替匈人打仗,并把战利品献给主人,以期获得自由。如今,他有了一位匈人妻子,还有子女。作为"奥尼吉修斯的部属,他比之前过得好多了"。

然后,这位商人就开始批评罗马的统治。在普利斯库斯看来,他们之间的这次邂逅与其说是一次谈话,不如说是一场在雄辩术教师指导下的论辩练习。即便如此,普利斯库斯还是从这个叛国者的言论中听到了罗马帝国和匈人国之间的差别。商人指出,匈人能征善战,而罗马人从未在武器使用方面接受过任何训练,因此"如果将领懦弱无能,指挥无方,手下的士兵会面临更危险的局面"。此外,他还认为罗马的税负过重,司法体系也有失公正。有钱人可以花钱免罪。"如果犯罪的人是富人,就可以不必承受相应的惩罚,但是如果他是穷人,不知道怎么办,就只能接受相应的惩罚。"

随后,普利斯库斯对此进行了详细回复。从一开始他就占了上风,毕竟,他是故事的讲述者。普利斯库斯重点强调了罗马人的信仰,而不是日常运作的现实。

> 我告诉他:"罗马帝国的缔造者都是英明而善良的……法律规定,耕田者自食其力,同时上交税赋,以维持军队的开支……国家允许公民个人为自己辩护,并为那些不能为自己辩护的人主持公正,还有一部分人专门替人主持公道,这一切构成了国家的法律体系。"

然后，两人继续辩论（普利斯库斯用大量篇幅叙述自己的论辩过程。留存下来的版本中有明显删减的痕迹，君士坦丁堡的史书编撰者一定是对普利斯库斯的长篇大论感到不耐烦了）。也许是为普利斯库斯的辩词所折服，也许是后悔与普利斯库斯展开辩论，这位商人最后不得不同意"罗马的法律是公正的，罗马是个不错的国家"。然而，也不能简单地说普利斯库斯赢得了这场辩论。因为，商人最后"哀泣着说道……如今的当权者不可与过去的君主同日而语，他们正在破坏这个国家"。对此，普利斯库斯没有回答。与此前的批评不同，普利斯库斯没有就此展开长篇大论的反驳。他的沉默或许说明，在这个问题上他有同感。

向读者介绍阿提拉的同时，普利斯库斯也进一步表达了他对这个问题的看法。在描述阿提拉外貌时，他没有沿袭长久以来的印象，把匈人描写成野蛮的游牧部族。阿提拉的外貌虽然和罗马人不同，但也没有丑陋到如马塞林所写的那般可怕，"两条腿的野兽，或者酷似在桥梁的护栏上看到的用斧头在枯树桩上面砍出的粗糙的类人形象"。普利斯库斯并没有因为阿提拉是罗马人的敌人，就把自君士坦丁一世以来任何非基督徒的堕落或者疯狂的行为都怪罪到阿提拉身上（即便是在战争或冲突中也是如此）。这类疯狂和不道德的行为在公元4世纪和5世纪的史书中比比皆是，但过了一段时间，这些看似无穷无尽的暴君个人失败的记载，由于不断重复而变得索然无味。公元389年，为了庆祝平息了马格努斯·马克西穆斯叛乱，罗马的一位演说家在狄奥多西一世面前做了慷慨激昂的演讲。他声称自己目睹了整个叛乱的经过，但是，为了突出主题，他省去了很多细节。

当这些暴怒的野兽发起攻击时，我们首当其冲，这些野蛮人不见血不罢休。就好像饮酒只会加剧病人的口渴，火焰不会被酒浇灭一般，要获得力量只能增加火种，通过盘剥积累财富只会刺激贪婪之人的贪欲，胃口越来越大，挥霍无度。来得容易，去得也容易。在马克西穆斯看来，所有赢得赞扬的方法都是愚蠢的，他暴露了人性中最坏的一面，把最大的幸福定义为占有和伤害。

这一虚张声势的长篇大论总共用了十二页纸，或许是因为这场演讲至少要半个小时才能结束。

普利斯库斯故意回避了一些耸人听闻的说法，鉴于他传世的作品中的基调和内容，可以推知此书不存在因叙述冗长而遭到删节的情况。读者一定注意到了，在书中，他没有持续攻击阿提拉的性格。有些读者知道普利斯库斯是很有造诣的雄辩家，因此可能会期待他在书中含沙射影地批判某些人。当然，不会有人指望普利斯库斯去赞美阿提拉。然而，在宴会这段描写中，普利斯库斯的确强调了阿提拉的"谦和、节俭和克制"。他衣着朴实，没有佩戴珠宝，也没有以泽尔坤的疯癫之态取乐，席间，他只吃了些平常的食物，餐具是木制的杯盘。普利斯库斯在记载中说道："宾客们用的都是银盘，盘里是丰盛的食物；阿提拉只用木盘盛了一点儿肉。在其他方面，他也都表现非常谦恭。在场的宾客用的都是金银餐具，唯独他的是木制的。"

接受过良好教育的人都知道该如何解读对阿提拉的描述。在过去的五个世纪里，自罗马的奥古斯都大帝以来，餐桌礼仪向来是衡量一位君主道德水平的标准之一。暴饮暴食和宴饮无度是一个危险的反复无常的君主不称职的表现之一。公元1世纪期间，那些最令人憎恶的君主都是在餐桌上原形毕露的。在一场奢华宴会上，混乱的座位安排，证实了人们对卡里古拉（Caligula）与自家姐妹乱伦之事的猜测。据罗马帝国的传记作者苏埃托尼乌斯（Suetonius）记载，尼禄举办的宴会"从正午持续到午夜，中间有几次停歇，人们跳到温暖的游泳池里，或者是在夏季时扎进清凉的冷水里嬉戏"。就是在餐桌旁，尼禄第一次被自己的母亲阿格丽品娜（Agrippina）诱惑住了。与之形成鲜明对照的是，罗马帝国中贤良的君主都是十分谦和与克制的。奥古斯都有时什么也不吃，或者只吃一点儿简单的食物。根据苏埃托尼乌斯的记载，"奥古斯都在饮食方面十分节俭，有时吃得很少。尤其喜欢粗面包、小银鱼、手工制作的软奶酪和绿色的无花果"。对于罗马主教尤西比乌斯（Eusebius）来说，罗马第一任基督教皇帝君士坦丁大帝是罗马皇帝中最为节俭的一个。他的食物也非常简单。公元326年，人们举行了一次国宴，庆祝君士坦丁大帝执政二十周年。当时的场面低调而有序，很多基督教的主教出席了宴会，以至于旁观者都以为他们看到的是基督王国的景象。

正是在这样一个对罗马皇帝的饮食习惯进行道德说教的丰富背景下，普利斯库斯的读者可以判断阿提拉的为人。阿提拉不嗜酒，也不暴饮暴食。他的谦和与克制甚至可以与贤能的罗马帝王相媲美。根据普利斯库斯的记载，阿提拉在外交方面的策略和智谋，足以完胜君士坦丁堡中最有权势的廷臣。假如阿提拉是一位野蛮而愚蠢的君主，那么克里萨菲乌斯的阴谋很可能就得逞了。事实上，普利斯库斯还打算在其他方面做对比，意在说明阿提拉比狄奥多西二世更加具备君主的特质。普里斯库斯在批评皇帝献金匈人的政策时暗示，只有懦弱无能的君主才会如此，因为一个有头脑的君主即便是在国力最鼎盛之时都不会将钱浪费在"荒唐可笑、毫无节制的奢靡宴饮"上。狄奥多西二世与阿提拉之间的对比如此鲜明，以至于让人无法忽视。从这一点看，阿提拉的确是位成功的领袖，不是因为他违反了罗马的道德规范，也不是因为他敢于反抗，而是因为他践行了这些规范。如果按照罗马规范，相比狄奥多西二世，阿提拉在某种程度上是位值得赞扬的君主。在普利斯库斯看来，阿提拉真正令人恐惧的是他的节俭、谦和与作为统治者的精明，而不是不受控制的野蛮和残暴。

从这个意义上讲，普利斯库斯的《匈人王阿提拉》值得我们深思，堪称史学著作中的一枝独秀。公元4世纪和5世纪的罗马文学中，鲜有作者对生活在边境以北地区的人做出较为客观的描述。诚然，普利斯库斯为我们呈现了一幅较为真实的匈人的社会生活画卷，但是，他也没有淡化匈人在多瑙河地区的残暴。他没有为阿提拉辩护，但他希望我们能够明白，罗马人和匈人之间的冲突不是简单的善与恶、文明与野蛮、美德与暴政的冲突，实际情况要复杂得多。采用非黑即白的方式去解释历史，乍一看似乎有道理，实际上却可能是错误的。

然而，普利斯库斯的这种范式却未必受到读者的青睐。对于很多罗马人来说，匈人都是未开化的、野蛮的、不可救药的异类，匈人的首领奸诈、野蛮且毫无信义可言。普利斯库斯的作品展现了多瑙河以北地区复杂的生活画卷，并有意加强了那些令人不安的描述。毕竟，人们习惯于把敌人想象成没有任何信仰的野蛮人。虽然不情愿，却不得不承认，匈人可能比我们所以为的更像罗马人。

Chapter 17

Truth and Dare

第十七章

真相与胆量

自从马克西姆努斯到了多瑙河以北地区，就不停地参与阿提拉安排好的各种活动。阿提拉意在给马克西姆努斯留下这样一个印象：他对于克里萨菲乌斯、艾地柯以及维吉拉斯之间涉及五十磅黄金的密谋一无所知。阿提拉希望能诱使克里萨菲乌斯按计划行事。他没有理由怀疑维吉拉斯回到君士坦丁堡的借口，也没有理由对匈人礼遇罗马使者的做法产生怀疑。马克西姆努斯对暗杀阿提拉的计划仍然毫不知情，但他敏锐地意识到事情没有任何进展，却又搞不清原因。夏季快过去了，他离开君士坦丁堡已经有一个多月了，现在，他对谈判失去了信心，没有再要求进行徒劳无功的谈判并决定返回罗马。

阿提拉没有阻拦马克西姆努斯。据他猜测，维吉拉斯应该已经回到了罗马宫廷。即使再多扣留马克西姆努斯五天，也没什么用了，因为维吉拉斯已经可以私下见到克里萨菲乌斯了，但阿提拉和奥尼吉修斯还是热情地挽留他多待几天。尽管如此，马克西姆努斯还是决定尽早启程，临行前，匈人方终于对狄奥多西二世的信件做了正式回复。在咨询了阿提拉最信任的谋臣和一位懂拉丁语的大臣后，奥尼吉修斯起草了答复的内容。君士坦丁七世指派的史书编撰者把这一部分内容删掉了，因此有关信件的具体内容就无从知道了。也许，原本也没有太多有价值的信息。当时，奥尼吉修斯估计维吉拉斯已经离开了君士坦丁堡，因此，在给狄奥多西二世的信中，没有使用强硬的措辞。或许奥尼吉修斯建议阿提拉在信中应该尽量友善——就像其他言辞温和的外交公报一样。等到维吉拉斯返回匈人国，公开了与克里萨菲乌斯的阴谋之后，再采用强硬的态度也不迟。

于是，匈人又安排了几次宴会。艾瑞卡邀请普利斯库斯和马克西姆努斯来她的女管家阿德米斯（Adamis）的家中做客。阿德米斯负责掌管艾瑞卡的财产。普利斯库斯简要地记载了这次丰盛的宴会（用赞叹的语气），席间有很多"美味的食物"。匈人向罗马人敬酒，举行欢送仪式。宴会上，所有的匈人都站起身来，向罗马人敬酒，拥抱并亲吻他们。第二天晚上，普利斯库斯和马克西姆努斯又接受了阿提拉的宴请。宴会的仪式和前一天的相同：精美可口的食物以及金质和银质的餐具。这次，他俩的座位距离阿提拉更近了。马克西姆努斯自然是非常乐意，这也许是最后的谈判机会了。

然而，马克西姆努斯又一次打错了算盘。宴会上，阿提拉对马克西姆努斯想要讨论的话题只字不提。相反，他大部分时候都在谈论他的私人助手君士坦提乌斯（Constantius），说他受尽了罗马人的委屈。君士坦提乌斯来自意大利，擅长拉丁语。他是埃蒂乌斯送给阿提拉的礼物（对于马克西姆努斯来说，得知阿提拉和埃蒂乌斯这样一个罗马皇帝并不信任的军事指挥官来往如此密切，自然会感到十分不快）。阿提拉说，君士坦提乌斯曾经作为匈人的使者，被派往罗马与狄奥多西二世谈判。当时，狄奥多西二世为了与匈人达成和平协议，承诺将君士坦丁堡的一位富有且颇有人脉的女子嫁给君士坦提乌斯。然而，这个承诺却没有兑现。不知为何，这名女子后来被（负责罗马帝国东部边防的）弗拉维乌斯·泽诺（Flavius Zeno）将军掠走了，并把她嫁给了他手下的一位高级将领。所以，阿提拉要求罗马皇帝兑现承诺，或者把另一位条件相当的女子嫁给君士坦提乌斯。他命令马克西姆努斯务必向狄奥多西二世汇报这件事。阿提拉相信，狄奥多西二世知道这件事后，一定会立即采取措施补救，因为他"作为一位皇帝，应当信守承诺"。当然，如果狄奥多西二世的兵力不足以钳制弗拉维乌斯·泽诺的话，那么阿提拉倒是非常愿意帮助他来维护帝王的权威。

阿提拉所说的这番话，以及他提出帮助狄奥多西二世惩罚部下的要求都让马克西姆努斯很意外，这是对他的外交能力的极大考验，有时，他甚至怀疑是不是翻译人员搞错了。

当然，阿提拉的这番冷嘲热讽是故意让马克西姆努斯不安的。毕竟，假如匈人首领把自己说成是罗马的忠实盟友，那么马克西姆努斯肯定是另一番感受。或许阿提拉的话只是玩笑之词，不必当真，但是，如果在这个时候笑出来，显得不够尊重，不笑出来也同样是冒犯。此刻，马克西姆努斯多么希望自己不曾和阿提拉挨得这么近，那也就不会如此难堪了。一旁的普利斯库斯在第一次参加宴会时就发现了，在这样的场合下，只看不说是一个更好也更安全的策略。

可以想象得出，当时，马克西姆努斯努力装出一副全神贯注的样子，倾听着阿提拉讲述君士坦提乌斯悲伤的故事，从头到尾，他的脸上都是同一种表情，他希望这种含糊不清的表情不会让阿提拉不快。也许，阿提拉很享受这次谈话，他利用这个机会跟一位罗马使者抱怨狄奥多西二世的过错，而这位使者自始至终都面带僵硬的微笑尴尬地倾听着。事实上，这并不是罗马皇帝第一次被指责他无法控制强大的廷臣。但是，一旦出现了这样的事，人们首先会怀疑是宦官在捣鬼。在马克西姆努斯看来，这种事在君士坦丁堡的宴会上私下议论，是一回事；而在罗马帝国最危险的敌人所举办的盛宴上，当面被敌人嘲笑，就是另一回事了。

在这最后一次不太愉快的邂逅之后，马克西姆努斯只想着早点离开。分别在即，为了表达匈人的善意，阿提拉命令自己最亲近的属下每人送马克西姆努斯一匹马。这看似慷慨之举，实则是羞辱。马克西姆努斯只从中挑了几匹，然后将其余的都还给了阿提拉。他解释说自己生性拘谨，不喜铺张，故不能接受如此贵重的礼物。马克西姆努斯也希望借此机会让匈人明白他也是一个极为克制的人，在这一点上，他并不比阿提拉逊色。

在返回罗马的路上，陪同普利斯库斯和马克西姆努斯的是伯力奇。伯力奇就是在宴会上陪坐且熟知拉丁语的那个匈人。他向两人介绍了一些匈人社会的习俗，以及阿提拉的一些事情。在接下来的几天，伯力奇一如既往地幽默解说着。因此，普利斯库斯和马克西姆努斯无论是骑马、用餐，还是聊天，都十分开心。"我们都觉得他和蔼可亲"，然而，一过了多瑙河边境，伯力奇立刻像是换了一个人，他开始表现出敌意，"似乎我们不再是朋友了，而是敌人"。他生气地要回了自己的马匹，也不愿意说话，并且拒绝和马克西姆努斯以及普利斯库斯一起吃饭。两人十分诧异，询问缘由。原来，他们在谈话中提到了公元 447 年两位罗马将军阿斯帕和阿利奥本笃曾经抵抗过匈人入侵，但是由于抵抗不力而被免职了。伯力奇则认为，将罗马人战败的原因归咎为阿斯帕和阿利奥本笃的无能，是对匈人军事力量和阿提拉战略智慧的侮辱。

实际上，伯力奇态度骤变，一方面是因为马克西姆努斯的言论，另一方面则是因为，他和此前的奥尼吉修斯一样，害怕与罗马人走得太近而引起阿提拉的猜疑，尤其是当他们已经进入了罗马。他可能觉得自己特别容易受到这样的指责，因为他会说拉丁语。如果其他匈人廷臣打算陷害他的话，只需要编造这样一个借口就够了，因为翻译官无关紧要。但是，马克西姆努斯和普利斯库斯并不了解伯力奇的想法，他们只是很不解。就在几天前，伯力奇看起来还特别的友善，如今却板起面孔，拒绝接受一切与罗马有关的东西。这太奇怪了，伯力奇的解释也不足以打消他们的疑虑。事态的发展变得越发不可思议，距离君士坦丁堡越近，伯力奇的行为就越像个典型的野蛮人。

快到君士坦丁堡时，普利斯库斯和马克西姆努斯在路上遇到了艾斯拉斯和维吉拉斯两人，此刻，他们正打算返回匈牙利大平原。随行的还有维吉拉斯的儿子。如阿提拉所希望的那样，维吉拉斯见过了克里萨菲乌斯。克里萨菲乌斯这位宦官根本没想到，暗杀阿提拉的计划会被泄露出去，因此，他放心地让维吉拉斯为艾地柯送去五十磅黄金。普利斯库斯和马克西姆努斯讲述了会见阿提拉的经历，然而，这丝毫没有引起维吉拉斯的怀疑。毕竟，在大多数情况下，他们受到了礼遇，并且，也没有人阻挠他们返回君士坦丁堡。于是，维吉拉斯认为这次的计划一定会成功，也相信艾地柯会信守承诺，于是他坚信不疑地前往匈人的驻地，整个旅途非常顺利。最终，他一步步走进了匈人精心准备的陷阱中。当他刚一走近阿提拉的村庄，就被逮捕了，并受到了严格搜查，藏在行李中的一个皮袋子里的五十磅黄金被没收了。

他被带到阿提拉面前，解释为何带了这么多黄金，他用事先准备好的说辞回答说，一部分黄金用来为自己和仆人购买食物、马匹以及驮畜的草料，其余的是一些罗马人请他赎回被匈人俘获的亲人的赎金。阿提拉的回答简短并切中要害："华丽的说辞和借口都无法帮助你逃脱惩罚。这笔钱根本不是像你说的那样，是用来购买你和仆人所需的食物、马匹和牲口的草料，也不是为了赎回罗马战俘。赎买战俘的事，在你和马克西姆努斯第一次到这里时，我就已经明令禁止过了。"

然后，阿提拉威胁要杀掉维吉拉斯的儿子，于是维吉拉斯坦白了一切，供出了克里萨菲乌斯、马尔提亚利斯以及狄奥多西二世，证实了先前艾地柯和俄瑞斯忒斯所披露的阴谋是真的。维吉拉斯哭着求饶，但是阿提拉不为眼泪所动，不肯饶恕他。于是，维吉拉斯以为自己必死无疑了，但是，他又一次错误地判断了局势，其实他并没有生命危险。阿提拉把他囚禁起来，让他的儿子返回君士坦丁堡，在罗马皇宫里面见克里萨菲乌斯，并索要五十磅黄金来赎回维吉拉斯。

阿提拉派俄瑞斯忒斯和艾斯拉斯作为大使，与维吉拉斯的儿子同行。这个决定，耐人寻味。克里萨菲乌斯搞不清楚匈人究竟知道了多少内情，什么时候知道的。根据阿提拉的命令，二人在面见狄奥多西二世时，一定要按计划行事：俄瑞斯忒斯把维吉拉斯藏金子用的皮袋挂在脖子上，并要让罗马皇帝和克里萨菲乌斯看见这个皮袋，然后直接问他们是否认出了这个袋子，而且，一定要让克里萨菲乌斯亲自去面见阿提拉，解释事情的缘由。据艾斯拉斯观察，狄奥多西二世和阿提拉一样，都出身贵族（这种对比本身就令人震惊），阿提拉是位不折不扣的君主，而狄奥多西二世却因参与暗杀而自贬身份。这样的说法或许有些夸张，但是，正如阿提拉早些时候嘲笑狄奥多西二世无法控制他最强大的廷臣一样，这种说法也不能说毫无道理。普利斯库斯认为，那些素来认为罗马君主贤明而匈人首领野蛮的读者可能会有些费解。然而，只要想象一下，俄瑞斯忒斯的胸前挂着瘪瘪的皮袋，静静地站在富丽堂皇的宫殿中，两位君主谁在道德上更技高一筹就不言而喻了。

Chapter 18

End Game

第十八章

游戏的终结

君士坦丁七世的御用史学家删减了《匈人王阿提拉》的很多情节，他们似乎不懂得如何去讲一个好故事。对于公元449年匈人使者到达君士坦丁堡的情景，普利斯库斯是有记载的，只可惜被删掉了。我们只能运用想象力去还原俄瑞斯忒斯和艾斯拉斯在面无表情的狄奥多西二世及其廷臣面前表演挂空皮袋这出戏。遗憾的是，目前尚不清楚他们是否进到了皇宫里，或许也没有见过皇帝，接见他们的是负责宫廷事务的总管弗拉维乌斯·马尔提亚利斯，他们的关注点被以一种完全公事公办的方式解决了。现有记载中也没有显示，普利斯库斯和马克西姆努斯是否意识到出使的过程实际上充满了凶险。在现存的《匈人王阿提拉》中，普利斯库斯对克里萨菲乌斯的愤怒之情随处可见。这一点被安提俄克的约翰摘录了下来。约翰是生活在公元7世纪的一位修道士，也是一位史学家。

> 狄奥多西二世，作为父亲阿卡迪乌斯的继承者，不喜好战争，一生怯懦成性，靠金钱换取和平。他所做的一切都是宦官授意的结果。在这些宦官的影响下，狄奥多西二世的精力被分散了，就好像小孩子被玩具分散了注意力一般。因此他终其一生也无所成就。

在普利斯库斯看来，狄奥多西二世和克里萨菲乌斯这二人确实没有什么值得赞扬的。他们企图用暗杀这样的手段去干预匈人的政权更替，这和他们继续向匈人支付赔偿一样不可取，而这反过来又是由于罗马皇帝和他的将军们在保卫多瑙河省份方面的一次可耻的失败。在普利斯库斯看来，他自己对军事行动的主张与他对匈人刻板形象的纠正不矛盾，也与他声称的阿提拉与历任罗马君主一样具备宝贵的品质不矛盾。普利斯库斯和匈人一起的日子并不影响他对罗马的热爱，他并没有被"同化"。在他看来，匈人仍旧是罗马的敌人，而且，想要打败敌人，必须先了解敌人（此处需要澄清的是，加强了解并不必然会产生同情心或者合作的愿望，卓著的战果还有赖于精准的情报）。和阿提拉相比，狄奥多西二世的缺点就暴露出来了。普利斯库斯认为，以罗马的标准来评价匈人王的优点，不是为了建立更友好的外交关系。相反，他想说的是，只有品德高尚的罗马君主才能战胜阿提拉。

当然，并不是所有针对狄奥多西二世及其廷臣的指责都是合理的。公元447年狄奥多西二世采取的妥协策略是有其合理之处的。鉴于当时罗马帝国三面受敌，向匈人支付一部分补偿金以求得和平比发动会让罗马陷入四分五裂险境的战争要好得多。在了解阿提拉和匈人之后，读者可以看得出这种求和的策略实际上是明智之举。然而，普利斯库斯似乎不这样认为，他不愿承认狄奥多西在多瑙河地区采取的策略有其积极的一面。所以，他的观点有一定的局限。我们都知道，普利斯库斯作为史学家，其优点在于对匈人的描述入木三分且具煽动性，而对于罗马外交关系的描写，却仅仅集中在北部边境这一地区，字里行间充满了敌意和狭隘。这是可以理解的，毕竟，在狄奥多西二世和克里萨菲乌斯两人联手设计暗杀阿提拉的阴谋中，普利斯库斯是被当作幌子丢出去的。与那些算计他的人划清界限，也是情理之中的事。

从多瑙河以北地区返回罗马之后，无论普利斯库斯怎样散布他的观点，愿意相信他的人并不多。当然，他不可能公开批评狄奥多西二世，也不可能公开宣扬阿提拉的优秀品质。克里萨菲乌斯设计的暗杀计划失败了，但这并没有影响到他在罗马的地位。在君士坦丁堡，人们都不相信普利斯库斯，狄奥多西二世也装作对暗杀计划毫不知情。很多廷臣都认为，普利斯库斯只是在编故事，目的是让皇帝及其幕僚难堪而已。任何与此相反的言论都不受欢迎。

毕竟，维吉拉斯还被匈人扣押着。对于阿提拉的指责，克里萨菲乌斯矢口否认。而心怀厌恶的普利斯库斯不得不承认，在经历这次事件之后，克里萨菲乌斯在君士坦丁堡的地位丝毫未受到影响。

对于所发生的一切，君士坦丁堡先是否认，继而是掩饰。公元450年初，罗马的高级廷臣安纳托利乌斯和诺姆斯被派往匈人国，与阿提拉谈判。据普利斯库斯的记载，后者是克里萨菲乌斯的忠实维护者。正是此二人促成了公元447年的和平谈判。罗马人的策略很简单："起初，阿提拉会傲慢地提要求，然后，他会被贵重的礼物和安抚之辞降伏。"克里萨菲乌斯向两位使者保证，只要有足够多的钱，买通阿提拉和赎回维吉拉斯都不是问题。甚至连阿提拉代表君士坦提乌斯申诉的问题也得到了解决。阿提拉向马克西姆努斯讲述的那个关于新娘遭绑架、君士坦提乌斯婚约被毁的故事很可能是假的，但是，此刻，罗马的使臣只希望尽快找到解决方案，而不是继续引起不必要的争端。最后，君士坦提乌斯如愿以偿，娶了一位在财富和地位方面都与此前狄奥多西二世承诺相当的罗马女子。作为对这些让步的回报，阿提拉表示，如果罗马能够继续支付赔款的话，匈人就不会发动战争。令罗马使臣意外的是，阿提拉也同意了一系列旨在减少匈人与东罗马帝国外交摩擦的举措。匈人无条件释放了大量罗马战俘，撤销了此前强令罗马遣返匈人难民的要求，另外，要求罗马军队撤出多瑙河边境以南相当于五天路程的地区的提议也没再提起，而对于密谋暗杀阿提拉之事或者引渡罪魁祸首克里萨菲乌斯之事也没有再提及。

克里萨菲乌斯应该庆幸他顺利躲过了这场危机。安纳托利乌斯和诺姆斯的出使安抚了阿提拉，平息了北部边境的危机。维吉拉斯没敢再回君士坦丁堡，普利斯库斯继续教授雄辩术，马克西姆努斯则重新回到军中。当时，普利斯库斯或许认为他的《匈人王阿提拉》无缘面世。他不敢披露克里萨菲乌斯暗杀阿提拉的阴谋，也不想把皇帝卷进来。而马克西姆努斯也不会同意这样做的。一旦披露内情，这对好友恐怕也将分道扬镳，并影响到各自的前程。只要狄奥多西二世还在位，只要克里萨菲乌斯仍然当权，真相就无法公之于世。对于普利斯库斯而言，出版一本有关雄辩术的著作可能更明智。就当时而言，写一本有关雄辩术的书也比撰写史书安全得多。

然而，还不到六个月，一切都变了。公元450年7月26日，年近半百的狄奥多西二世在一次骑马时发生了意外，脊柱受伤严重，被抬回皇宫两天后，就在极度痛苦中死去了。新皇帝马尔西安继位后，立刻罢黜了很多老皇帝的亲信，就连最有势力的宦官也未能幸免。一直以来，人们总是怀疑宦官对皇帝的忠诚。罢黜宦官，是新政权独立的明确标志。像克里萨菲乌斯这样的宦官知道的事情太多了，因此，当有人提出要处决他时，没有人反对。

克里萨菲乌斯被除掉以后，维吉拉斯回到了君士坦丁堡。普利斯库斯急于见到他，想搞清楚马克西姆努斯出使匈人国时遇到的种种困惑。从维吉拉斯那里，普利斯库斯知道了艾地柯和克里萨菲乌斯在罗马皇宫见面的细节，俄瑞斯忒斯在塞迪卡所说那一番话的真正含义，以及斯科特为何先是粗鲁无礼，而后突然愿意安排他们与阿提拉见面。维吉拉斯也承认自己为阿提拉和艾地柯所蒙骗。阿提拉以滞留在罗马境内的匈人难民为借口迁怒于维吉拉斯（当时，他并没有意识到，这只是阿提拉骗他返回君士坦丁堡的借口），而艾地柯则向他许诺买通阿提拉身边的保镖，以实施暗杀计划。毫无疑问，当普利斯库斯意识到，阿提拉从一开始就知道罗马人的阴谋时，不禁暗自吃惊。维吉拉斯吐露的这些信息也将改写《匈人王阿提拉》。普利斯库斯决定，除了描写匈人的社会和习俗外，还要加上马克西姆努斯出使的经历，以及克里萨菲乌斯阴谋失败的这段秘闻。多亏有了当事人维吉拉斯的证词，狄奥多西二世及其幕僚的卑鄙手段才得以大白于天下。

虽然普利斯库斯想尽快写出《匈人王阿提拉》，可是他的计划还是被耽搁了。马尔西安似乎认为，虽然这次出使匈人的结果不甚令人满意，但是马克西姆努斯表现得非常出色。因此，他又一次派遣马克西姆努斯出使，普利斯库斯同行。公元450年年末，他们自君士坦丁堡出发，再次踏上出使的路途。一年后，他们到达了大马士革，然后从陆路前往亚历山大港，之后顺尼罗河而下。马克西姆努斯的任务是与威胁到埃及南部边境安全的某些部落进行谈判。公元452年年末，在埃及北部的菲莱岛（今阿斯旺上游地区）附近，马克西姆努斯在签订了一个和平协议后病倒了，并再也没有好起来。公元453年，普利斯库斯独自回到君士坦丁堡，决定通过撰写两人四年前出使匈人国时在阿提拉王宫中的经历，来纪念挚友。

《匈人王阿提拉》的第一部分完成于公元5世纪50年代中期，出版后广受赞誉。像很多古代的书籍一样，通过公众阅读《匈人王阿提拉》很快在读者中流传开来。通常是由普利斯库斯提供书籍供人们阅读。很多崇拜者都认为，他"学识渊博"，"语言庄重而文雅"。很快，这本书就成了研究罗马帝国和匈人关系的最权威、引用最广泛的著作，此书也奠定了普利斯库斯的文学生涯。此后，他继续从事当代历史写作，其作品在之后的二十五年间陆续发表。同时，他还将自己的书信和演讲稿编撰成册，可惜没能流传下来。虽然这些作品同样展示了他的渊博学识和优美文笔，但却不像他的史学著作那样受欢迎。

除了赢得赞誉，普利斯库斯还希望借《匈人王阿提拉》寄托对挚友的哀思。在书中，他把马克西姆努斯刻画为一个忠诚而可敬的罗马人——一位值得信赖的和正直的士兵，即便是在恶劣的环境中，也坚定不渝地履行自己的职责。遗憾的是，已无从得知维吉拉斯是如何评价这本书的。鉴于他所提供信息的重要价值，他本人一定是希望读者给予自己更多的同情。因为史书中的他常常被刻画为或狡诈或愚蠢的形象。如果不是这本书，后人根本不知道历史上还有一名叫维吉拉斯的翻译官。

当然，这一切都是克里萨菲乌斯谋划的。要知道，罗马皇官的正式文件记载中不会有他秘密会见艾地柯的记录，也不会出现他私下付给维吉拉斯一笔钱的事。克里萨菲乌斯的设想是，一旦阴谋败露，阿提拉就会替他收拾残局。那么，罗马外交政策上的一次难堪的失败就可以从正史里抹去了。假如艾地柯坦白了一切，嗜血成性的匈人就会立刻杀了普利斯库斯、马克西姆努斯和维吉拉斯。假如历史按照克里萨菲乌斯预想的那样发展下去，假如阿提拉是一位野蛮残酷的暴君，那么普利斯库斯就不会幸存，也就不会有《匈人王阿提拉》了。真相会和普利斯库斯的尸体一起，被永远埋葬在多瑙河北岸的某个地方。

Part IV
The Failure of Empire

第四部
帝国的陨落

Chapter 19
Hearts and Minds

第十九章
情感与理智

公元442年夏，东哥特首领狄奥多里克 (Theodoric) 那个曾经漂亮的女儿被送回到她父亲身边。她的耳朵被剪掉了，鼻子也被切开了，再也无法在公开场合露面了。我们甚至连她的名字都不知道。这种恶毒的惩罚是汪达尔首领盖萨里克下令实施的。盖萨里克十几岁的儿子胡内里克 (Huneric) 不久前刚刚迎娶了狄奥多里克这位漂亮的女儿，但很快，盖萨里克就以这个女孩意图毒害他为借口，把女孩羞辱了一顿，毁容之后遣送回了她父亲位于图卢兹的王宫里。这个悲惨的故事可见于公元6世纪史学家约尔达内斯 (Jordanes) 的著作《哥特人的起源和大事记》(Origin and Acts of the Goths) 一书中，解释了盖萨里克与狄奥多里克之间的爱恨情仇。这也让人们意识到，同样占据帝国领土的人未必会是天然的盟友，他们之间也会发生战争，就如同他们与罗马间的战争一样频繁。

哥特人与汪达尔人关系恶化的原因是盖萨里克想巩固自己与西罗马帝国的关系。公元442年年末，他宣布了儿子胡内里克与瓦伦提尼安三世的女儿尤多西亚订婚。当时，尤多西亚只有三岁。这样的婚约倒是没有什么不妥的。二十年前，尤多西亚的母亲丽西尼亚·尤多西亚（狄奥多西二世的女儿）被许配给瓦伦提尼安，当时丽西尼亚只有两岁，而瓦伦提尼安只有五岁。对于胡内里克来说，只有赶走第一个妻子，才能名正言顺地开始这段政治婚姻。有些人认为狄奥多里克女儿毁容的事件可能会毁掉盖萨里克，但也有些人认为把她赶出去的时机很妥当，不会有大麻烦。盖萨里克自己并不感到后悔，虽然狄奥多里克女儿毁容这件事会激怒哥特人，但是，如果这件事能为汪达尔与西罗马帝国之间的交好扫清障碍的话，得罪哥特人也是值得的。在约尔达内斯看来，盖萨里克这种残酷的外交政策表明了他个性当中强硬的一面（在其他情况下，这或许是个优点），以及他企图在北非地区实现长久统治的愿望。"盖萨里克中等身材，在一次骑马时不慎跌落受伤，因而走路一瘸一拐的。平素深沉内敛，话不多，厌恶铺张浪费的行为。脾气暴躁，做事执着且有远见。他在哥特人和汪达尔人之间播下了仇恨的种子，煽动了仇恨，导致了此后混乱的局面。"

为了改善迦太基和拉文纳之间的关系，盖萨里克企图结束与罗马帝国为敌的历史。他希望狄奥多西二世和瓦伦提尼安放弃此前被汪达尔人占据的领地。当年西罗马军队撤出西西里岛之时，双方曾达成协议，西罗马帝国放弃北非的部分地区，作为补偿，盖萨里克每年向罗马支付一定数额的补偿金。当然，不是所有汪达尔首领都同意这样一个对罗马有利的约定。最终，这个协议引发了一场叛乱。内部的反对者遭到了残酷的镇压。普洛斯佩鲁在他的《编年史》中尖刻地评价说，盖萨里克的怀疑意味着，在这场内乱中，由于他的不安全感而遭受折磨和被处决的人比战死的人还要多。对于瓦伦提尼安而言，叛乱凸显了盖萨里克继续掌权的重要性。显然，如果盖萨里克倒台的话，接替他的很可能是一个公然反对罗马的汪达尔人政权。

对于盖萨里克而言，阻止狄奥多里克和瓦伦提尼安结盟，其益处也不言而喻。只要帝国的主要威胁仍是哥特人，即便拉文纳最为好战的人士也不会质疑非洲战场的意义。鉴于上述原因，盖萨里克与阿提拉建立了外交关系，并送去礼物，鼓动匈人去攻打哥特人。一旦法国发生动乱，对于非洲战场将有百利而无一害。罗马人会选择对付匈人，而不是汪达尔人。

盖萨里克计划成功的关键有赖于弗拉维乌斯·埃蒂乌斯。公元5世纪40年代，埃蒂乌斯软硬兼施，说服瓦伦提尼安赐予阿提拉荣誉将军的头衔。当然，事实上阿提拉并不会统帅罗马的任何一支军队，最多就是得到一笔丰厚的、与该头衔相称的薪水。作为罗马的荣誉将军，阿提拉可以被视作是罗马军事力量的一部分。埃蒂乌斯借此与阿提拉攀上了同僚的关系。能够与阿提拉成为同僚，埃蒂乌斯就有了安全的保障。假如有人和埃蒂乌斯过不去，就很可能招致匈人的不满。然而，匈人是否愿意出兵却是个问题。公元435年，埃蒂乌斯虚张声势了一通，结果匈人未发一兵一卒。其他罗马将领也都无力请求外援。更重要的是，如果阿提拉决定向西推进，以后恐怕就没有罗马将领能指望着利用匈人了。

对于和埃蒂乌斯的关系，阿提拉有自己的看法：这只是一种暂时的利益结盟，不存在长久的友谊，他不可能始终维护埃蒂乌斯的利益，也不准备一直都支持埃蒂乌斯在法国的统治。公元437年，罗马和匈人军队在李多利乌斯的率领下，屠杀了勃艮第人，镇压了巴高达起义。之后罗马人遭到了猛烈的报复，而十年后，埃蒂乌斯也面临着同样的叛乱。这一次，参与叛乱的不是农民，而是以地主为核心的联盟——一些当地人和那些为了躲避图卢兹周围哥特人永久定居点而北迁的人。这些经济移民因此保住了部分财富。巴高达关心的是自身的安全，很多巴高达怀疑效忠罗马，能否换来持久的保护。考虑到这种不确定性，他们更愿意保留一定的自主性，在经济上自给自足。然而，他们对罗马统治的反抗是有限的，他们无法召集足够的兵力来保卫自己。巴高达永远也不可能是匈人的对手。

受命平定这次骚乱的人也想到了这点。公元448年，埃蒂乌斯镇压了一次新近发生的叛乱以后，接到消息说巴高达的一位首领投靠了匈人。阿提拉虽然为巴高达提供了避难所，但并不意味着他打算插手法国的事务，也不是说他会支持那些不满于罗马统治的人士。这就是说只要匈人在西方发动战争的可能性不大，巴高达就有理由直接与阿提拉建立联系。只有当埃蒂乌斯与匈人的关系恶化时，巴高达才能有好处。当然，通过接纳巴高达，阿提拉也充分展示了自己的独立性。阿提拉为叛乱首领提供避难所，也说明匈人不可能永远做罗马人的同盟者。

普利斯库斯对于埃蒂乌斯和阿提拉的疏远也有记载。公元449年夏，他陪同马克西姆努斯到达阿提拉所居住的宫殿。在那里，他们遇到了由埃蒂乌斯和瓦伦提尼安派出的另一队罗马使者，其出访目的之一是解决双方长久以来的一个争端。八年前，即公元441至公元442年匈人南下进犯罗马时，塞尔曼城被毁。在该城被困之前，主教把一些珍贵的金碗送给了阿提拉的手下君士坦提乌斯（与埃蒂乌斯送到阿提拉身边的那位博学的意大利人并非同一人）。君士坦提乌斯许诺说，万一塞尔曼城落到匈人手里，会变卖这些金碗用来赎回罗马的战俘。事实上，当塞尔曼城被付之一炬时，那个主教也死了。因此，君士坦提乌斯也没有必要信守诺言了。两年后，他来到罗马，将金碗典当给银行家西凡纳斯（Silvanus），得了一大笔钱。回到匈人国后，阿提拉怀疑他不忠，因而处决了他。同时，西凡纳斯迟迟等不到对方拿钱来赎，便处置了这些金碗。由于它们来自于教堂，所以西凡纳斯就又将这些碗卖给了当地的传教士。在他看来，这些都是圣器，既不能熔掉，也不能用作餐具。而阿提拉则认为，这些金碗是他的个人财产——是攻克一个罗马城市之后的战利品。匈人派使者来到罗马，要求瓦伦提尼安和埃蒂乌斯把西凡纳斯交给匈人处理。匈人认定，西凡纳斯和君士坦提乌斯两人合谋，设计欺骗了阿提拉，通过一系列交易将金碗变卖了。

瓦伦提尼安和埃蒂乌斯拒绝了阿提拉的要求。他们认为西凡纳斯的做法并无不妥。但是，他们仍然准备妥协。用普利斯库斯的话说："阿提拉坚持要讨回金碗，于是他们答应给阿提拉一笔黄金作为补偿；但是，不会把西凡纳斯交出去，因为在整个事件中，西凡纳斯并没有过错。"普利斯库斯没有记载这件事的结果，即便是记载了，也会被君士坦丁七世手下的编撰者删减掉。这场风波中，除了和西凡纳斯有关的条款，双方最终达成了怎样的协议，都已经不重要了。与此前错综复杂的君士坦提乌斯（意大利人）娶妻事件如出一辙，纠纷的细节都无关紧要，重要的是，这些事成了阿提拉挑衅罗马的借口。这些并不是可以迅速或合理地解决的问题，相反，它们是阿提拉与罗马帝国合作意愿的晴雨表。

如果一切正常，如果没有那次暗杀计划的泄密，阿提拉还是愿意和罗马谈判的。在安纳托利乌斯和诺姆斯看来，阿提拉是个做事专注且富有理性的人。在公元447年和450年这两次谈判中，双方取得了突破性进展，阿提拉同意做出让步，以缓解多瑙河边境地区的紧张局势。而在公元449年夏季的这次谈判中，来自东罗马和西罗马的使者都驻扎在阿提拉宫殿外，阿提拉不断地提出自己的要求，却并不认真和使者们正式谈判。由于克里萨菲乌斯的阴谋败露，马克西姆努斯在出使期间也没有取得任何进展。当时，阿提拉坚持只和罗马派来的最高使者谈判。在应付西罗马帝国的使者时，阿提拉故意绕开关键的话题，使会谈的大部分时间都陷在西凡纳斯和他经手的那些金碗上。这也暴露了阿提拉与埃蒂乌斯若即若离的关系。

此时，普利斯库斯与西罗马的使者罗姆勒斯（Romulus）的一次谈话表明，一些更严重的事情正在酝酿中。当时他俩正在等候奥尼吉修斯面见阿提拉后返回罗马。罗姆勒斯认为，匈人下一步会继续向东推进。"阿提拉不会满足于现状的，他一定会向东扩张，进攻波斯人。"罗姆勒斯甚至预测了阿提拉进军的路线。早在半个世纪以前，即公元395年，一支匈人军队就穿越了位于黑海和里海之间的高加索山脉，其中一部分军队侵入了罗马，横穿了亚美尼亚和卡帕多西亚，之后为尤特罗皮乌斯所败。另一部分军队则会沿着底格里斯河行进，直到泰西封。罗姆勒斯悲观地预测，如果匈人向东进攻波斯，波斯人"必定会妥协，并被迫缴进贡，因为他们根本不是阿提拉大军的对手"。

罗姆勒斯预言匈人期待着向东进犯，可能准确描述了阿提拉的计划。即便如此，阿提拉本人与马克西姆努斯的谈话中并未提及此事，次年，在与安纳托利乌斯和诺姆斯见面时也未提及，就目前所掌握的资料看，其他场合中也并未提及此事。与其说进攻波斯是阿提拉宏伟战略的一部分，倒不如说这是罗姆勒斯向阿提拉的谏言。这是由埃蒂乌斯精心策划的，西罗马出使的主要目的之一。若果真如此，那么罗姆勒斯应该对普利斯库斯有所保留。因为这很可能会被传到狄奥多西二世及其幕僚耳朵里，他不想让君士坦丁堡知道是拉文纳在鼓动阿提拉向东推进。在他和普利斯库斯讲这件事时，他刻意把罪名转嫁给了阿提拉，暗示这是阿提拉自己的主意。

对于埃蒂乌斯而言，公元 5 世纪 40 年代末，他曾试图向阿提拉求取帮助，但他失败了。因此，对他来说，说服阿提拉不要去干涉政治上已经四分五裂的西罗马的好处显而易见。匈人向东进犯的后果难料，尽管是盖萨里克挑起的事端，但也无法保证匈人攻击的目标仅限于哥特人，而且，也没人能够保证匈人最终会回到匈牙利大平原上（正如匈人在巴尔干战役中那般），也不知匈人会如何利用与巴高达的关系。如果匈人不愿意西进帮助罗马帝国，那最好就是把他们推向东边。

建议阿提拉进犯波斯是一个大胆的举措，是埃蒂乌斯希望匈人把注意力从法国移开的策略。让匈人成为别人的麻烦，这是埃蒂乌斯的最后一招。

Chapter 20

The Bride of Attila

第二十章

阿提拉的新娘

虽然埃蒂乌斯派去的使者竭尽劝说之辞，阿提拉还是不为所动，仍打算继续干预西罗马的内政，但是，他成功地掩饰了自己的真正意图，让对方猜不透。正如盖萨里克所言，阿提拉究竟是要攻打哥特人，还是支持那些不同政见者如巴高达？他会珍惜与埃蒂乌斯长久以来所建立的友谊吗？瓦伦提尼安授予的荣誉将军头衔是否足以保证他对罗马的忠诚？或者，阿提拉会选择孤军奋战，利用匈人入侵所造成的任何混乱都大捞一笔？不管阿提拉当时采取的策略是什么，公元450年初春，他改变了计划。那时，宦官海辛瑟斯（Hyacinthus）意外出现在匈牙利大平原上。他是拉文纳秘密派来的使者，这太奇怪了。通常，罗马派出的使者都是像诺姆斯这般的高级廷臣，或者是安纳托利乌斯和罗姆勒斯这样的高级军事将领。当阿提拉看到身穿丝绸长袍的宦官站在跟前时，一定非常惊讶，尤其是当他听到对方尖声尖气地宣称派自己来的人不是皇帝瓦伦提尼安，而是瓦伦提尼安的姐姐尤斯塔·格拉塔·霍诺里娅时。

就在几个月前，三十多岁的霍诺里娅被迫与意大利的贵族弗拉维乌斯·巴苏斯·赫尔库拉努斯（Flavius Bassus Herculanus）订婚。这是瓦伦提尼安一手安排的。他这样做有自己的用意。他深知自己的姐姐就如同他们的母亲加拉·普拉西提阿一样，是一个野心勃勃的人，总希望自己能够成为皇后。瓦伦提尼安是不会让姐姐的婚姻削弱他自己的统治地位的，而赫尔库拉努斯便是一个理想的选择。他中等年纪，是位备受尊重的地主。同时，他也胆小怕事，不愿意拿自己的性命或者财产去冒险争夺皇位。有赫尔库拉努斯这样的丈夫在，霍诺里娅就可以在大部分时间都待在华丽的乡间豪宅里，而极少在宫廷露面。

瓦伦提尼安坚持为霍诺里娅安排这桩婚事，但是霍诺里娅并不打算就这样嫁给赫尔库拉努斯。对于瓦伦提尼安的野蛮行径，她用实际行动做出了回应。她派了几个心腹渡过多瑙河去见匈人。其目的很明确：以一大笔定金和更多的黄金来说服阿提拉出面干涉她的婚事。为了表明诚意，她还托海辛瑟斯带去了一枚图章戒指。毫无疑问，阿提拉定然和大臣们讨论了霍诺里娅的计划。一方面，有人担心这是一个圈套，目的是把阿提拉骗到拉文纳。另一方面，假使霍诺里娅的计划是真的，那这无疑是阿提拉用来牵制瓦伦提尼安的绝佳机会。对此，阿提拉提出了一个两全之策。他让海辛瑟斯回去告诉公主，她不必担心自己嫁给赫尔库拉努斯，但有个条件：作为加拉·普拉西提阿的女儿、西罗马帝国皇帝瓦伦提尼安三世姐姐的尤斯塔·格拉塔·霍诺里娅，将成为匈人王阿提拉的下一任妻子。

霍诺里娅寻求匈人王的帮助，既不鲁莽也不愚蠢，也不像约尔达内斯所说的那样，她深深爱恋着阿提拉。约尔达内斯倾向于把他不赞成的行为归因于无法控制的欲望，尤其是女性的欲望（别忘了，约尔达内斯既是一位史学家，也是一位修道士）。事实上，霍诺里娅试图让阿提拉参与到这场家族纷争中，是经过精心策划的，其目的是为了巩固她自己在宫廷里的地位。要知道，她在宫中处境很艰难。在弟弟瓦伦提尼安看来，她既是一种威胁，也是一种机会：一方面，她的丈夫和子女可能会跟自己争皇位，但另一方面，她的门亲事也有助于确保一个对帝国有利的同盟。

霍诺里娅不愿意成为她弟弟这盘棋局中的筹码。最重要的是，她不愿意终日被关在拉文纳的王宫里。公元429年，霍诺里娅十二岁了，根据罗马的律法，她到了婚配的年龄。自那时起，她在王宫的举动就受到了严密的监视。出于外交考虑，瓦伦提尼安要求他姐姐在新婚之夜以前必须保持处女之身。霍诺里娅的母亲加拉·普拉西提阿要求她皈依基督教，她也不愿意。公元5世纪30年代末，年近半百的加拉·普拉西提阿决定过祷告、禁食并禁欲的生活。经历了两次婚姻，死了两位丈夫（其中一位是皇帝），养了两个子女（其中一位是皇帝），对她来说，这一生也够了。

在狄奥多西二世的保护下，加拉·普拉西提阿在君士坦丁堡度过了一生中最艰难的两年。公元423年初，她逃离拉文纳，躲过了同父异母的弟弟霍诺里乌斯的叛国罪指控。在狄奥多西二世的宫廷里，她第一次见到了皇帝的姐姐埃莉亚·普奇利亚（Aelia Pulcheria）。公元413年，年仅十四岁的普奇利亚公开宣布自己终身不嫁，并说服两个妹妹阿卡迪亚（Arcadia）和玛丽娜（Marina）一起立下贞操誓言。普奇利亚此举并不是因为她对妻子和母亲的角色有偏见，而是出于对信仰的虔诚，以及用实际行动去践行自己的信仰。当时的基督教史学家索佐门（Sozomen）用无不赞叹的语气描写了这三个姊妹，"最关心传教士和修道院，总是对陌生人和穷人有求必应。三人形影相随，歌颂上帝……即便出生在皇宫，贵为公主，但她们却从不贪图享乐和安逸，认为这与贞女的生活方式极不相称"。只要普奇利亚住在王宫里，她就会要求皇族的人每天早上祷告，每个礼拜三和礼拜五禁食。她是基督教正统派的坚定支持者，并擅长就教义的细微之处进行辩论。晚上，她喜欢阅读一些宗教手册，讨论经文中的一些训诫。

在拉文纳的最后几年中，加拉·普拉西提阿效法普奇利亚修建教堂和修道院。同样，她也对基督教圣人极为崇拜。公元446年，来自欧塞尔（巴黎东南方约一百三十千米处）的一位风度翩翩的主教日尔曼努斯（Germanus）拜访了拉文纳，其目的是缓和帝国与巴高达之间的紧张关系。在过去的二十五年间，日尔曼努斯作为一位苦行僧、信仰治疗者，以及奇迹创造者广受赞誉。为了避开成群的教徒，他选择在天黑以后进入拉文纳。不过，当时加拉·普拉西提阿严令人们彻夜守城。日尔曼努斯进城后，加拉·普拉西提阿呈上了一个巨大的银盘，出于对主教饮食习惯的尊重，盘里摆放着精美的食物——全部是素食。日尔曼努斯却把食物都分给了仆人，命令他们把盘子卖掉，将钱分给拉文纳的穷人，而后，他用一只木盘盛了一块大麦面包，回赠给加拉·普拉西提阿。加拉·普拉西提阿十分高兴。这让日尔曼努斯非常意外，他本以为这样一个不起眼的礼物与加拉·普拉西提阿的财富和地位极不相称，加拉·普拉西提阿一定会不满，但是，他想错了。加拉·普拉西提阿是个老练的政客，十分清楚在这种场合下应如何应对。她把这块大麦面包保存好，木盘子则镶嵌在一个漂亮的金制框架里。后来，据说这块面包还有医治疾病的神奇效果。

霍诺里娅很可能不喜欢这种精心策划的公众宗教活动。她拒绝参与加拉·普拉西提阿每日主持的宗教仪式。她把自己镀金般的囚禁生活归咎于她弟弟，同时，她不得不承认，自己的所作所为让情况变得更糟了。作为一个少女，她的行为受到严密的监视。据说,她常常瞒着宫廷侍卫,私下和帅气的小伙子约会。事实上,她比人们想象的要聪明。她有自己的心上人,他就是管家尤金尼斯(Eugenius)。尤金尼斯利用管家的身份自由出入王宫。在这件事上,霍诺里娅的情感战胜了野心,毕竟尤金尼斯几乎不可能成为一个皇帝的父亲,而她却在十七岁时为他有了身孕——而这,让她在不久后便心生悔意。

霍诺里娅的身孕到了无法掩饰的时候,这件事也败露了。瓦伦提尼安下令逮捕并处决尤金尼斯。霍诺里娅被匆忙用船送到了君士坦丁堡。普奇利亚及其姐妹们接待了她。很快,霍诺里娅发现这三位贞女的行为让她无法忍受。她被安排住在宫殿中一个隐蔽的处所,它位于狄奥多西城墙外面的海勃德曼附近。在这儿,她诞下了腹中的孩子。虽然生产过程中遭受了莫大的痛苦,却没有人同情她。霍诺里娅当时都没有机会看一眼自己的孩子。也没有史学家记载过这个孩子的名字,以及他后来的命运。也许是被普奇利亚偷偷地送给了别人,因为她十分清楚帝国的律法。霍诺里娅的身体稍稍好转,就在严密的护送下返回拉文纳。如今,她的地位不比从前了。她产下了私生子,再也没有资格以公主的名义出嫁,为王朝争取到同盟力量。当然,瓦伦提尼安敏锐地看到,和普奇利亚相比,霍诺里娅也失去了一个机会,她没有机会宣布自己是贞女了。

随着尤多西亚与胡内里克婚约的确立,如何处置霍诺里娅的问题被再次提上日程。订婚仪式约定于公元451年,即在尤多西亚满十二岁那年举行。瓦伦提尼安不希望女儿的婚礼蒙上任何阴影,于是他决定把霍诺里娅嫁出去,离开拉文纳。他想到了赫尔库拉努斯，但是霍诺里娅却反对这门亲事。她认为赫尔库拉努斯过于平庸，胸无大志，毫无魅力可言。她抱怨说，这个人除了名字叫作大力士(Hercules, 赫拉克勒斯)以外，其他各方面与大力士相去甚远，而瓦伦提尼安却坚决要把她嫁给赫尔库拉努斯，面对这种情况，霍诺里娅只好求助于阿提拉，她没料到阿提拉这么容易就答应了自己的要求。尽管约尔达内斯在史书中对她颇有微词，他也认为霍诺里娅从来没想过自己会真的成为阿提拉的妻子。很难想象，她将要生活在那一望无际的匈牙利大平原上，跟艾瑞卡一样坐在舒服的木椅上指导女仆们学习刺绣。此外，即便她不像加拉·普拉西提阿那样醉心于宗教，也不愿意嫁给一个异教徒。

当霍诺里娅与阿提拉达成交易的消息传到拉文纳时，瓦伦提尼安勃然大怒。经受不住酷刑的海辛瑟斯坦白了霍诺里娅给阿提拉带信的过程。如果阻止霍诺里娅，很可能给阿提拉落下出兵罗马的借口。因此，瓦伦提尼安命令霍诺里娅收拾行囊，即刻出发，前往多瑙河北岸与阿提拉完婚。霍诺里娅没想到事情会发展到这一步，她祈求让自己在禁欲中度过余生，甚至答应嫁给赫尔库拉努斯，但是绝对不能嫁给匈人。瓦伦提尼安不为所动，他不相信霍诺里娅的任何承诺。

在他看来，霍诺里娅向阿提拉求助，无异于对罗马皇室的背叛。两人之间的争端让加拉·普拉西提阿坐不住了，她觉得他们做得过分了。她没能帮助瓦伦提尼安坐上统一的罗马皇帝的宝座，因而他现在才这样侮辱自己的姐姐。同时，霍诺里娅蒙羞也是罗马外交策略的失败。这样做，有可能让阿提拉认为，把霍诺里娅送出拉文纳，说明帝国打算不惜一切代价以避免与匈人之间发生冲突。如果阿提拉把对霍诺里娅的惩罚看作是罗马帝国在示弱，那么他很可能因此萌发进犯罗马的念头。老谋深算的加拉·普拉西提阿告诉瓦伦提尼安，安抚不一定能缔造和平，有时还可能导致战争。

最终，瓦伦提尼安妥协了。他可以反对自己的姐姐，却无法置母亲的劝告于不顾。霍诺里娅交给加拉·普拉西提阿照顾，条件是她必须嫁给赫尔库拉努斯，然后去意大利乡间，隐姓埋名地度过余生。加拉·普拉西提阿于公元450年11月在罗马去世。这是她去世之前最后一次干涉子女的决定。两年后，瓦伦提尼安授予赫尔库拉努斯高级宫廷事务谋臣的荣誉头衔。当时，大概霍诺里娅已经习惯了和这位有足够耐心的丈夫过着平淡如水的生活。她甚至会庆幸自己能够过上这般波澜不惊的日子。

Chapter 21
Taking Sides

第二十一章
表明立场

然而，阿提拉并不多打算放弃霍诺里娅。在他看来，霍诺里娅赠送图章戒指，并祈求他伸出援手，这本身就暗示了嫁给他的决心。一定是她那独断专行的皇帝弟弟阻止了她，或者她那爱管闲事的母亲用宗教的教义约束了她。阿提拉从心底认为，霍诺里娅非常愿意成为匈人王的妻子。为了帮助这位身陷囹圄的公主，公元450年秋，阿提拉派使者来到拉文纳，宣布求婚。此外，使者还声称，霍诺里娅是皇帝瓦伦提尼安的胞姐，因此理应与皇帝一起统治西罗马。瓦伦提尼安当然不会接受这些说法。显然，这个时候阿提拉已经知道了霍诺里娅和赫尔库拉努斯的婚事。同时，他一定也知道，根据罗马基本律法中对于皇室继承人的规定，女性不得作为国家统治者。当然，历史上宫廷里存在不少强势的女性，诸如皇帝的妻子、姐妹和母亲，等等。但是，她们都没有资格正式坐上皇帝的宝座。根据普利斯库斯在公元450年左右的记载，对此，瓦伦提尼安的反应是，"西罗马帝国决定，霍诺里娅公主不能嫁给匈人王阿提拉，她已经另有所属"，然后补充了一句众所周知的信息，"只有男性才有权力作为罗马的统治者"。一队匈人使者在拉文纳对话瓦伦提尼安的同时，另一队使者到了君士坦丁堡，目的是向新继位的皇帝马尔西安挑衅。

马尔西安突然登上皇帝宝座，人们都很惊讶。公元450年7月，狄奥多西二世在骑马时发生意外后不久，宫廷里一定发生了一场权力之争。当时宫里没有指定皇位继承人。狄奥多西二世的姐妹们都是虔诚的贞女，不参与政务；他的一个女儿芙拉茜拉在二十年前夭折了；另一个女儿丽西尼亚·尤多西亚嫁给了瓦伦提尼安三世。当时，狄奥多西二世四十出头，正当壮年，未曾想过自己未来的继承人。严格地说，在没有任何合法继承人的情况下，瓦伦提尼安作为在世的皇帝，可以效仿狄奥多西二世在公元423年霍诺里乌斯去世时那样，同时统治东罗马和西罗马。但不管瓦伦提尼安的政治野心有多大，面对匈人的威胁，他都不得不承认，统一东西罗马不过是个政治理想罢了。

在君士坦丁堡，正上演着一场为了共同利益而结盟、阻止继位危机的好戏。人们对瓦伦提尼安的提议不加理会，而一致支持马尔西安，一位业已退休的年近五十的初级军事将领。约一个世纪后，人们发现了一处有关这件事的记载，"马尔西安个子很高，头发灰白稀疏，双脚肿胀"。也许正是由于他缺少任何过人之处，人们才如此热烈地拥护他。如同任何在妥协的情况下产生的候选人一样，马尔西安得到了广泛的支持。他的支持者都相信他具有足够的影响力。他掌权后也不会对任何人产生威胁。在他的支持者中，有弗拉维乌斯·阿斯帕和弗拉维乌斯·泽诺。在过去的十五年中，马尔西安一直是弗拉维乌斯·阿斯帕的私人助理，并跟随他在公元5世纪30年代对抗汪达尔人。对于阿斯帕来说，支持马尔西安可以扳回自己在公元447年被狄奥多西二世罢黜的不利局面，让自己有机会重返宫廷。当时的阿斯帕逢人便说，对于已故的狄奥多西二世皇帝，他最了解不过了，如果他在世，一定会支持马尔西安继位。据说，狄奥多西二世在临死前，曾经把马尔西安叫到近前，在他耳边轻轻说道："你一定是最佳的王位继承人。"

不管狄奥多西二世去世前说过什么，泽诺都坚定地支持马尔西安。作为帝国军队在东部边境防线上的总指挥，他的影响力非常大，足以左右王位继承人的人选。公元5世纪40年代后期，狄奥多西二世曾经怀疑过泽诺的忠诚。尽管阿提拉的一面之词不完全可靠，狄奥多西二世还是怀疑他参与破坏了皇帝为阿提拉的属下君士坦提乌斯（意大利人）安排的婚事。阿提拉曾经对马克西姆努斯说，泽诺是罗马宫廷中可能威胁到皇帝统治的高级廷臣之一。这或多或少暗示了泽诺在罗马宫廷中举足轻重的地位。公元450年初，狄奥多西二世得到可靠情报，泽诺正密谋反叛，就在他意外去世的几个月前，他已经开始秘密准备除掉一部分他认为已经反叛的军事基地和部队。狄奥多西二世的意外身亡很可能阻止了一场内战。通过推举马尔西安坐上皇位，泽诺不费一兵一卒就夺得了宫廷中的决策权。

此外，在马尔西安迅速夺权的过程中扮演了重要角色的还有一个人，那就是时年五十一岁的处女普奇利亚。她阻止了狄奥多西二世王朝走向堕落，并保证了自己在宫廷里的影响力。令人惊讶的是，为了把马尔西安推上王位，普奇利亚答应嫁给他。在公元450年8月25日，即婚礼前夕，他们出现在海勃德曼的军队面前。当着所有将士的面，普奇利亚为马尔西安呈上了皇冠和一件紫色的皇袍。这是罗马帝国历史上第一次由一位女性向皇帝授予皇冠和皇袍。关于这个场景，很多史书众说纷纭，在一部分人看来，也许普奇利亚的处境太尴尬了（在没有前任皇帝在场的情况下，加冕礼也许应该由君士坦丁堡的大主教来主持）。伴随着人群的欢呼声，士兵缓慢而庄严地行军礼，向新皇帝致敬，马尔西安身披紫色王袍，听着人们精心排练过的颂歌："敬爱的王，你是那样虔诚！上帝保佑你！主一直与你同行，一直保护你。我们祈求耶稣，胜利永远属于你！上帝将永远与罗马帝国同在！"马尔西安同意不与普奇利亚圆房，也没有安排蜜月，甚至没有一张婚床。当时，一枚由君士坦丁堡的皇家铸币厂打造的宫廷金币上刻着这样一幅图案，在婚礼上，一对幸福的新人在握手，站他俩中间的是耶稣——普奇利亚永久贞节的守护者。和往常一样，对此事也有质疑者，上流社会有流言蜚语说，普奇利亚最终还是屈服于自己的激情。这一切都发生在她当众宣布自己为贞女的三十七年之后。

这次，匈人使者来到君士坦丁堡的目的是试探新继位的马尔西安是否会信守诺言，遵守在八个月前由安纳托利乌斯和诺姆斯为代表签署的罗马和匈人边境地区和平协议。使者的要求只有一个，请罗马支付狄奥多西二世所承诺的奉金。然而，他们得到的是一个粗鲁的回复："东罗马人不同意支付狄奥多西二世所承诺的奉金。如果阿提拉愿意维持两国的和平，罗马人愿意赠送礼物；如果阿提拉想要诉诸战争，那么罗马的军队和武器一点儿都不比匈人的差。"马尔西安的回应，并不像很多人猜测的那样，是要扭转狄奥多西二世所倡导的多瑙河地区策略。马尔西安的意思不是拒绝支付一笔钱给匈人。罗马和匈人关系的关键是外交措辞的选择。尽管狄奥多西二世以金钱换和平的边境政策招致很多非议，他却从来没有承认过罗马向匈人"臣服"，因此支付给匈人的钱也不能称作"奉金"，而应该叫作"礼物"，送给在罗马帝国军队中享有荣誉头衔的外国将军。

面对匈人使者的要求，马尔西安拒绝支付任何奉金，但是，却愿意继续送给对方礼物。他声称罗马以武力对抗武力，并不是准备向匈人宣战，而是希望借此机会启动新一轮的谈判。这是提出要求的好时机。在年初，阿提拉与安纳托利乌斯和诺姆斯就双方边境地区问题进行了谈判，这说明匈人在出兵西进之前想要确保多瑙河地区的局势稳定。目前，阿提拉的心思都在霍诺里娅身上，其兵力主要分布在法国或者意大利地区。毕竟，他和罗马皇帝一样，都希望避免同时在两线作战。

马尔西安坚持要求匈人使者使用正确的外交术语，但是他的主张并没有奏效。阿提拉已经决定对罗马宣战。在他看来，公元450年，同时向君士坦丁堡和拉文纳派驻使者的做法是成功的。使者提出的要求被拒绝，霍诺里娅不可能再一次出嫁，也不可能夺得罗马的统治权。马尔西安也不同意向匈人支付"奉金"。通过分别迫使瓦伦提尼安和马尔西安拒绝匈人使者的要求，阿提拉成功地找到了出兵罗马的借口。根据普利斯库斯的记载，阿提拉的下一个决定是率军东进还是西进的问题。"这个时候的阿提拉有些举棋不定，但是最终还是决定先攻打西罗马，那样的话，他不仅可以打罗马人，还可以打哥特人……打败罗马人，就可以赢得霍诺里娅和她的财产，打败哥特人，就可以让盖萨里克感激自己。"

次年的年初，阿提拉准备发动战争，仍旧派使者前往西罗马。在公元451年的1月或2月的时候，一名匈人使者到达拉文纳，重复了此前提出的要求：霍诺里娅应该和瓦伦提尼安一样，享有帝国的统治权。瓦伦提尼安应当即刻把帝国的一半交给霍诺里娅。使者还说，霍诺里娅在同赫尔库拉努斯举行婚礼前，就已经和阿提拉订下婚约，有图章戒指为证。这是海辛瑟斯带给阿提拉的，使者拿出来给瓦伦提尼安看。皇帝认出来这是自己姐姐的戒指，但是，他拒绝承认戒指就是婚约的信物。现在，战争在即，他有些后悔当初没有把霍诺里娅送到多瑙河对岸去与阿提拉完婚。不管他当时感触如何，最终还是拒绝了匈人使者的要求。曾经，匈人使者向他保证，阿提拉向西出兵是为了攻打法国的哥特人，是因为他和狄奥多里克之间的分歧……而不会破坏匈人和罗马皇帝之间的友好关系。这一次，瓦伦提尼安不再相信这样的话了。随后，匈人方派出了第三批使者，此时，阿提拉大军已经行进在路上了。这次，使者不再讲究什么礼节了，他只是通知瓦伦提尼安说，"阿提拉是我的主人，也是你的主人，他派我通知你准备好把皇宫让给他"。

阿提拉策划这几次出使，有他的目的。使者故意让自己的话前后矛盾，激起拉文纳的怀疑，只要罗马稍有迟疑，对阿提拉来说就是件好事。据约尔达内斯的判断，"阿提拉粗野的外表下，隐藏着细腻周密的一面，先是在外交方面展开周旋，然后发动战争"。更重要的是，阿提拉旨在阻止，至少也是拖延，罗马和哥特人之间结盟。这样看来，强调瓦伦提尼安孤军作战所面临的危险至关重要。因此阿提拉反复提出要娶霍诺里娅，以及要占领西罗马的皇宫。在阿提拉攻打意大利北部时，瓦伦提尼安可能会不愿意向法国地区增援。与其冒险在阿尔卑斯山脉的西北部与敌人遭遇，还不如牢牢守住进山的要隘。那样，如果哥特人被打败了，匈人就有可能不会进入拉文纳。

埃蒂乌斯反对罗马从法国撤兵。让狄奥多里克独自抵挡匈人太冒险了。一旦哥特人战败，罗马帝国还是得去面对匈人。阿提拉作战的对象可能不限于哥特人，仍效忠罗马的法国大部分地区很可能也会遭殃。即便最终匈人从法国撤军，还是需要一支强有力的军队来重建战后罗马对法国各地的统治。诚然，哥特人有可能打败匈人，但是，这也意味着罗马在法国的统治永远地结束了。狄奥多里克一旦战胜，他必定会在法国扩张自己的势力范围。联合哥特人一起对付匈人才是上策。在罗马军队尚未发兵之际，必须做出决定。此时，瓦伦提尼安再也无法袖手旁观了。在埃蒂乌斯看来，无论是匈人战胜，还是哥特人战胜，对罗马都是不利的。时间不多了。公元451年3月下旬，匈人大军已经行进在途中。如果要在这个时候决定和哥特人站在一起，那么就必须立刻采取行动。瓦伦提尼安很不情愿地同意了。事实上，他别无选择。不管匈人入侵的结果如何，他都清楚，不能完全相信埃蒂乌斯的忠诚，他可以主动采取行动。埃蒂乌斯是个危险的人物，他很可能会加入哥特人，甚至和匈人勾结，站在帝国的对立面。二十五年前，埃蒂乌斯率领一支匈人组成的军队进入意大利北部，于是瓦伦提尼安开始了对罗马的统治。如今，他可不想以同样的方式结束自己的统治。

与哥特人结盟是瓦伦提尼安做出的最重要的决策之一。这迫使他承认哥特人的永久居留权。正如和盖萨里克打交道时一样，瓦伦提尼安失去了部分领土控制权，这是他不得不付出的代价。最终哥特人接受了罗马的邀请，和罗马人一起在战场上对抗野蛮的匈人军队。

以下选自瓦伦提尼安皇帝写给哥特皇帝狄奥多里克的信：

> 我们两个最勇敢的民族，应该团结起来，反

对这个企图奴役整个世界的暴君。阿提拉师出无名，肆意妄为。他力大无穷，因而野心勃勃。他傲慢无礼，无视律法和宗教信仰。他对所有人怀有敌意。毫无疑问，他招致了所有人的痛恨，是我们公共的敌人……试问，谁能轻易放过他呢？既然我们都有一定的军事实力，那就让我们携起手来，迎击这个敌人吧。

从瓦伦提尼安写给狄奥多里克的这封信可以看出，事情发生了根本性变化。信件的措辞像是两个平等的国家元首在对话，而不是一个高高在上的皇帝对属下发布命令。要保卫法国，不光依靠罗马的军事实力，还要指望哥特人合作的意愿。对于瓦伦提尼安而言，把狄奥多里克视作挚友的做法只是权宜之策。他真正害怕的是阿提拉和埃蒂乌斯，只有这两位才能让他暂时收起皇帝的傲气。

Chapter 22

The Fog of War

第二十二章

战争的乌云

同时，在比利时的通厄伦（靠近马斯特里赫特，位于今布鲁塞尔以东八十千米），主教赛瓦提斯 (Servatius) 朝圣结束后返回意大利。就在几个月前——虽然他整夜地斋戒，禁食，以泪洗面——他没有如愿以偿地听到匈人撤军的消息。匈人军还是朝着罗马的方向行进。赛瓦提斯非常不满，他决定取道罗马，在圣·彼得的神龛下寻求权威的答案。在禁食多日之后，他终于见到了信徒。然而信徒的话却让人十分心寒：

> 你这个圣人呀！为什么要来打扰我呢？看呀！如今匈人已经下定决心要进攻法国，不久以后，一场暴风雨即将席卷法国。现在，照我说的去做吧！赶快回家去，把家里安顿好，准备好自己的墓地和寿衣吧！看啊！让你的灵魂离开躯体，这样，你就看不到匈人在法国的卑劣行径。这是我们的上帝要对你说的话。

赛瓦提斯果真按照他说的去做了。他很快回到通厄伦，准备后事。他哭泣着告诉那些忠实的信徒，以后再也见不到他了。面对人们的祈求，他无动于衷。"圣父啊！不要抛下我们。圣父啊！不要忘记我们。"离开人群以后，他向北行进了约一百三十千米到达乌得勒支，不久，就因感染风寒而死去。赛瓦提斯带着对神的绝对忠诚离去了，他相信，只要他离开通厄伦，通厄伦就得救了，果真，匈人的行军路线恰好偏离了通厄伦一百六十千米。

并不是所有的城市都像通厄伦那样幸运。位于莱茵河边境以西一百四十五千米的梅斯几乎被破坏殆尽，幸存下来的只有一个小教堂，它是为了纪念第一个基督教殉教者斯蒂芬 (Stephen) 修建的。在匈人攻克梅斯城之前，这位虔诚的基督徒曾与使徒彼得和保罗发生激烈的争论。彼得和保罗认为，梅斯城无法幸免于难。"这里的人们罪孽深重，他们邪恶的声音传到了上帝的耳朵里。一定要把它付之一炬才好。"作为让步，他们同意保留斯蒂芬的小教堂。在梅斯城以西一百四十五千米的兰斯，只有主教尼卡休斯（Nicasius）一人在阻止匈人对城中居民的掠夺和屠杀。在城中教堂的门前，他和妹妹在诵读《圣经》时被杀。当时，他正背诵《诗篇》里的一百一十九行，即第二十五首诗歌的开头："我的灵魂归于尘土。"尼卡休斯的头被砍下来，滚落到教堂的台阶下，这时，人们还听到他的头仍在诵读诗句："主啊，请信守诺言，赋予我生命吧！"匈人被吓得逃出了城。

并不是所有的圣人都以身殉职。在鲁特西亚（今巴黎），年轻的圣女珍妮维尼亚（Genovesa）祈求人们不要放弃城市。他们相信，祈祷和禁食可以保护城市免遭涂炭。女人们劝说男人们不要离开。最终，城市幸免于难，于是，人们更加坚信圣女的力量，只有少数心存不轨的人才会蔑视她的话。必须指出，鲁特西亚距离阿提拉的大军还有一段距离。它并不像梅斯或兰斯那样有吸引力。到了公元5世纪中期，鲁特西亚只是一座破败的处所，位于塞纳河中游的一座洪水频发的孤岛上，也就是今天的西岱岛，即巴黎圣母院所在之处。虽然圣·珍妮维尼亚是一位圣女，阿提拉却没有顾及她，此刻，他正率领匈人军朝巴黎进发。

特鲁瓦（兰斯城以南一百一十三千米处）的主教卢普斯（Lupus）却不得不与匈人周旋。在祈祷和禁食之后，卢普斯亲自出城会见阿提拉。"你是谁？"卢普斯面无惧色地问道。阿提拉熟知《圣经》的典故，他回答道："我是阿提拉，上帝之鞭。"卢普斯为自己无法阻止民众犯下罪孽而深感羞愧，他说："我是卢普斯，上帝羊群的破坏者。就让上帝用他的鞭子来惩罚我吧。"卢普斯的自责挽救了特鲁瓦。城门大开，匈人冲进去了，"但是他们在上帝面前都成了瞎子，径直通过城市后，从另一个城门出去了，既没看见也没伤害到任何人"。

在攻打法国的过程中，阿提拉还听说了很多有关基督教信徒的传说，这让他深刻体会到一个基督教世界的独特之处。正如他向卢普斯吹嘘的那样，他是"上帝之鞭"，这样一个称谓在中世纪和文艺复兴文学中颇为常见。对于很多基督徒来说，在当时以及后来庆祝胜利的活动中，匈人入侵被看作是上帝对法国中部地区犯下罪孽的人们所实施的惩罚。西班牙塞维利亚的哲学家和神学家伊西多尔（Isidore）在7世纪时宣称，阿提拉之入侵是上帝对基督教世界罪孽的惩罚。匈人是"神怒之杖"（virga furoris dei），是为了"迫使那些不知悔改的人放弃成年人的欲望和错误行为"。很久以前，《圣经·旧约》的预言家以赛亚曾用主的正义的愤怒威胁过那些罪孽深重的以色列人，"鞭子如水涨漫经过的时候，你们必被他践踏"。对于很多基督徒来说，公元5世纪发生的事都是遵照《圣经》中的模式在发展。历史受到了神启。只有那些能够经受住严格的禁食、祈祷和守夜的信徒才能领悟到上帝的旨意。然而，正如赛瓦提斯去觐见信徒彼得时的遭遇所昭示的那样，信仰都是忍饥挨饿的主教和禁欲的圣人们的事，史学家对这些幻想出来的事实并不感兴趣。

公元451年6月中旬，匈人军已经进发到莱茵河以西约四百千米处的奥尔良。当时，奥尔良可能已经被围困。和梅斯、兰斯以及特鲁瓦一样，有关阿提拉的记载都是后来的事了。据说奥尔良的主教阿尼亚努斯(Anianus)出面斡旋，最终挽救了该城。他在距奥尔良四百八十三千米的阿尔勒会见了埃蒂乌斯，那已经离地中海很近了。在那里，他要求罗马和哥特军队立即派兵北上。等到他觉得自己的祷告快应验的时候，他带领教徒登上防御用的城墙，说道："从这里往外看，就知道上帝是不是已经来救赎我们了。"但是，人们什么也没看见。正如所有动听的故事一样，虔诚的人们一边继续祷告，一边开始怀疑主教的力量。正当匈人打算挥动笨重的攻城槌之时，阿尼亚努斯鼓励那些怀疑者说："如果我们坚持做祷告，上帝一定会听到并火速赶来的。"人们第三次从教堂爬上城墙时，眼尖的人才看到天边突然卷起一片尘土。这时，阿尼亚努斯才信心满满地宣布说："是上帝来救我们了。"

这片烟尘是罗马和哥特的联军在行进，正是他们挽救了奥尔良。约尔达内斯的记载则有所不同，这里没有戏剧性的围困，没有坚定不移的主教，也没有及时出现在天边的烟尘。哥特人和罗马人的盟军北上以后，先于匈人军到达奥尔良。他们很快就筑起一道由沟渠和土障组成的庞大的防御工事，来阻止敌人入侵。阿提拉大军到达此地后，对事态的发展感到非常沮丧，在没有把握的情况下未敢贸然进攻。匈人军向东撤退，一直撤退了一百六十千米左右，越过他们曾经掠夺过的地区。也许盟军的力量让他们望而却步。

公元451年6月末，奥尔良城下两军对峙的情景没有在史书中留存下来。一方是埃蒂乌斯麾下的罗马人，狄奥多里克和他最年长的儿子道里斯穆德(Thorismud)旗下的哥特人，此外，还有一部分勃艮第人和巴高达人。这两支力量和罗马的关系很微妙。公元437年，匈人伙同埃蒂乌斯对两万多勃艮第人实施屠杀。六年后，这次屠杀的幸存者在埃蒂乌斯的帮助下，定居在日内瓦以西的罗马的土地上。巴高达在公元437年先后遭遇匈人和埃蒂乌斯的镇压。其中一位叛军首领投靠了阿提拉。公元437年那次被镇压的惨痛经历让巴高达不愿意跟匈人结为同盟，同样，对待埃蒂乌斯，他们也是非常地谨慎。也许最终选择和埃蒂乌斯站在一起的原因是，尽管对罗马帝国的统治者心存疑虑，他们仍然把自己看作罗马人。

匈人大军一方都是从"被阿提拉所征服的民族中征集来的"，其中最重要的力量是哥特人，他们是七十五年前居住在多瑙河以北地区哥特人的后代。其中一些已经移居到罗马边境的城市潘诺尼亚和巴莱里亚（公元5世纪30年代，埃蒂乌斯为了得到阿提拉和布勒达在法国地区的军事援助而同意不干涉匈人控制上述地区）。该地区的哥特人首领是瓦拉米尔（Valamer）、修迪米尔（Thiudimer）和维迪米尔（Vidimer）。阿提拉非常喜欢这三兄弟，把他们当作亲密的同志和得力的助手。在约尔达内斯的记载里，瓦拉米尔是一个"坚定地保守秘密，言行谨慎，诡计多端"的人。这样出类拔萃的三兄弟出现在战场上，说明法国中部地区的冲突不仅关系到匈人和罗马人，也与埃蒂乌斯和阿提拉长久以来的友谊的终结有关，它还关系到两股有着截然不同发展历史的哥特人。

根据约尔达内斯的记载，双方军队在卡塔劳尼亚平原（the Catalaunian Plains）交火。这不是一个特别的地点，它属于法国香槟省地界，是兰斯、香槟-沙隆（1988年之前称为马恩河畔沙隆）查隆斯以及特鲁瓦之间的一块三角地带。约尔达内斯用了另外一个名字：卢卡斯·玛利亚卡斯（the Locus Mauriacus），其发音很像"塞纳河上的梅里",一个位于特鲁瓦西北二十千米的小镇。古代地名和现代地名相似,有时是好事（如伦迪尼姆和伦敦）,有时却不是（如鲁特西亚和巴黎）。在没有其他证据的情况下,很难说玛利亚卡斯和梅里这两个地名是真的在历史上存在关联,还是一个巧合。最终,在史学家的笔下,双方的交战成了"卡塔劳尼亚平原之战",战场就在碧绿的田野与香槟省起伏的群山之间的某处。

战争是在午后的早些时候打响的,第一场战斗是为了夺取斜坡顶端的一处山脊。约尔达内斯是这样描述的:"匈人军占领了山脊的右侧,罗马人、哥特人及其盟军占领了左侧,然后,双方开战,争夺顶峰。"罗马军队的首领是埃蒂乌斯,狄奥多里克和他的儿子道里斯穆德做策应。"阿提拉派人争夺顶峰,却被道里斯穆德和埃蒂乌斯所率领的兵力所击退,罗马军队占据了有利地势,可以轻易地把进攻的匈人打退。"随着匈人军节节后退,阿提拉把军队聚集在山脚下,做了一次战前演讲,以鼓舞士气。在今天的读者看来,这无异于一个不合时宜的插曲。而这是一部重要的文学作品,伟大的作家在描述战争时,通常会有演讲。但是,没有人相信约尔达内斯会亲眼见到阿提拉慷慨激昂地发表演说,或者阿提拉在战争中间停下来发表了一通讲话。对此,史学家们可以展开各自的想象。这时,作者也停下来,给阿提拉足够的时间发表讲话。

> 匈人,你们征服过多少国家,征服了世界……战争不就是我们的日常生活吗?还有什么比用自己的双手去复仇更加让人惬意的事情呢?大自然赋予了我们重要的使命:用复仇之心填满我们的灵魂。让我们狠狠地打

击敌人，打击那些压迫我们的人……受伤的人诅咒自己的对手呢；让仍然健在的人去杀光我们的敌人……我将身先士卒，如果有人能在阿提拉战斗时还无动于衷，那么他一定是个死人。

上述引文仅是阿提拉讲话的六分之一，受到鼓舞的匈人更加疯狂地向敌人发起反扑。根据约尔达内斯的解释，不管出于什么原因，这些匈人像是突然间从平地爬到了山脊上，"他们与敌人展开肉搏，战斗十分激烈，地动山摇，骇人听闻，是有记载以来最为惨烈的一场战斗"。战场中间血流成河，在一片血肉横飞的混乱中，狄奥多里克被杀死了。有人报告说他是在指挥军队作战的时候，被人从马上扔下去，然后被踩死了。约尔达内斯更倾向于把他的死描写为是被一名忠诚于阿提拉的哥特人用长矛刺死的。直到夜幕降临，战斗才陆续结束。道里斯穆德在夜色中误入匈人的阵地，后来被自己人救了出来，但不久又被人扔下马，并遭到袭击。埃蒂乌斯在黑暗中跌跌撞撞地迷失了方向，找不到自己的军营，只好和他的哥特盟军在野外过了一夜。次日凌晨，平原上的雾气散去，人们才看清战场上到处堆满了尸体。双方都损失惨重。让埃蒂乌斯和道里斯穆德更加害怕的是匈人的冷静。他们坐在战车的防护屏后面，静静地等候阿提拉的命令。

"阿提拉就好比一头被矛刺中的雄狮，在巢穴前来回地踱步，不时地发出怒吼，让身边的人不寒而栗。"阿提拉命人把战车中间空地上的马鞍堆得高高的。他宣称自己要战斗到死。匈人王阿提拉誓死不会被敌人活捉，马鞍底下堆放了大量可燃物，一旦遇到危险他就会引燃这些可燃物。虽然阿提拉曾经对罗马造成了致命的破坏，他的勇气还是值得赞扬的。在约尔达内斯看来，显然，阿提拉才是卡塔劳尼亚平原上最勇敢的战士。他与埃蒂乌斯形成鲜明对照。约尔达内斯并没有描写埃蒂乌斯英勇作战的场景。阿提拉是唯一发表讲话的首领。狄奥多里克没说过一句话就被杀死了。阿提拉像是一头被困的猛兽，埃蒂乌斯和道里斯穆德却在战斗过后迷失了方向，甚至找不到返回营地的路。

虽然阿提拉不断挑衅，埃蒂乌斯和道里斯穆德都决定不再开战。他们的策略是封锁匈人的营地，让匈人及其同盟饥饿难耐，最终投降。狄奥多里克的尸体找到了，就近掩埋。道里斯穆德带领着哥特人，宣布自己是法国哥特人新的首领。只有在战死之后，狄奥多里克才得到了约尔达内斯的赞扬："哥特人唱着赞歌，在匈人的眼皮底下抬着他的尸体……人们流着泪——只为勇敢的人而流。狄奥多里克死了，匈人可以作证，他死得光荣。"

战斗结束后的第二天一早，匈人的侦探报告说，道里斯穆德率领哥特人捣毁营地，迅速朝南行进。这是古代战争中常用的作战技巧（这曾经迷惑了特洛伊人：希腊人把一些木马留在战场上，自己却扬帆远航）。阿提拉怀疑这是哥特人的计谋，目的是把他引诱到空旷的平地上。匈人非常警觉，严格遵守命令，牢牢躲在隐蔽处。过了不久，探子来报，说罗马人也准备离开。这次，匈人很可能也是躲在马车后面，看着埃蒂乌斯和道里斯穆德率领军队离开战场，分别往不同的方向行进。刻不容缓，阿提拉立刻下令军队往东进发，全速返回莱茵河地区。他想尽快回到自己的安全领地。

在约尔达内斯看来，联军突然从卡塔劳尼亚平原上撤退，实非英勇之举。他的观点带有一种修道士的偏见，他注意到这些首领身上存在一种"人性的弱点"，正是这种弱点阻止了他们"抓住机会"创造出伟大的事业。在这件事情上，所谓的"弱点"表现在道里斯穆德听信了埃蒂乌斯的谗言。他说有人会怀疑道里斯穆德作为狄奥多里克合法继承人的身份。因此，埃蒂乌斯建议他立即返回图卢兹，以防其他五个兄弟夺取王权。如果迟了，就可能引发一场内战。"于是，道里斯穆德考虑到自己的利益，毫不犹豫地接受了这个建议。"此后的很多史学家也都认为，是埃蒂乌斯误导了道里斯穆德。他和阿提拉之间长久以来的友谊让他成为一个双面间谍。有争论说，是他蓄意制造了卡塔劳尼亚平原战斗的局面。也许在战斗的第一天晚上，就可以消灭匈人，然后再编造一个合适的借口干掉哥特人。公元7世纪的巴高达史书编撰者弗雷德戈尔 (Fredegar) 认为，埃蒂乌斯在这里玩了个一箭双雕的把戏。就在战斗的第二天晚上，他偷偷来到阿提拉的军营，先是说自己很后悔没有联合匈人一起对付哥特人，然后警告说哥特人的援军马上就到了。只要阿提拉可以给他一万索里迪（约一百四十磅黄金），他就可以劝说道里斯穆德撤军。然后，埃蒂乌斯又来到道里斯穆德的军营，让他提防即将到来的匈人援军，同样以一万索里迪的代价劝说阿提拉撤军，并建议道里斯穆德立即动身回到图卢兹。

埃蒂乌斯能干出这样的勾当，一点儿也不奇怪。毕竟，他曾经用欺诈的手段对付过博尼费斯，又两次勾结匈人对付拉文纳，借着封阿提拉为罗马将军的机会和他攀上同僚关系。即便如此，还是无法证实这（从卡塔劳尼亚平原撤军）是埃蒂乌斯的建议，还是道里斯穆德自己的想法。总之，道里斯穆德关心王位继承这件事是没错的。公元453年，仅仅是卡塔劳尼亚平原之战两年后，他就在图卢兹的皇宫里被两个弟弟暗杀了。其中年长的一个，狄奥多里克（与父亲同名）夺取了王位。当然，有人会说，如果当初道里斯穆德能够等到消灭阿提拉之后再凯旋，他可能会处于更有利的地位。然而，谁也不能保证一定能消灭阿提拉，况且，阿提拉是绝对不会屈服的。在战斗的第一个下午，双方势均力敌，两边都有大量的哥特人。匈人士兵的武器——利箭、骑兵团、绳索和短剑——都是有利于近距离战斗的因素，这一点狄奥多里克和埃蒂乌斯都是清楚的。埃蒂乌斯自少年时代起就生活在多瑙河边境以北地区，匈人联合罗马人一起对付狄奥多里克部的哥特人也只是十二年前的事。在卡塔劳尼亚平原战役中，虽然埃蒂乌斯和道里斯穆德从一开始就占据了山脊的有利地势，但是，如果双方继续战斗下去的话，局势的发展就很难预料。不论结果如何，双方必定伤亡惨重。古代大多数战役的伤亡人数很难统计。约尔达内斯估计的数字是一个下午就有十六万五千人阵亡。阿奎丁（Aquitaine）则直言"数不清的人遭到杀戮"。总的来说，埃蒂乌斯和道里斯穆德考虑的是保存军队的战斗实力。道里斯穆德并不希望带着一支残兵败将返回图卢兹，那样，会影响他成为哥特人的新皇帝。

毫无疑问，从卡塔劳尼亚平原撤军对埃蒂乌斯也有好处。根据约尔达内斯的记载，"他担心的是，匈人被哥特人消灭掉，罗马皇帝一定不希望看到这样的局面"。埃蒂乌斯怀疑，哥特人在取得胜利后必定会继续扩张地盘。而现在，至少埃蒂乌斯还可以指挥一支军队来遏制哥特人的野心。更重要的是，埃蒂乌斯看到了消灭阿提拉及其忠实跟随者可能触发的危险态势。早在公元5世纪40年代，狄奥多西二世曾经策划过匈人政权的更迭。但是，即便罗马能够派出足够的兵力去干涉匈人内政，此事也会在宫廷中引发分歧，一定会有人反对出兵多瑙河以北地区。除掉阿提拉容易，但是，他不在了，匈人国会陷入内战。对于狄奥多西二世来说，他不希望对匈人采取的有效军事行动存在诸多不确定性，而对于埃蒂乌斯来说，这是一个机会，尽管困难重重，但还是可以选择在卡塔劳尼亚平原上站稳脚跟。

这种对时局的风险分析并不需要非常精密的理论。除掉阿提拉及其匈人军队，并不意味着取得了胜利，这仅仅是政权更替。一旦阿提拉的帝国崩塌，随之而来的必定是激烈的夺权之战。新的政权也许会带来新的麻烦，而且还会有大批的战争移民越过多瑙河进入罗马境内。埃蒂乌斯不敢保证有足够的力量来阻止这些难民入境，同时兼顾西南部的哥特人。卡塔劳尼亚平原战役只需要对阿提拉造成重创便足够了。如果战斗继续下去，对谁都没有好处，而且损失会更大。埃蒂乌斯抓住了问题的关键：阿提拉及匈人军队幸存下来有利于巩固罗马在法国的统治。然而，他却忽略了一个问题，那就是意大利的安危。

The Last Retreat

最后的撤退

Chapter 23

第二十三章

阿波罗尼奥斯（Apollonius）是东罗马帝国公认的最勇敢、最富有作战经验的将军之一。公元451年末，也就是卡塔劳尼亚平原战役结束后不到六个月，他受马尔西安的委派，来到多瑙河北岸与阿提拉谈判。这时，阿提拉又向罗马提出了支付"奉金"的要求。出于外交礼节，阿波罗尼奥斯只带去了一些平常的礼物。正如公元449年，普利斯库斯和马克西姆努斯为阿提拉带去了罗马的丝绸、香料、珍珠、时尚的珠宝以及一些黄金。如今，阿提拉不再满足于这些平常的礼物。通过幕僚奥尼吉修斯，他传达了自己的意思。如果罗马使者拿不出"奉金"的话，就别想见到阿提拉，也别想谈判。但是，已经带来的礼物还是要如数上交，否则，就无法保证阿波罗尼奥斯的安全。

对此，阿波罗尼奥斯的态度是坚决的，他不想做出任何妥协。他的随从也都在阿提拉面前表现得坚贞不屈。他简洁地说："匈人王要么把它们当作礼物，要么当作战利品。"奥尼吉修斯或许领会了这句话的意思。在《匈人王阿提拉》中，普利斯库斯解释说："阿波罗尼奥斯的意思是，他带来的这些东西是准备送给阿提拉作礼物用的，但是如果对方杀了他，就可以把这些礼物当作战利品。"普利斯库斯没有描写阿提拉的反应，只说阿波罗尼奥斯无功而返。关于那些礼物，也没有再提及。假如它们最终还是被阿波罗尼奥斯留在了匈人国，那最好不要再提了。阿波罗尼奥斯在匈人王阿提拉面前展示了勇气与无畏，普利斯库斯可不愿意在这个光辉的形象上留下黯淡的一笔。

自"奉金"事件以后的两年间，罗马和匈人之间的关系越来越糟。不论马尔西安的初衷是什么，当他确认了匈人已经开始西征的消息后，就决定不再往多瑙河以北多送一分钱了。但没有迹象表明，阿提拉在六百四十四千米以外的法国所遭遇的战败给马尔西安带来了什么好处。直到公元451年的八九月间，双方在多瑙河北部的往来才有所恢复。对此，史书中只有简略的记载，一部教会的会议纪要提到，有一次，东罗马帝国的五百名主教到多瑙河对面参加教会会议。会议的地点就在卡尔西顿，博斯普鲁斯海峡东岸，君士坦丁堡的对面。后来，会议被推迟到10月，以便让罗马皇帝得到巴尔干地区的军事指挥权。9月，马尔西安写信给已经到达位于土耳其西北部尼西亚的传教士，要求他们做祷告。"为了敌人能够屈服，为了世界和平有所保障，为了罗马帝国平安无事而祈祷。"没有人知道当时的战役牵涉范围有多大，或者罗马面临的威胁有多大，甚至敌人是谁都不清楚。这类的语焉不详绝非偶然。也许，罗马当时只是发起了小规模的战争，马尔西安的目的是利用这个机会向匈人展示自己的防御力量。毫无疑问，如果当时马尔西安真的取得了大规模的军事胜利，这些传教士一定会大举庆祝皇帝的胜利。

除了做一些挑衅示威的姿态，马尔西安或许并没有真正打算和匈人开战。虽然在出使的过程中，阿波罗尼奥斯的口气很强硬，但其目的仍然是和匈人协商赔偿金的问题。而如今，终于可以在多瑙河地区开战了。阿提拉于几个星期前在法国战败的消息已经传到了马尔西安的耳朵里。而马尔西安要考虑狄奥多西二世在公元5世纪30和40年代计划攻打匈人时所遭遇的困难：汪达尔人占领了北非地区，以及东部边境的安全问题。如今，阿提拉的军队在法国受到重创后，他不大可能再主动挑起冲突。此前，匈人每次发动袭击，都是趁着罗马与别国交战或者陷入危难之际，如公元447年君士坦丁堡遭遇地震时。更重要的是，匈人失去了曾经让他们看起来是如此可怕的心理优势，而卡塔劳尼亚平原战役也打破了匈人战无不胜的神话。不管阿提拉有什么计划，他都没有理由主动取消自己的外交优势。正如他对阿波罗尼奥斯所说的那样，东罗马应该信守公元5世纪50年代双方达成的协议，每年继续向匈人支付一笔赔偿金。阿提拉有意摆出敌对的姿态，其实是另有图谋。正如约尔达内斯所言，阿提拉"极其狡猾，诡计多端，总是声东击西"。

公元452年春季，卡塔劳尼亚平原战役结束后九个月，拉文纳和君士坦丁堡派到匈人的探子都汇报说，阿提拉暂时不会采取行动。攻打马尔西安或法国的埃蒂乌斯，其可能性极小。到了第二年，匈人的士气恢复了，真正的危险来了。当时，大军集结在匈牙利大平原，而哥特人和其他势力都放松了戒备。当然，这只是表面现象。虽然阿提拉不愿意再次发动大规模的战争，但是，根据当时的一位观察者说，"他仍然在为法国遭遇的战败耿耿于怀"。公元452年夏，匈人大军严阵待发，正如罗马的军事分析人员所预测的那样，其行进的目标既不是法国也不是巴尔干地区，他们是以闪电般的速度，穿越匈牙利和斯洛文尼亚，直捣五百六十三千米以外的意大利。阿提拉这次的目标是夺回自己的新娘霍诺里娅。

同时，阿提拉也仔细考虑过这次出兵的风险。他很可能已经计算过了，入侵意大利不会遭遇罗马和哥特联军的威胁。就在一年前，瓦伦提尼安可能与哥特人达成协议，共同保护罗马在法国的权益，但是，如果他要求道里斯穆德带领军队进驻意大利，却可能会招致更大的危险。虽然瓦伦提尼安迫切地需要道里斯穆德的援助，但是，道里斯穆德很可能由于担心失去王位而不敢离开法国。埃蒂乌斯也不愿意再返回阿尔卑斯山地区，他担心罗马军队离开以后，哥特人便会无所顾忌地扩张地盘。有些人甚至怀疑埃蒂乌斯在意大利投入的兵力是否充足。根据阿奎丁的记载，埃蒂乌斯很可能不但没有阻止阿提拉的进攻，反而在计划着一次大撤退，包括疏散瓦伦提尼安皇帝及其廷臣。在阿奎丁看来，埃蒂乌斯是出于一种"耻辱感"才把有限的兵力调遣到意大利。

阿提拉的第一个目标是富有而防御坚固的阿奎莱亚，它位于亚得里亚海的上游，是欧洲中部和地中海地区之间的贸易枢纽。长久以来，阿奎莱亚港已被泥沙淤塞，其码头已经成为一块独立的内陆，至今保存完好。在这里，商船在一排长长的石头仓库门前卸下货物。可以想象一下当时喧闹无比的场面：木质起重机咯咯地运转，无数的货箱排列在码头，装运工人在酷暑中搬运货物时不时地咒骂。这里还以基多大教堂而闻名。基多大教堂里有欧洲早期最大的马赛克地板：约有一千一百平方米大，相当于四个网球场。最漂亮的一块马赛克于公元4世纪初落成，大约是第一个皈依基督教的罗马皇帝君士坦丁大帝的统治时期。一块大型马赛克图案讲述了约拿和白鲸的故事，对于一个海港城市来说，这一场景非常形象。但是，这块马赛克的设计者可能从未见过白鲸。白鲸被画成一条类似蛇的动物，带着奇怪的表情，更像是一种适于远航的龙。画面上的约拿裸露着双脚，正在被像是典型的罗马人的同伴拖上岸。在附近的另一只船上，赤身的丘比特完全无视约拿的困境，正在玩扮演渔夫的游戏。

乍一看去，这两幅画的风格迥然。在我们看来，顽皮的丘比特在午后玩钓鱼游戏的场景与《圣经·旧约》中那些严肃的故事极不相称。而当时的艺术家在创作这副作品时，意在说明时下的信仰已经与旧的传统渐行渐远。与荷马、欧里彼得斯或维吉尔在宴会上那些妙语连珠的对话一样，非基督教的过去和如今的基督教信仰成了罗马那些有教养的人饭后的谈资。《旧约》里的人物和丘比特都是人们生活的一部分，都很重要。基督教在罗马有众多的皈依者，因为它不仅是穷人和弱势人群的宗教，它也为上层人士以及他们的才华抱负和财富提供了空间。阿奎莱亚城中的长方形基督教堂是由基督徒中的领袖出资修建的，他们将被公众所铭记，其画像用马赛克镶在了教堂的地板上。他们那得意的目光令今天的观光者感到好奇，这样大肆宣扬自己的善行，却丝毫不觉得尴尬。显然，这些人的慷慨是有限度的。此外，在马赛克图案的地板上，还煞有介事地刻着捐赠者的名字"富有的雅努斯"，"八十二平方米"，以及"献给上帝的礼物"的字样。在阿奎莱亚，没有匿名的捐赠者。

就是这样一个繁华而虔诚的世界——像很多其他罗马城市一样——毁在了阿提拉和匈人士兵手里。阿奎莱亚没有像其他多瑙河以南的要塞城市那样很快就沦陷了。对于一支以速战速决和惯于劫掠闻名的军队来说，长久的围困是一件令人沮丧的事。根据公元 6 世纪的史学家普罗柯比 (Procopius) 的记载，正当阿提拉打算放弃这座城的时候，他无意中发现一座瞭望塔上有一个废弃的鹳巢。他注意到，最近，这只巢中的鹳鸟和幼鸟都飞走了。对于鸟类习性并不在行的普罗柯比解释说："幼鸟在没有学会飞行以前，通常是伏在成年鸟背上飞行的。"阿提拉把它当作一个好的兆头。如果鹳鸟和幼鸟都飞离了阿奎莱亚，那就说明这里不久将遭遇变故。"看啊，这些鸟已经感知到不久以后，这里将遭遇危险，所以它们弃巢飞走了……鸟儿可以预测未来，通过改变行为来逃避危险。"

阿提拉——或者说这只鹳鸟的预测——是正确的。阿提拉命匈人士兵继续发动攻击，很快，城墙被摧毁了。鹳鸟所遗弃的巢穴所在的瞭望塔最先倒下。匈人士兵洗劫了阿奎莱亚，屠杀城中居民，并将其付之一炬。曾经遭到严重破坏的阿奎莱亚如今成了一个考古遗址。教堂的地面上至今还留着烧焦的痕迹。整座建筑都倒塌了，屋顶的木梁烧成了灰烬，在马赛克地面上形成了灰烬保护层。当地人认为，当时幸存下来的人都离开了这座城，迁至九十七千米以外的一个隐蔽的泻湖定居下来。后来，阿提拉居然在阿奎莱亚的废墟上建立了现在的威尼斯，堪称历史上的奇迹。

离开阿奎莱亚后，阿提拉沿着波河谷向西，摧毁了帕维亚和米兰。上述地区的伤亡人数可能不算多。有迹象表明，当时埃蒂乌斯已经有计划地向阿尔卑斯山脉方向撤退，最终到达法国的安全地区。这可以看作是一个大胆的防御策略，而不像阿奎丁所说的那样，埃蒂乌斯打算弃意大利于不顾。马克西姆努斯的著作中记载了一次布道，参与者是公元5世纪的主教图林(Turin)。他记录了匈人洗劫米兰的经历："原本属于我们的财产或被洗劫一空，或被刀剑所毁，或被付之一炬。"幸运的是，居民在匈人到来之前已经撤离了。匈人的马车里装满了劫掠来的财物，以至于行进缓慢。

可惜的是，米兰也被毁了。在公元382年毁了。在这之前，它一直是西罗马帝国的都城。直到阿拉里克入侵，霍诺里乌斯才被迫迁都拉文纳。虽然面积不如拉文纳和君士坦丁堡大，但米兰仍不失为一个金碧辉煌的帝都城市，那里有一座巍峨的宫殿、一个战车赛场、一座标志性的浴池以及雄伟的廊柱，每一座廊柱都延伸到一千六百米远。从权贵的住宅就可看出整座城市的繁荣程度，从教堂的设计上可看出人们对于宗教虔诚与否。圣·洛伦佐大教堂和圣·纳扎罗大教堂在经历中世纪以及文艺复兴时期的重建以后得以保存下来。而皇宫已荡然无存了。匈人占领米兰后，一些高级首领聚集在皇宫金碧辉煌的大厅里。遗憾的是，对于阿提拉在皇宫里的经历，普利斯库斯没有记载。公元10世纪，在君士坦丁七世手下所编撰的百科全书中，"米兰"词条下只有寥寥几行字是关于这段历史的。"阿提拉看到一幅画，画中的罗马皇帝坐在金灿灿的宝座上，脚下是死去的匈人。他很生气，立即找来画师，命他重新画一幅画，让阿提拉坐上王座，罗马皇帝肩上扛着袋子，正在向阿提拉的脚下倾倒黄金。"

普利斯库斯的读者立刻就能认出这幅画。通常，野蛮的匈人上交供奉的形象都是用来昭示罗马帝国的胜利。有一幅巴贝里尼象牙雕塑作品（现存罗浮宫），气势恢宏，展示了公元6世纪的罗马皇帝全副武装、骑在马背上的形象。上方是天国的云以及小天使，庄严的耶稣在赐予祝福，下方是被罗马征服的人，踉跄着背负着财物，有些人弯腰弯得厉害，头几乎要挨着地面了。正是这样一幅展示惊人的帝国权力的画，被阿提拉下命由米兰的画家重新创作，把画中人物的身份完全颠倒过来。很难想象，在《匈人王阿提拉》的完整版中，普利斯库斯会对这样一个关键的时刻视而不见。匈人王阿提拉做梦都想像罗马皇帝那般荣耀威武。

匈人横越意大利北部时，瓦伦提尼安正在罗马。这不是说他胆小懦弱，也不是他故作姿态。相反，这和埃蒂乌斯向西撤退的计划是一致的。七百年前，罗马军队被汉尼拔所率领的迦太基人大败于坎尼。和如今瓦伦提尼安所运用的策略如出一辙。当时，罗马军队采纳了费比乌斯·马克西姆斯(Fabius Maximus)的计策，使罗马军队避免了正面作战。他们的做法是烧毁庄稼，一路撤退到要塞城市。通过实施焦土战略，迫使汉尼拔的军队忍饥挨饿，最终放弃作战。这和瓦伦提尼安的想法类似。他希望敌军经受不住饥饿而选择撤退。或许，只有最大胆的或者最博学的廷臣才会站出来提醒皇帝，罗马足足用了十五年时间才把汉尼拔赶出意大利。

对于挥戈南下所面临的风险，阿提拉也不是没有考虑过。目前，匈人士兵驻扎在亚平宁山脉以北，到了公元452年夏末，军队已经向米兰西南方向行进了约一百三十千米至曼托瓦。当队伍行进到城外的明西奥河边时，阿提拉见到了瓦伦提尼安从罗马派来的使者，为首的是大主教利奥一世(Leo I)。这是历史上最伟大的一次会见。遗憾的是，没有目击者留下任何记载。君士坦丁七世手下的编纂者在收集普利斯库斯的《匈人王阿提拉》的片段时，也没有把这一段描写包括在内。阿奎丁也只是提醒信奉基督教的人们，大主教"相信上帝会保佑他的，上帝从来都会给予虔诚的人以慷慨的回报"。面对利奥坚定的目光和身上绣着金线的主教礼袍，阿提拉陷入了沉默。后来，民间流传着一种说法，说当时出现了一位老者，也许是圣·彼得本人，他拔出剑威胁阿提拉，保护了利奥。拉斐尔在公元1512年至1514年间为教皇的宫殿创作了一副精美的壁画，这种对抗在其中得到了最具戏剧性的想象。利奥骑着一头雪白的骡子，身后跟随着两名红衣主教。大主教利奥五世在拉斐尔创作的过程中给予了悉心的指导，以确保自己的高贵形象融入前任的画像中。画中，阿提拉的灰色战马先是一愣，随即被圣·彼得和圣·保罗的现身惊吓到，扬起前蹄，大声嘶鸣。两位圣人则飞舞在人们的头顶，挥动着手里的宝剑。由于利奥的介入，罗马城，作为意大利版图的一部分也好，作为拉斐尔画作的背景也罢，终于躲过了匈人的劫掠。

对于阿提拉愿意从意大利北部撤兵，还有另外的说法。我们有足够的理由认为，当时瓦伦提尼安通过大主教向阿提拉赠送了价值不菲的礼物，并且承诺把霍诺里娅还给他。即便不是把自己的姐姐交给阿提拉，瓦伦提尼安仍然准备了一份嫁妆。也许是匈人军发现粮食补给方面出现了困难，才同意撤军的。次年，意大利多处出现庄稼歉收，收成仅稍好于公元 452 年。而且，有些地区还爆发了疟疾。就在此刻，阿提拉得知马尔西安又发动了新的攻势，这一次，罗马军渡过了多瑙河边境，这是历史上罗马军队在边境以外地区发动的唯一一次这战争。虽然马尔西安没有发动全面的进攻，但是他在小范围所取得的胜利说明，如果不能保证多瑙河边境地区的安全，阿提拉大军发动西征会存在风险。

阿提拉所发动的意大利战役并没有失败，虽然匈人没有进入罗马，并且最终撤出意大利。和公元 440 年对多瑙河沿岸各省实施劫掠一样，匈人的马车满载着战利品返回了匈牙利大平原。对于瓦伦提尼安来说，匈人入侵意大利是他在政治和军事方面软弱的表现。公元 451 年，他终于意识到，永远也无法把哥特人赶出法国了。次年，他也看到了罗马军队已经无法保护意大利。阿提拉迅速而残暴的介入已经打破了西罗马政权的平衡。显然，这时的罗马政府既无力控制国内局势，也无力保卫自己的家园。

君士坦丁堡的很多人都想知道，马尔西安冒险跨过多瑙河攻打匈人的策略是否是明智之举。匈人被迫撤出意大利，阿提拉下一步就可能把东罗马作为攻击的目标。在过去三年中阿提拉不断地侵扰罗马的领地。公元452年年末，阿提拉派使者告知马尔西安，他将在次年发动一场战役来"踏平东罗马各省，因为罗马没有遵守狄奥多西二世签下的和平协议"。这一次，"要让敌人的命运更加悲惨"。

公元453年年初，阿提拉决定再娶一个妻子。据罗马的作家记载，他的新娘伊尔迪卡(Ildico)美貌出众。婚礼结束后，阿提拉一直饮酒作乐到深夜。第二天早上，他没有出现。当心急如焚的保镖最终破门而入时，伊尔迪卡正伏在阿提拉的身边哭泣。那时的阿提拉早已没了气息。他身上没有伤，从现场看，他昨晚似乎流了大量鼻血。由于他是仰面躺在床上，黏稠的血液流进了喉咙，睡梦中的阿提拉因窒息而死。有人怀疑伊尔迪卡谋杀了阿提拉，也有人相信阿提拉的死只是个意外——一次不同寻常的意外。对于奉行禁欲主义的修道士约尔达内斯来说，阿提拉的结局警告我们切莫贪杯。"只是一次醉酒，就让一位著名的战争领袖以这样不光彩的方式结束了一生。"

消息很快传到了君士坦丁堡，所有廷臣都等着马尔西安的反应。此刻,皇帝无比镇定,告诉人们他已经知道此事了。就在两天前,他还在担心多瑙河沿岸各省的安危,以至于夜不能寐。后来,他感觉到天使降临在他的床边,向他展示了一把破了的弓。虔诚的普奇利亚立刻指出,上帝终于回应了罗马人的祷告。身处拉文纳的瓦伦提尼安是如何回应的,史料中没有记载。在随后的各种庆祝活动中,皇帝一定意识到阿提拉的死不同寻常,既不是战死在沙场上,也不是被烧死在马鞍上。后来,埃蒂乌斯提到了克里萨菲乌斯曾经策划过暗杀阿提拉的事,声称是自己贿赂了阿提拉身边的保镖,对他实施了暗杀。但是,也许根本没有人相信他的话。无论如何,阿提拉的死与罗马人无关。他与同伴在畅快的宴饮之后,死在了匈牙利大平原上自己的家园里。瓦伦提尼安跟霍诺里娅说起阿提拉之死时,心中也许会涌起一种奇怪的复杂的感情。事实就是,匈人王阿提拉,罗马历史上最令人畏惧的敌人之一,醉倒在床上,死于流鼻血。

Chapter 24
Endings

第二十四章
尾声

埃蒂乌斯的担心还是变成了现实：阿提拉死后，匈人帝国很快土崩瓦解。他的三个儿子——艾拉克(Ellac)、丹兹奇克(Dengizich)和厄纳克(最小的儿子)——为争夺王权而自相残杀。他们之间的混战打破了阿提拉苦心经营的赏罚制度。直接的后果是一部分曾经效忠于阿提拉的军队转而支持他的一个儿子。约尔达内斯一针见血地指出，这次动乱给我们提供了政治方面以及道德方面的教训。"阿提拉的继承者们展开了一场争夺之战，年轻人总是对权力怀有不可遏制的渴望。每个人都想要成为匈人的统治者，结果他们一起毁掉了阿提拉建立起来的帝国。通常，一个王国所面临的问题不是缺少继承者，而是继承者太多了。"

匈人的内部矛盾被反对者利用了。尽管几个兄弟最后还是选择了合作，但是，他们晚了一步，没能阻止一场动乱。公元454年，一场重要的战役在今斯洛文尼亚附近的尼达奥(Nedao)河岸上打响了。匈人被一支曾经属于匈人帝国的联合力量所击溃，艾拉克在战斗中被杀，约三万匈人士兵阵亡。这一惨重的损失就发生在阿提拉死后不到两年的时间。约尔达内斯把它看作是匈人国形势发生逆转的重要事件。"匈人逐渐淡出历史舞台，就在不久前，整个世界差一点儿都臣服于他们。匈人如果团结一致，就所向无敌；一旦四分五裂，就立刻变得不堪一击。"

在尼达奥战役大败之后，丹兹奇克和厄纳克向南行进，对居住在多瑙河沿岸地区以及此前属于罗马的潘诺尼亚和巴莱里亚地区的哥特人造成了威胁。根据约尔达内斯的记载，这些哥特人成功地击退了"似乎是为寻找逃跑的奴隶而来的"匈人。十年后，丹兹奇克率领匈人，意图重建位于多瑙河以西曾遭到破坏的辛吉度努姆城。当时哥特的首领——瓦拉米尔、修迪米尔和维迪米尔——都熟悉匈人的作战策略。在卡塔劳尼亚平原战役中，他们曾与阿提拉并肩作战。

不是所有人都为了独立而战。在多瑙河流域较远的一端（在三兄弟控制范围以外），哥特人企图进入罗马境内。整个5世纪的50和60年代，约有五万人，包括男人、女人和孩子，在色雷斯地区（今保加利亚）定居下来，条件是他们必须承认罗马帝国的统治，并服从军队的征募。当时，还没有大规模的难民涌入，也没有俘房收容所。大片富饶的耕地随处可见，哥特人的首领在罗马军队和宫廷中占据要职。东罗马帝国似乎致力于在君士坦丁堡和北部边境之间建立一条针对移民定居点的有效的警戒线。

丹兹奇克和厄纳克试图恢复匈人对多瑙河地区的控制权，这引发了时局的动荡。公元468年，在一次战役爆发的前夕，匈人派使者来到君士坦丁堡，要求双方建立和平外交关系，并在边境地区建立贸易站。当时罗马的皇帝是利奥，他是在公元457年马尔西安去世后继位的。利奥几乎没有仔细考虑匈人使者提出的要求，就把他们赶走了。对于利奥的反应，丹兹奇克和厄纳克意见不一。厄纳克认为，匈人军队主力正忙于保护多瑙河北岸日渐缩小的领土范围，不能再冒险开辟新的战场。此后，史学家们几乎都没有提到厄纳克。二十年前，普利斯库斯做客匈人王宴会时，曾经提到过阿提拉十分偏爱这个小儿子，"把他拉到自己身边，用温和的目光看着他"。当时，伯力奇预言说，阿提拉帝国幸存与否，全在厄纳克一个人身上。如今，他的预言失效了。

丹兹奇克认为他的弟弟是个胆小鬼，决定率军进攻罗马帝国。他又派出另外一队使者来到罗马的王宫，索要土地和金钱。

利奥答应匈人，他们可以移居到色雷斯，条件和哥特人的一样：必须承认罗马帝国的统治，并服从军队的征募。丹兹奇克拒绝了他的条件，越过多瑙河。很快，匈人就被阿纳葛斯特（Anagast）率领的罗马军队所挫败。阿纳葛斯特是阿纳吉斯克鲁斯的儿子，阿纳吉斯克鲁斯曾经在乌图斯河附近差一点儿打败阿提拉。丹兹奇克战死，他的尸体被人从战场上挖了出来，头被割下来，在帝都的街道上游街示众。他的头被固定在一根长长的木杆顶端，从兹洛克尔克斯（Xylokerkos，今贝尔格莱德的卡波西）上空可以看到。兹洛克尔克斯是公元 447 年重建的狄奥多西城墙的一部分。曾经，君士坦丁堡差一点儿被阿提拉毁掉，人们没有忘记，当时城墙在地震中倒塌，城市万分危急；如今，他们看着阿提拉儿子那腐烂的头颅，欢呼雀跃。

随着丹兹奇克的溃败，罗马帝国终于摆脱了匈人入侵的困扰。那时，匈人已经撤退到东部直到黑海地区，那里正是一个世纪之前他们在欧洲的发源地。然而，匈人的撤退并没有带来多瑙河地区的良好秩序。瓦拉米尔、修迪米尔和维迪米尔率领的哥特人正在奋起抵抗一些部族的扩张，这些部族曾经屈服在匈人的战马下。在一次战斗中，瓦拉米尔阵亡，哥特人的战果被削弱，此后，修迪米尔和维迪米尔开始了权力的争夺。根据约尔达内斯的记载，哥特人当时缺少食物和补给。面临这样的困境，效忠于维迪米尔的一部分哥特人选择向西行进，先是进入意大利，然后与法国的哥特人汇合。而修迪米尔在权衡独自保卫潘诺尼亚的利弊之后，决定带领部下越过边境，进入东罗马帝国。

君士坦丁堡的帝国政府一时间还无法聚集足够的军事力量，来对付这突如其来的五万人。此前让哥特人定居在色雷斯地区，以缓冲外来力量入侵的计划失败了。如今，只能为这两股人马提供土地和资金，来维持和平。公元484年，哥特人的首领狄奥多里克，也就是修迪米尔的儿子，被任命为罗马帝国的领事。这表明，当时的东罗马帝国非常希望与哥特人和解，不再上演阿德里安堡的悲剧。其目的是稳住哥特人，不要像法国的阿拉里克或者北非的汪达尔人一样各自为政。在君士坦丁堡森严的城墙下，帝国军队尚具备足够的力量维持军事和外交上的局面。

公元488年，狄奥多里克带领哥特人向西进入意大利。这一次，他没有争夺巴尔干地区的领土。显然，他是要走阿拉里克的老路。4世纪90年代，阿拉里克也曾经采取了向西推进的策略。最近的一个世纪中，有两次都是如此，东罗马帝国无法消灭哥特人，只是迫使他们不断地迁移。同样，5世纪40年代，狄奥多西二世与阿提拉就多瑙河地区达成和平协议时，也考虑到了这样做的后果，那就是匈人对莱茵河地区的安全造成压力。后来，东罗马不断地把军事危机引向西部，也证实了一百六十年前君士坦丁大帝决定放弃罗马，在博斯普鲁斯建立新都的计划是英明的。这样做，不仅是由于东部更加富有，而且是由于在瓦伦斯统治结束后，罗马帝国分裂成东西两部分，君士坦丁堡终究认定东罗马帝国的利益才是最重要的。曾经有几次，罗马试图把汪达尔人赶出北非，却没能成功，但是，在这方面投入的军力却远远多于在法国或意大利所投入的军力。西罗马帝国的衰落主要原因之一就是东罗马帝国在东方的持续成功，这就是残酷的现实。

根据埃蒂乌斯的观察，当时的西罗马帝国别无选择。在卡塔劳尼亚平原战役中故意放走阿提拉，不过是法国的罗马人、哥特人和匈人之间的平衡战略，然而，一年之后，匈人入侵意大利，打破了这一平衡状态。这暴露出罗马与哥特人结盟所带来的种种问题，罗马帝国想要在哪怕几个省的范围内建立一个可行的防御体系，都会面临难以想象的困难。不论是在法国还是在意大利，埃蒂乌斯都没有打败匈人，这削弱了他在宫廷里的地位。具有讽刺意味的是，随着阿提拉死去，埃蒂乌斯再也没有机会利用匈人替自己撑腰了。

公元454年，埃蒂乌斯遭遇陷害，对手是来自意大利的一群廷臣。为首的是富有的地主阶层佩特罗尼乌斯·马克西穆斯(Petronius Maximus)。这些人认为，埃蒂乌斯对保卫罗马或者拉文纳根本没有什么兴趣。甚至在必要的时刻，他可能会放弃意大利来拯救法国。瓦伦提尼安似乎也相信，埃蒂乌斯有篡夺皇位的嫌疑。也有人认为，皇帝不应当怀疑自己最亲近的谋臣。据说，是宦官赫罗克琉斯说服了瓦伦提尼安，他指控埃蒂乌斯曾经密谋杀害皇帝。后来，瓦伦提尼安的激烈反应甚至让马克西穆斯及其支持者大吃一惊。安提俄克的约翰引用普利斯库斯的《匈人王阿提拉》的话，描绘了埃蒂乌斯最后一次到访王宫的经历。

> 正当埃蒂乌斯汇报帝国的财政预算，计算通过税收增加年收入时，瓦伦提尼安突然大喊着从王座上跳起来，声称自己再也无法忍受他的不忠了。他说，埃蒂乌斯把帝国的麻烦都推卸到皇帝身上，意图篡夺王权……瓦伦提尼安拔出宝剑，和赫罗克琉斯一起扑向埃蒂乌斯。赫罗克琉斯事先把宝剑藏在衣服里，两人用剑狠狠击打埃蒂乌斯的头部，直到把他打死为止。

阿提拉就没这么傻，他谋杀了布勒达后，独揽了匈人国统治权。而瓦伦提尼安杀死埃蒂乌斯后，却失去了他的帝国。瓦伦提尼安声称自己除掉了一个潜在的反叛分子，是英明之举。当时有廷臣大胆地指出，这样做其实是害了他自己。"在我看来，这无异于一个人用左手亲自砍掉了自己的右手。"没多久，瓦伦提尼安就遇害了。一次外出，他只带了为数不多的随从，他和赫罗克琉斯都遭到了伏击，被埃蒂乌斯的两个前保镖杀死了。有谣言说，是马克西穆斯买通埃蒂乌斯的两个保镖，策划了这次谋杀。当然，他很快就成为瓦伦提尼安遇害的受益者，第二天，他就坐上王位，不久，就迫使瓦伦提尼安的遗孀丽西尼亚嫁给了自己。

埃蒂乌斯的惨死是王朝斗争过程的一个缩影，而瓦伦提尼安根本不擅长政治斗争。他的死标志着西罗马帝国统治进入了最后的阶段。没有了埃蒂乌斯和瓦伦提尼安，帝国很快便走向了分裂。此时，住在法国的哥特人无动于衷。对他们来说，只要不是直接威胁到自己的利益，罗马帝国衰落与否并不重要。公元452年，哥特人坐视阿提拉入侵意大利。三年后，一支汪达尔舰队袭击罗马时，他们也没有提供任何援助。马克西穆斯只做了七十七天的皇帝，就在混乱中被自己的军队杀死，尸体被抛在了台伯河中。第二天，汪达尔人洗劫了罗马。埃蒂乌斯和瓦伦提尼安相继被杀，导致了罗马的动乱。盖萨里克趁机洗劫了罗马，完成了阿提拉未竟的愿望。罗马遭遇洗劫的过程中，大主教利奥试图劝说汪达尔人不要纵火焚烧，也不要屠杀城中居民。对此，盖萨里克置若罔闻。此后，汪达尔人足足花了两个星期，劫掠了罗马城里数年来聚集的财物。其中包括犹太人藏在耶路撒冷圣殿中的圣物（七支烛台，银质的喇叭，以及记载着律法的卷宗），约四百年前，这些圣物曾在罗马的街道上巡展，如今也被掠夺到北非。对于盖萨里克来说，最有价值的收获还是瓦伦提尼安的女儿尤多西亚。她被强行带到迦太基，很快就与儿时订下婚约的盖萨里克的儿子胡内里克成亲了。

就这样，在此后的二十年间，西罗马帝国渐渐地衰落下去了。这个曾经的超级大国如今四分五裂，曾经掌握着军事大权的人如今再不敢冒险远征了。埃蒂乌斯被杀，匈人国分裂，汪达尔人进攻意大利，哥特人趁机扩张地盘且没有遭遇任何阻力。公元5世纪50年代末，他们入侵并夺得西班牙东部和南部的大部分地区。在法国，哥特人于462年控制了纳博，又于476年控制了阿尔勒和马赛。卡塔劳尼亚平原战役之后的二十年间，从特鲁瓦河谷一直到直布罗陀海峡的广大地区都是哥特王国的地盘。再往北部就是法兰克人的势力范围。最初，法兰克人居住在莱茵河以东，臣服于匈人。阿提拉死后，他们越过罗马边境，一路掠夺土地，无人能挡。和巴尔干地区的哥特人一样，一旦摆脱了匈人的控制，他们就可以在北欧地区自由地扩张领土。埃蒂乌斯曾经预料到了这样混乱的局面。法兰克人占领了罗马的一部分领土以后，继续向南推进。公元507年，在皇帝克洛维（Clovis）的带领下，他们打败哥特人，洗劫了图卢兹。哥特人越过比利牛斯山，撤退到西班牙境内，克洛维及其继承者——墨洛温王朝——开始了在法国的统治。

公元5世纪后半叶，意大利的历史呈现出一个特点，那就是与东罗马之间长久以来建立的政治和经济联系逐渐淡化。这一苗头在东西罗马首次联合对抗汪达尔人的时候就已经显现了。当时是出于战略和经济原因的考虑。对于东罗马而言，汪达尔人始终对埃及构成了威胁。对于西罗马而言，在北非巩固罗马帝国统治的前景要比在欧洲北部地区更加光明。在法国地区作战的危险在于，打败一个敌人后，另一个敌人又会站出来。打败哥特人后，罗马军队还要面对法兰克人。汪达尔人牢牢地占据着非洲，只有通过长期的、血腥的武力斗争才能彻底驱逐他们。东罗马和西罗马都没有解决这两个问题。公元460年，一支新编整的罗马舰队在穿越地中海的运送途中被俘获。公元468年，一支停靠在迦太基的罗马舰队被汪达尔人纵火烧毁，抵消了罗马在陆地战役上所取得的胜利。这一系列失败过后，意大利政界开始自相残杀。皇帝如走马灯一般更换，军事将领也不再支持国家政权。公元476年，最后一任罗马皇帝罗穆卢斯·奥古斯都（Romulus Augustulus）在和平政变中下台了。下台后，他得到了一笔钱，可以在乡下的宅子里安逸地度过余生。他的名字让人想到了罗马帝国传奇式的缔造者兼第一任皇帝奥古斯都。如今，罗穆卢斯在人们的眼中却无足轻重，甚至不值得去暗杀。于是，罗马皇帝成了一个与罗马毫不相干的人。最终，西罗马帝国并没有覆灭，只是成了一个有名无实的躯壳。

罗穆卢斯的继承人奥多亚塞（Odoacer）是意大利的第一位皇帝。在强有力的军事支撑下，他统治了意大利十年之久，在5世纪80年代末，意大利终究不敌哥特人入侵。这些哥特人正是在匈人国分裂后进入罗马境内的哥特人。他们发现，很难在巴尔干地区建立稳固的统治，于是在狄奥多里克的带领下，公元448年，哥特人向西迁移。公元493年3月，在拉文纳被围困长达三年之后，奥多亚塞终于同意和哥特人共同统治意大利。十天后，奥多亚塞在一次宴会上被杀。当着宴会上宾客的面手刃奥多亚塞后，狄奥多里克说道："奥多亚塞的身体里好像没有长骨头。"此后的三十年间，狄奥多里克稳步巩固了他的统治，促进了当地经济的发展。此外，他还鼓励当地人与哥特人融合。在他的统治下，意大利从罗马帝国的一个支离破碎的分中心转变为一个独立而繁荣的哥特人的王国。

经历了这一系列的政治变故以后，罗马的土地所有者已经逐渐适应了新的政权。公元5世纪60年代早期，在法国中部拥有地产的西多尼奥斯·阿波里纳瑞斯(Sidonius Apollinaris)为狄奥多里克二世歌功颂德。这位狄奥多里克就是在公元453年谋杀了亲兄弟道里斯穆德后在图卢兹称王的狄奥多里克。西多尼奥斯认为，狄奥多里克非常符合理想中的罗马皇帝的形象。"上帝和造物主共同缔造了他优秀的品质。"他容貌出众，反应机敏，执政公正，态度谦和，善于克制。他合理地分配工作和休息的时间。午餐后，他会小憩片刻，然后玩一会儿棋盘游戏。他主持的宴会就可以很好地说明这些优点。在宴会上，宾客们坐在舒适的沙发上，面前摆放着美酒佳肴。虽然丰盛，却十分质朴。"和狄奥多里克一起用餐……重点不是仆人费劲儿端上来的老旧而褪色的银盘里的食物，而是谈话本身。因为在这种场合下谈论的事情都很重要。"这就是一位罗马贵族眼中值得合作的哥特皇帝。皇帝通晓宫廷生活的礼节。有时，西多尼奥斯会故意输掉一盘西洋双陆棋。"在这种情况下，如果是我提出来下棋的，被他赢了也情愿。虽说输掉了几枚棋子，却有助于成就我的事业。"当然，某些时候，狄奥多里克也会独自下下棋。

在西多尼奥斯眼里，狄奥多里克并不是人们印象中的典型的野蛮人。狄奥多里克的长相没有任何怪异之处。在道德和自律方面，也无可厚非。他的行为谨慎、遵守律法。一百五十年前的马塞林曾把罗马人和野蛮人写成有天壤之别，现在看来，这没有多少说服力。对此，普利斯库斯在《匈人王阿提拉》中也提出了质疑。作为普利斯库斯的同时代人，西多尼奥斯认为罗马人和现在定居在帝国内的这些所谓的野蛮人之间并没有不同。哥特人不再被视为外来者。他们正在融入罗马人的社会生活。

有意强调罗马人和哥特人之间的联系，并不是要否认罗马帝国已经土崩瓦解的事实。相反，作者是想用传统的视角来阐释这一转变过程。西罗马帝国中受过良好教育的社会精英都很擅长发动这一类的文化战争。即便不像西多尼奥斯所说的那样完美，新的统治者愿意接受罗马的律法，这终归是一个胜利。法兰克人推崇罗马的律法，受过良好教育的贵族阶层仍然可以写就一流的拉丁文诗歌。在拉文纳，杀了奥多亚塞后，狄奥多里克在执政中贯彻了罗马的法令。他的皇宫是君士坦丁堡式的华丽建筑。赞美他的论辩家们都说他聪慧、克制、谦虚并虔诚。"您的声望如此之高，足以成为我们的王……您的眼神中透着庄严，可以毫不夸张地说，其他皇帝戴着王冠才为王，我王之本性乃上天赋之。"作为一位基督教统治者，狄奥多里克继续宣扬自己与上帝之间有密切的关系。在拉文纳教堂中的金色马赛克地板上，狄奥多里克与耶稣相向而坐，两者都闪耀着罗马帝王般的光辉。这一传承在一定程度上缓解了西罗马帝国衰落所带给人们的失落感。法国和意大利的贵族在新皇帝统治下，延续了在瓦伦提尼安时期所拥有的社会影响力。然而，克洛维和狄奥多里克政权从表面上继承了罗马的很多元素，但这并不能掩盖公元 5 世纪时期政局所发生的变化。自阿拉里克意欲洗劫罗马开始，在九十年的时间里，罗马政权解体，城邦分裂为数个小的王国。曾经的永恒之城被汪达尔人洗劫一空。

对此，不能把责任都推卸到阿提拉身上。无论如何都不能把西罗马帝国的衰落归咎于他。他本人也未能预见到这一切。当然，如果没有他，以及他后来的突然离世，也许就不会发生这样的事了。如果没有匈人入侵的威胁，加拉·普拉西提阿很可能在5世纪30年代就除掉了埃蒂乌斯。如果匈人没有在5世纪30年代和40年代入侵罗马，罗马帝国或许还有机会击败汪达尔人，从而巩固在北非的势力。如果阿提拉没有发动西征，瓦伦提尼安就不会和法国的哥特人结盟，埃蒂乌斯也不会把匈人和哥特人都拉上卡塔劳尼亚平原的战场。如果匈人没有在4世纪70年代突然出现，弗里提根所率领的格鲁森尼人就不会越过多瑙河进入罗马境内。如果不是在不到一百年的时间里，匈人帝国走向没落，法兰克人就不会越过莱茵河，狄奥多里克所率领的哥特人也不会在5世纪70年代进入巴尔干地区，并在十年后向西进入意大利，等等。

为了更好地了解过去，我们总能提出无数个"如果"。但是，有一点可以肯定，匈人在公元5世纪50年代早期突袭法国和意大利，加速了西罗马帝国的灭亡。阿提拉放弃多瑙河，而决定进攻法国，迫使瓦伦提尼安把定居在图卢兹的哥特人当作盟友，以求共同对付匈人。埃蒂乌斯的这个冒险举措迫使阿提拉退回到莱茵河地区，但是这并没有影响他在匈人国的统治权。势均力敌的状态维持了不到一年，匈人便进攻意大利，其原因不甚明了。也许是想趁罗马军队聚集在法国之际发动突袭，或者是为卡塔劳尼亚平原战役复仇，或者为争夺霍诺里娅而采取的极端行为。事实证明，要维持在法国的统治，又要确保意大利的安全，罗马难以做到两全。正是这个问题让埃蒂乌斯和瓦伦提尼安产生了致命的分歧。在他俩死后，西罗马帝国与周围的力量之间再也没能恢复到势均力敌的状态。在摆脱匈人控制后，哥特人大肆扩张，法兰克人入侵罗马；对此，罗马均无力阻止。此外，罗马统治者失去了对北非地区的控制权，他们不能保护罗马免遭汪达尔人的袭击，也无法保护意大利不受奥多亚塞或狄奥多里克的侵袭。匈人进军法国，然后迅速转战意大利，使这一系列事件产生了连环效应。阿提拉死后的几十年，西罗马帝国消失了。欧洲权力格局被重新洗牌。最终，这个统治地中海地区长达五个世纪之久的帝国被若干国家所取代。从很多不同国家的历史记载中都可以看到关于这个伟大帝国历史的一些片段。阿提拉之后，匈人在历史上销声匿迹，而西罗马帝国的碎片——现在的法国、西班牙和意大利——则构成了中世纪欧洲的主要部分。

Epilogue
后记

Reputations

历史赋予阿提拉的赞誉

公元1900年7月27日，在不来梅海港北部的海军码头上，威廉二世向即将派往中国帮助英国镇压义和团运动的军队发表演说。义和团是一次民族运动，旨在反抗殖民国家瓜分中国领土的行径。他们包围了进驻北京的欧洲人，暗杀了德国驻中国大使。于是，威廉决定向全世界宣告：他将像阿提拉把恐怖带给西方世界一样，将恐怖播撒到中国。

在演讲中，威廉二世拿匈人自比，夸口德国人是最勇敢的民族。这颇具讽刺意味。当时的德国总理，伯恩哈德·冯·比洛(Bernhard Von Bulow)王子对此极为震惊。后来，他评价威廉二世的演讲是"那个时代里最糟糕的讲话，或许也是威廉二世做过的最不利的一件事"。比洛极力不让这次讲话外传，在分发之前进行严格的审查。然而，一切都是徒劳的。一位站在屋顶俯瞰船坞的记者听到了码头上的讲话，立刻记下了讲话的内容，随即用电报把译文发给了英国和美国的几家主要的报社。

有一个细节很重要，威廉二世提到阿提拉时，用了他的德文名字"埃策尔皇帝"(King Etzel)，他是中世纪小说《尼伯龙根》(NibelungenLied)中一位睿智的皇帝。这一系列古老的传说在情节方面相互重叠，构成了理查德·瓦格纳(Richard Wagner)所创作的系列戏剧《尼伯龙根的指环》(Der Ring des Nibelungen)的蓝本。《尼伯龙根》中的一个情节是，齐格弗里德(Siegfried)王子的遗孀克里姆希尔特(Kriemhild)嫁给了埃策尔皇帝，即匈人王。埃策尔皇帝彬彬有礼，有良好的教养，足足花了十七天时间来庆祝婚礼。第十八天的时候，谋杀齐格弗里德王子的人哈根(Hagen)来了，带来六十个人。埃策尔皇帝热情地接待了他们，但是哈根无心享用埃策尔的盛情款待，他只想从克里姆希尔特那里拿到齐格弗里德王子的宝剑。哈根袭击了参加婚礼的宾客。借用《尼伯龙根》里的话说："埃策尔的人顽强地自卫，然而这些不速之客挥舞着明晃晃的剑，在大厅里来回砍杀。"

即便是经历着这样的流血冲突，埃策尔依然非常冷静。最后，克里姆希尔特用齐格弗里德的剑砍下了哈根的头，但是，在这之前哈根已经给了克里姆希尔特致命一击。两人同时倒下了。"到处躺着奄奄一息的伤者，克里姆希尔特被砍成了好几段。埃策尔哭泣着，哀悼逝去的族人和廷臣。"在这个故事中，阿提拉或者说埃策尔被描述成一个受害者，而不是毫无人性的暴徒。此外，他的宫廷也被遭到破坏。虽然这个故事展示阿提拉和匈人的视角与传统的不同，但是，正像比洛对威廉二世所讲的那样，这件事最本质的要素仍然是杀戮。很难凭借这样一个故事就把阿提拉说成是欧洲文明的救世主。

英语世界的人无一例外都反对阿提拉。19 世纪晚期，接受过良好教育的人都是在读过爱德华·吉本 (Edward Gibbon) 撰写的《罗马帝国衰亡史》(*The History of the Decline and Fall of the Roman Empire*) 之后形成了对阿提拉的印象。对于吉本来说，阿提拉是帝国走向倾覆的原因之一。他到处大肆破坏罗马的文明。"他傲慢的步伐和君王的风范都暗示自己是全世界最优秀的人。"至于匈人自己——"斯基泰牧羊人"，用吉本的话讲，"其精神的本质是野蛮和毁灭"。这并不是一个关于英雄的故事，阿提拉也不是没有受到贵族文明影响的野蛮人。在吉本看来，匈人无情地扑向了一个内部已经开始腐烂的帝国。狄奥多西二世是一个"把教堂丢给主教，把政务丢给宦官，把城邦丢给野蛮人"的统治者。瓦伦提尼安三世则是个"羸弱而放纵"，"缺乏理性和勇气"的人。这些"无能之辈"不再关心民众的道德和军事纪律。吉本的结论是，即便是阿提拉再早些死去，也救不了罗马帝国。"就算是所有的野蛮征服者都在一个小时之内被诛杀殆尽，还是无法恢复西罗马帝国往日的辉煌。"吉本把阿提拉看作是历史的警告。一个王朝如果不能有效地保证公民的自由、国家的独立，那么它不可避免地要走向衰落和倾覆。

维多利亚时代的道德标准和吉本所宣扬的道德退化、经济衰落的教义如出一辙。匈人王阿提拉所带来的破坏将永远提醒人们，文明需要守卫，强大的帝国也要时刻保持警惕。维多利亚时代的读者还可以通过托马斯·霍奇金 (Thomas Hodgkin) 的记载进一步理解吉本对这一问题的看法。今天，很少有人去阅读霍奇金，但是19世纪80年代的读者普遍认为，对于罗马帝国终结的论述，他所撰写的八卷本的《意大利及其入侵者》(*Italy and Her Invaders*) 要比《罗马帝国衰亡史》更加客观。其中第二卷发表于1880年，详细记载了有关阿提拉的史料。霍奇金的记载与吉本的截然不同，前者强调了匈人是蒙古人的祖先。维多利亚时代的人类学家倾向于认为，自罗马帝国覆灭以来，入侵欧洲的各个族群之间存在着密切的关系。霍奇金坚信鞑靼人（成吉思汗所率领的蒙古人）、匈人、保加利亚、马扎尔人 (Magyars) 和奥斯曼土耳其人之间都存在种族上的血缘关系。匈人是典型的"呆板乏味的野蛮人，具有强大的破坏力，却缺乏创造力，没有为人类进步做过丝毫贡献。即便是生活在现代社会，也还是摆脱不了其与生俱来且无可救药的野蛮本性"。

霍奇金在回顾了19世纪初期的历史后，认为拿破仑差一点儿掉整个欧洲，他的所作所为几乎就是现代版的阿提拉。所不同的是，二者来自不同的种族。"一个是野蛮、尚未开化的鞑鞑人首领，一个是拥有高贵的意大利—法国血统的欧洲人，虽然身份悬殊，但他们在战场上就像摆弄棋子一般游刃有余。"然而，拿破仑意图捣毁整个欧洲，他"态度极其傲慢，自认为能够匹敌所有历史上的帝王……在几乎所有方面，拿破仑都最好地诠释了阿提拉的性格特点和所作所为"。英国没有被他毁掉，并成为一个世界性的帝国。霍奇金的史学研究旨在探究一个问题，英国会像罗马那样，最终走向衰落吗？他的回答是，新旧世界之间权力的平衡会对集权者产生制约作用，防止任何力量扩张到"令上帝和人类无法忍受"的程度。他主张英国教会有义务确保公众具有较高的道德水准。罗马帝国的覆灭以及匈人所取得的破坏性的胜利都是有益的教训。霍奇金主张民主是对抗专制的利器。他特别担心欧洲和美国的当代政治家，他们国家的繁荣的经济态势。"20世纪的民主国家能够经得住把政治权力当作一种物质手段的诱惑吗？"成功本身可能标志着一个新的衰落周期的开始。富有而自满的人民会允许建造"宫殿，在那里，英国或美国的暴君……将在奉承者的欢呼声中，引导强大的帝国走向毁灭"。正如罗马帝国一样，这些现代的超级大国终有一日会毁于阿提拉这样的人。

阿提拉及匈人几乎成了威胁甚至摧毁欧洲文明的代名词。在吉本看来，阿提拉利用了罗马帝国的政治分裂状态。而在霍奇金看来，阿提拉代表了一种和崇尚民主与美德的基督教世界截然对立的危险力量。一个是游牧民族，一个是欧洲大陆的定居者，两者之间似乎注定是对立的，有着不可调和的矛盾。这个猜想一次又一次得到证实。对于一战中的英国士兵，德国人就是匈人。颇具讽刺意味的是，威廉二世自己就把德国人比作是匈人。1914

年,诗人鲁德亚德·吉卜林(Rudyard Kipling)已经敏锐地察觉了英国人的这种情绪。

> 为了我们所有的一切,为了我们的孩子,站起来迎战。匈人已经到了家门口!
> 我们的世界已经渐渐远去,在一片混乱中,什么也没剩下。我们只有钢铁、火焰和石头!

诗歌的主题是反对"疯狂而可怕的"野蛮人对现代文明的破坏,所表达的感情是鼓舞人心的,同时也是坚决的。托马斯·霍奇金会赞同这一点儿;而爱德华·吉本则向来对这种强烈的爱国主义情绪持保留的态度。

> 所有人都只剩下一个使命——
> 每个人都只有一次生命。
> 假如失去了自由,谁还能独善其身?
> 如果英格兰还在,我们还有什么好担心的?

这与最新版本的阿提拉形象有所不同。1954年,以杰克·巴伦斯(Jack Palance)为主角的史诗《异教徒的标志》(Sign of the Pagan),让我们对生活在19世纪的东方人产生了恐惧心理。作为参议员的麦卡锡一定会为它叫好。阿提拉骑着蒙古战马穿越中亚地区,攻击日益衰落的罗马帝国。这是对道德沦丧所带来的严重后果的明确警告。中美洲不能再走罗马的老路,否则会有衰落甚至倾覆的风险。匈人令人又怕又恨。他们不尊重别人的财产权和人身权，无视基督教的教义，也不讲个人卫生。这些特点都是违背美国人信条的野蛮行为。阿提拉在欧洲行进的过程就是一次对抗人类文明的长征。

历史上有过很多阿提拉式的人物。第一次世界大战中的战争宣传、维多利亚史学家的种族主义论断、20世纪50年代美国发生的共产主义恐慌、小说《尼伯龙根》中的浪漫故事，以及吉本的《罗马帝国衰亡史》中无知的斯基泰人破坏了曾经辉煌的欧洲文明，到处可以看到阿提拉的影子。然而，并不是任何时候，阿提拉都如我们所期待的那样。他不属于"黄祸"，不是一心要毁灭罗马帝国，不是中世纪骑士精神的原型，也不是拿破仑的前驱者。

否认阿提拉的这些形象，并不是要淡化他对罗马帝国所造成的伤害。他率领匈人，曾在公元422年、434年、441年以及447年渡过多瑙河；在公元450年入侵法国，并在452年进攻意大利。没有任何敌人能够在短短十年间，同时侵犯东罗马和西罗马的边境多达数次。匈人把农舍和村庄付之一炬，洗劫了很多城市，有些还是要塞：塞尔曼、辛吉度努姆、马古姆、费米拉孔、纳伊斯、塞迪卡、拉提亚里亚、菲利波波利、阿卡迪奥波利斯、马尔西安堡、梅斯、兰斯、阿奎莱亚、帕维亚和米兰。其残酷的程度无以复加。在修道士杰罗姆的眼里，这些令人闻风丧胆的人简直就是"北方的狼"。即便是对匈人怀有同情心的人，面对其暴行，也无法无动于衷。没有任何事件能够像灭绝两万勃艮第人，以及普利斯库斯所记载的纳伊斯残破的城墙外河岸边堆积的累累白骨那样令人难忘。用杰罗姆的话说："纵然有千张口、万条舌、铁一般的声音，也诉不完这些灾难。"

匈人是残酷的，没错。但是，要结合当时的历史背景来看。匈人并不是5世纪罗马帝国所面临的唯一威胁。哥特人和汪达尔人洗劫意大利，哥特人、勃艮第人和巴高达掠夺法国，哥特人入侵巴尔干地区，汪达尔人进攻北非。所有这些侵略都是血腥而残酷的。所不同的是，匈人在实施劫掠后就返回到多瑙河以北，而哥特人和汪达尔人入侵的目的是占领罗马的领土。匈人曾企图掠夺罗马，但没有成功。哥特人于公元410年，汪达尔人在455年分别洗劫了罗马城。在与罗马军队正面冲突的过程中，匈人没有给人们留下特别深刻的印象。在乌图斯河流域，阿纳吉斯克鲁斯遭遇匈人，双方均损失惨重。后来的卡塔劳尼亚平原战役中，罗马人和匈人势均力敌，陷入僵局。与此相反，盖萨里克和汪达尔人发动了一系列战役，才控制了北非地区。在阿德里安堡，弗里提根联手哥特人，用一个下午的时间杀死了两万多罗马士兵。而阿提拉尚未取得过如此赫赫战功。他的高明之处不在于对罗马作战，而在于巧妙地避开了很多大规模的正面冲突。

可以说，西罗马帝国灭亡过程中遭遇的血腥屠杀让人们忽视了罗马帝国就是在野蛮中诞生的。古代地中海地区最为残暴的力量实际上是来自罗马帝国。在阿提拉出现的五百年前，罗马帝国在吞并法国的过程中，尤里乌斯·恺撒率领军队屠杀了一百万人，并奴役了另外的一百万人。从人道和经济的视角看，恺撒大帝所造成的破坏无人能及，只有西班牙对美洲的入侵可以与之相比。持续不断地残酷镇压反对力量是罗马帝国成功的关键之一。公元60年，英国东南部的爱西尼人（Iceni）发动反叛，罗马立即采取行动镇压，并迅速控制住了局势。数以万计的英国人在战斗中被杀，而罗马军队的伤亡人数只有四百人。在一次早期的种族清洗运动中，罗马军持续地屠杀爱西尼人，直到所有反对力量都被消灭。爱西尼人的领导者之一布狄卡（Boudica）试图把罗马人赶出英国，但损失惨重，以失败告终，自己也以身殉职。

当然，罗马帝国的残酷是有其现实意义的。罗马人曾把征服欧洲、北非和中东地区的独立民族作为自己神圣职责的一部分。

> 罗马人，请谨记，通过你的帝国统领世界人民
> 因为你们的艺术将会
> 在战乱中实现和平，实施律法，
> 宽恕那被征服的，征服那耀武扬威的。

这样看来，被征服者所遭遇的痛苦和煎熬都是建立一个和平而繁荣的帝国所必须付出的代价。而匈人刚好相反，他们没有任何明确的道德标准和宗教信仰。他们作战的目的既不是在罗马的领土上建立自己的家园，也没有把自己标榜为摧毁罗马残酷统治的自由斗士。人们觉得匈人野蛮，是因为除了战利品和俘虏，他们再没有其他明确的作战目标了。或者，因为匈人连一句诗歌也没有流传下来，所以无法驳斥罗马人笔下的野蛮人形象。

除了残暴的名声，阿提拉还是位成功的帝国缔造者。对于阿提拉是如何控制自乌拉尔山脉地区至莱茵河的广大区域内生活的各个部族并巩固自己统治的，史料中没有完整的记载。只能从一些零散的记载中推断出匈人帝国的规模及其行动原因：帕农哈马宝藏、彼得罗阿萨宝藏、西姆雷乌·西尔瓦尼耶宝藏的发现，在卡塔劳尼亚平原战役中"阿提拉笼络到匈人旗下的人来自数不清的部落和民族"，与阿提拉结盟的三位哥特王子：瓦拉米尔、修

迪米尔和维迪米尔，以及阿提拉宣布自己为战神的宠儿。随着阿提拉暴毙，几个儿子展开夺权之战，匈人帝国随之崩塌。即便如此，还是应该承认，阿提拉的统治促进了匈牙利大平原的社会和经济发展。通过有计划地对其他国家实施剥削，匈人国成为北欧最强大的帝国。然而，很少有人注意到这一点。也许是因为这不符合人们对阿提拉和对匈人素来的印象。

时间到了文艺复兴时期，匈牙利开始庆祝关于阿提拉的这段历史。匈牙利的统治者和史学家都希望通过回溯公元 9 世纪和 10 世纪期间马扎尔人建立政权的过程，为一个新兴的国家创造一段民族历史，想象匈牙利是由匈人建立的。阿提拉的捍卫者是匈牙利皇帝马加什一世 (Matthias Covrinus)。他曾在 15 世纪期间吞并了奥地利、斯洛伐克和波兰的部分领土，最终定都维也纳。马加什一世宣布自己是阿提拉的后代。在让诺斯·赛罗采 (János Thurózi) 所作的《匈牙利编年史》(Chronica de gestis Hungarorum) 中，阿提拉被塑造成和马加什一世一样擅长作战的将领、开明的君主，二人都喜欢复杂的哲学辩论。马加什一世也乐于被称为"阿提拉再世"。在这位皇帝的影响下，赛罗采热衷于说是阿提拉"造就了匈人历史上最辉煌的时期"。

阿提拉死后一千年，才有人把他的形象塑造为一个欧洲民族的缔造者，而不是一个外来的破坏者。而哥特人的转变只用了不到一个世纪。公元 4 世纪 70 年代，以及公元 410 年，阿拉里克洗劫了罗马。罗马人因此把哥特人描绘成最为野蛮的敌人。而到了 5 世纪 60 年代，西多尼奥斯·阿波里纳瑞斯在描写狄奥多里克二世的宫廷生活时，更多展示了其文明的一面。无论过去哥特人和罗马人发生了多少激烈的斗争，如今，哥特人皈依了基督教，在法国永久定居下来，而且还得到想通过合作来维持自身地位的法国贵族的赞誉。最终，罗马人选择与哥特人站在一起，和这个曾经被视为外来者的部族站在一起。而匈人从来没有得到这样的地位。埃蒂乌斯在5世纪30年代曾经拉拢匈人一起对付哥特人，如果能够维持这样的状态，或许此后的罗马史学家会对匈人另眼相看。后来，阿提拉决定打东罗马和西罗马，他的野蛮行径在基督教世界里被看作是上帝对于罪孽深重的罗马人的惩罚。阿提拉始终是游牧部族和恶魔的代名词。7世纪的基督教启示录中曾经记载道："匈人驰骋在马背上，跑起来比风还要快。比暴风雨来得还要急，喊叫声如同狮吼。他们的出现令人闻风丧胆，场面堪比挪亚方舟外的洪水。"

这些夸张的描述，或是站在匈人的对立面，把匈人说成是极端残酷野蛮的，或者是出于民族主义的立场，把阿提拉说成是英明的皇帝。然而，这也反映了一个问题，那就是如何给阿提拉和匈人一个比较客观公道的评价。任何令人满意的判断都不可能是非此即彼的。因此，普利斯库斯所记载的历史就显得极其重要。公元449年夏，普利斯库斯动身去觐见一个想象中的蓄意摧毁罗马帝国的嗜血的野蛮人。而事实令他十分意外。匈人并不像传统文化中所描述的那样，他们不应该被看作是游牧部族。阿提拉也是出人意料地通晓礼仪，是一个危险而精明的国际政治玩家。他袭击罗马的城市也并非出于单纯的掠夺目的。阿提拉精心策划了一次又一次的战役，其目的是向这个已经不堪重负的帝国寻求保护，而不是发动战争。在普利斯库斯的记载中，道德上存在问题的是罗马的皇帝狄奥多西二世及其谋臣，他们企图借助外交豁免权来掩盖一次计划不周的暗杀行动。

当然，普利斯库斯从未怀疑过阿提拉对罗马帝国的敌意。他的观点倾向于不偏不倚。通过深入探究双方所发生的冲突，普利斯库斯和他的《匈人王阿提拉》旨在让读者看到历史上真实的匈人和罗马人。他让人们看到了公元4世纪和5世纪时期不一样的罗马帝国。本书正是沿袭了这一传统。普利斯库斯第一个让读者认识到，历史将不断修正我们此前的假设。它促使我们用新的视角看待这个世界，并引发我们对自己的信仰和信念的思考。是什么原因让一个帝国长治久安？又是什么原因让它倾覆？政府如何为自己的行为辩护？是什么因素导致了一个庞大的帝国四分五裂？在什么情况下发动战争？在什么情况下求和？又在什么情况下收买敌人？什么是"野蛮"？什么是"文明"？这些问题具有持久的重要性。这些不应该作为学术问题，留给象牙塔里研究典籍的人来讨论。相反，我们应当设身处地地站在那些古人的立场上考虑问题。保全罗马帝国的人是出于什么动机？意欲破坏它的人又是出于什么目的？不能认为过去的就都结束了，只是历史，与现在无关。在阅读阿提拉及匈人的历史之后，我们能想到的应该不只是罗马帝国的衰落和覆灭，而是更多。

Notes and Further Reading

拓展阅读

The last serious, full-length historical study of Attila and the Huns in English was published sixty years ago: Edward Thompson, *The Huns* (Oxford, 1948), revised with an afterword by Peter Heather in 1996. In January 1969 the great Austrian scholar Otto Maenchen-Helfen handed in a manuscript to the University of California Press just a few days before his death. Much of the work was not yet in its final form; under the exemplary editorial supervision of Max Knight, all that was publishable was included in Maenchen-Helfen, *The World of the Huns: Studies in Their History and Culture* (Berkeley, Calif., 1973). Aside from Maenchen-Helfen, the most important recent contributions to Hun archaeology are István Bóna, *Das Hunnenreich* (Budapest, 1991), which offers a comprehensive overview of the material, but is confusingly, and often irritatingly, arranged, and the thorough and meticulously detailed study by Bodo Anke, *Studien zur Reiternomadischen Kultur des 4. bis 5. Jahrhunderts*, 2 vols. (Weissbach, 1998). Four shorter discussions are also useful introductions: Michael Whitby in Averil Cameron, Bryan Ward-Perkins, and Michael Whitby, eds., *The Cambridge Ancient History*, vol. 14, *Late Antiquity: Empire and Successors, A.D. 425–600* (Cambridge, 2000), 704–12; Hugh Kennedy, *Mongols, Huns and Vikings* (London, 2002), 22–55; Herwig Wolfram, *The Roman Empire and Its Germanic Peoples*, (Berkeley, Calif., 1997); 123–44; and Denis Sinor, "The Hun Period," in Sinor, ed., *The Cambridge History of Early Inner Asia* (Cambridge, 1990), 177–205. Two exhibitions on the Huns—at the Musée de Normandie in Caen, June–October 1990, and at the Historischen Museum der Pfalz in Speyer, June 2007–January 2008—have resulted in valuable catalogues: Jean-Yves Marin, ed., *Attila, les influences danubiennes dans l'ouest de l'Europe au Ve siècle* (Caen, 1990), and Attila und die Hunnen (Stuttgart, 2007).

Full and detailed coverage of the third to fifth centuries AD (a period conventionally known as "late Antiquity" or "the later Roman empire") is provided by *The Cambridge Ancient History* (= CAH): Alan Bowman, Averil Cameron, and Peter Garnsey, eds., vol. 12, *The Crisis of Empire, A.D. 193– 337*, 2nd ed. (Cambridge, 2005); Averil Cameron and Peter Garnsey, eds., vol. 13, *The Late Empire, A.D. 337–425* (Cambridge, 1998), and vol. 14, *Late Antiquity*. Three older works remain indispensable: Ernst Stein, *Histoire du Bas-Empire: De l'État romain à l'État byzantin (284–476)* (Paris, 1959, originally published in German in 1928); Émilienne Demougeot, *La formation de l'Europe et les invasions barbares, de l'avènement de Dioclétien au début du VIe siècle*, 2 vols. (Paris, 1979) and A. H. M. Jones, *The Later Roman Empire 284–602: A Social, Economic, and Administrative Survey*, 3 vols. (Oxford, 1964). For a comprehensive collection of the evidence for the biographies and career patterns of all known fifth-century civil and military post holders, professionals (doctors, poets, rhetors), and their families, see John Martindale, *The Prosopography of the Later Roman Empire*, vol. 2, A.D. 395–527 (Cambridge, 1980). This is one of the most impressive examples of fundamental scholarship undertaken in the last generation.

All translations from Greek and Latin texts are my own. At the end of these notes, there is a consolidated list of the most frequently cited lateantique authors, with a guide to modern translations.

CHAPTER ONE: FIRST CONTACT

Ammianus 31.3–9 is the most important account of events from the advent of the Huns west of the Black Sea to the revolt of the Goths under Fritigern. The most helpful modern accounts are Noel Lenski, *Failure of Empire: Valens and the Roman State in the Fourth Century A.D.* (Berkeley, Calif., 2002), 320–34; Peter Heather, *Goths and Romans* 332–489 (Oxford, 1991), 122–47, reworked in The Goths (Oxford, 1996), 97–104 and 130–34, and *The Fall of the Roman Empire: A New History* (London, 2005), 151–53 and 158–67; Herwig Wolfram, *History of the Goths* (Berkeley, Calif., 1988), 64–75 and 117–24; Guy Halsall, *Barbarian Migrations and the Roman West, 376–568* (Cambridge, 2007), 165–78; Michael Kulikowski, *Rome's Gothic Wars* (Cambridge, 2007), 123–37; and Maenchen-Helfen, Huns, 26–28. Valens' insistence that the Tervingi convert to Christianity is reported in Socrates 7.33.4 with Heather, *Goths and Romans*, 127–28; but see Noel Lenski, "The Gothic Civil War and the Date of the Gothic Conversion," *Greek, Roman and Byzantine Studies 36* (1995): 51–87, and *Failure of Empire*, 320–21 and 347–48, suggesting that Fritigern may have converted in response to Valens' earlier support of his insurgency against Athanaric. Peter Heather defends Lupicinus (with deepening sympathy) in *Goths and Romans*, 133, *Goths*, 131, and *Fall*, 165–66. The transformation of the Roman empire from Augustus to Constantine is beautifully evoked in Peter Brown, *The Making of Late Antiquity* (Cambridge, Mass., 1978). For innovative studies of the problems faced at the frontiers of empire, see Dick Whittaker, *Frontiers of the Roman Empire: A Social and Economic Study* (Baltimore, 1994), and Benjamin Isaac, *The Limits of Empire: The Roman Army in the East*, 2nd ed. (Oxford, 1992). Christopher Kelly, *Ruling the Later Roman Empire* (Cambridge, Mass., 2004), explores the transformation in the way the Mediterranean world was governed and the impact and extent of imperial power. The division of the empire and its causes are thoughtfully considered by Émilienne Demougeot, *De l'unité à la division de l'Empire romain, 395– 410: Essai sur le gouvernement impérial* (Paris, 1951); on the administrative and legal aspects, see Malcolm Errington, *Roman Imperial Policy from Julian to Theodosius* (Chapel Hill, 2006), 79–110. The first Christian emperor, Constantine (ruled 306–37), is a pivotal figure. Averil Cameron, CAH 12: 90–109, and Noel Lenski, ed., *The Cambridge Companion to the Age of Constantine* (Cambridge, 2006), offer excellent introductions; for a more detailed consideration of his political and religious aims, see Raymond van Dam, *The Roman Revolution of Constantine* (Cambridge, 2007). The best description of Constantinople in English is Richard Krautheimer, *Three Christian Capitals: Topography and Politics* (Berkeley, Calif., 1983), 41–67. Key to understanding the city are Gilbert Dagron, *Naissance d'une capitale: Constantinople et ses institutions de 330 à 451*, 2nd ed. (Paris, 1984), and Raymond Janin, *Constantinople byzantine: Développement urbain et répertoire topographique*, 2nd ed. (Paris, 1964). In Istanbul the commemorative porphyry column that marked the center of Constantine's Forum still stands (not far from the Grand Bazaar); the pleasant park, known as At Meydani, next to the Sultan Ahmet (or Blue) Mosque, marks out the area of the hippodrome. The remains of the Milion are visible, now marooned in the middle of a traffic island at the northern end of At Meydani, just beyond the ugly cast-iron fountain presented by Kaiser Wilhelm II to Sultan Abdül Hamit II. The main narrative for the lead-up to Adrianople and the battle itself is Ammianus 31.11–13; see too Socrates 4.38 (jeering in the hippodrome at 4.38.4); Zosimus 4.21–24.2 (body on the road at 4.21.2–3). The most considered account of Adrianople, its causes and consequences, is Lenski, *Failure of Empire*, 334–67, usefully read alongside Heather, *Fall*, 167–81; Kulikowski, *Rome's Gothic Wars*, 137–43; Halsall, *Barbarian Migrations*, 178–80; and Wolfram, *Goths*, 117–31. Themistius' dark remark is from *Oration* 16.206d. For the imperial mausoleum in Constantinople, see the remarkable description in Eusebius, *Life of Constantine* 4.58–60, and Cyril Mango, "Constantine's Mausoleum and the Translation of Relics," *Byzantinische Zeitschrift* 83 (1990): 51–62, at 54–58 (= *Studies on Constantinople*, Variorum reprints 394 [Aldershot, 1993], no. 5). The highest hill in Istanbul is now dominated by the Fatih Mosque. Nothing remains of the mausoleum.

CHAPTER TWO: THE AXIS OF EVIL

Ammianus 31.2.1–12 for his description of the Huns with important discussions in John Matthews, *The Roman Empire of Ammianus* (London, 1989), 332–42, and

Thomas Wiedemann, "Between Men and Beasts: Barbarians in Ammianus Marcellinus," in I. S. Moxon, John Smart, and Tony Woodman, eds., *Past Perspectives: Studies in Greek and Roman Historical Writing* (Cambridge, 1986), 189–201. Classical views of "the barbarian" are treated comprehensively by Yves Dauge, *Le barbare: Recherches sur la conception romaine de la barbarie et de la civilisation* (Brussels, 1981), 330–52 (on Ammianus), 413–66 (on barbarian character traits), 604–9 (on comparisons to animals), and 620–34 (on barbarian social structures). For thoughtful approaches to the material, see Peter Heather, "The Barbarian in Late Antiquity: Image, Reality, and Transformation," in Richard Miles, ed., *Constructing Identities in Late Antiquity* (London, 1999), 234–58; Brent Shaw, "'Eaters of Flesh, Drinkers of Milk': The Ancient Mediterranean Ideology of the Pastoral Nomad," Ancient Society 13/14 (1982–83): 5–31 (= *Rulers, Nomads, and Christians in Roman North Africa*, Variorum reprints 497 [Aldershot, 1995], no. 6); and especially Alain Chauvot, *Opinions romaines face aux barbares au IVe siècle ap. J.-C.* (Paris, 1998). For the Roman imperial mission, see Virgil, *Aeneid* 6.851–53; Caesar's description of Ariovistus is from his *Gallic Wars* (*de bello Gallico* 1.31.12–33.5) with Dauge, Le barbare, 415–16. Trajan's Column is described scene by scene in Lino Rossi, *Trajan's Column and the Dacian Wars* (London, 1971), 130–212. For barbarians dragged by the hair, see Annalina Caló Levi, *Barbarians on Roman Imperial Coins and Sculpture* (New York, 1952), 25–26; for barbarians on the Arch of Constantine, see Chauvot, *Opinions*, 83–86; for triumphant gaming boards, see Max Ihm, "Römische Spieltafeln," in *Bonner Studien: Aufsätze aus der Altertumswissenschaft Reinhard Kekulé* (Berlin, 1890), 223–39, quoting 238, no. 49. *On Military Matters* 17 (*de Rebus Bellicis*, ed. Andrea Giardina [Milan, 1989] for the description of the oxenpowered warship and 6.1 for concerns about a growing barbarian menace.

For translation and discussion, see Edward Thompson, *A Roman Reformer and Inventor* (Oxford, 1952), and Mark Hassell, ed., *Aspects of the De Rebus Bellicis: Papers Presented to Professor E. A. Thompson* (Oxford, 1979). Themistius' deliberately divisive characterization of the Goths is from *Oration* 10.133; for the peace settlement between Valens and Athanaric in 369, see Lenski, *Failure of Empire*, 132–37; Ammianus 31.4.9 for the volcanic image of the Tervingi. Tacitus, Germania 22.1, on drunkenness; 18–19 on the sanctity of marriage (ed. Michael Winterbottom, in Winterbottom and Robert Ogilvie, *Cornelii Taciti: Opera Minora* [Oxford, 1975]). James Rives (Oxford, 1999) provides a translation and outstanding commentary. François Hartog, *The Mirror of Herodotus: The Representation of the Other in the Writing of*

History (Berkeley, Calif., 1988) (French rev. ed., Paris, 2001), pt. 1, and Paul Cartledge, *The Greeks: A Portrait of Self and Others*, 2nd ed. (Oxford, 2002), 51–77, are both brilliant explorations of Herodotus' Greek-centered worldview. Herodotus, *Histories* 4.46–47, 59–82, and 110–17, describes the Scythians; 4.16–36 and 100–9, the strange peoples who live on the steppes beyond; 3.99, the Padaei. Homer, *Odyssey* 9, narrates the Greeks' confrontation with Polyphemus.

CHAPTER THREE: A BACKWARD STEPPE

Hun customs and social organization—especially as presented by Roman historians—are best understood within the wider physical and economic constraints imposed by life on the Eurasian steppes. See the essays in Wolfgang Weissleder, ed., The Nomadic Alternative: *Modes and Models of Interaction in the African-Asian Deserts and Steppes* (The Hague, 1978); Antal Bartha, "The Typology of Nomadic Empires," in *Popoli delle Steppe: Unni, Avari, Ungari*, Settimane di studio del Centro italiano di studi sull'alto Medioevo 35, 2 vols. (Spoleto, 1988), 1: 151–79; and the impressively wideranging comparative study by Anatoly Khazanov, *Nomads and the Outside World*, 2nd ed. (Madison, Wisc., 1994) (first published in Russian in 1983). The archaeological evidence for cranial deformation is carefully surveyed in Anke, *Reiternomadischen Kultur*, 1: 124–36, and Luc Buchet, "La déformation crânienne en Gaule et dans les régions limitrophes pendant le haut Moyen Age son origine—sa valeur historique," *Archéologie médiévale* 18 (1988): 55–71. The "practical" aspects—of what is here presented as a process of beautification—are attractively illustrated by Maria Teschler-Nicola and Philipp Mitteröcher, "Von künstlicher Kopfformung," in *Attila und die Hunnen*, 270–81. The incidence of cranial deformation in Europe in the fourth and fifth centuries offers solid evidence of the intrusion of a steppe practice. Its association with the Huns is more problematic. Joachim Werner, *Beiträge zur Archäologie des Attila-Reiches* (Munich, 1956), 5–18, was overly hasty in arguing that it was an index of the Huns' steady advance from the Black Sea to France. There are four main complications. First, it is clear that cranial deformation is widespread among steppe nomads; it may well have been practiced by the Huns, but certainly not exclusively. Second, cranial deformation was already established north of the Black Sea in the first and second centuries, well before the westward migration of the Huns. It is known, for example, among the Alans who came into violent contact with the Huns in the fourth century and in the 360s fought as their allies against the Goths (Ammianus 31.3.1). Cranial deformation in Europe may, then, be an indication of the intrusive presence of Alans as plausibly as Huns or (most likely) indistinguishably both. Third, it is not clear how common cranial deformation was among the Huns. If it was intended to mark out an elite group or was viewed as beautiful, then Attila, his wives, relatives, and advisers might be thought to be likely candidates. The eyewitness description of Attila and his high-ranking retinue by the Roman historian Priscus of Panium never mentions anything as striking as cranial deformation (see above, chap. 14, p. 171). Fourth, the practice continued in Europe well beyond the fifth century and the dissolution of the Hun empire, an indication that—if it had ever been—it was now unlikely to be a trait that had any direct associations with Hun culture or conquest. The Mongol prohibition on the washing of clothes is cited in Paul Ratchnevsky, *Genghis Khan: His Life and Legacy* (Oxford, 1991), 193. The observations on raw meat by Hans Schiltberger are from his own account of his travels, Valentin Langmantel, ed., *Hans Schiltbergers Reisebuch* (Tübingen, 1885), chap. 37 (trans. J. Buchan Telfer, *The Bondage and Travels of Johann Schiltberger, a Native of Bavaria, in Europe, Asia, and Africa, 1396–1427* [London, 1879], 48). Finds of Hun cauldrons are listed in Anke, *Reiternomadischen Kultur*, 1: 48–55, adding to the surveys in Maenchen-Helfen, Huns, 306–18, and Bóna, *Hunnenreich*, 240–42 and 275 (for Törtel-Czakóhalom). The rock drawings from Minusinsk were published by M. A. Dévlet in *Sovetskaia Arkheologiia* 3 (1965): 124–42, at 128–29, figs. 3–6. Khazanov, *Nomads and the Outside World*, 15–84, provides a fascinating account of the pastoral economy of nomads and the limitations imposed by the ecology of the Eurasian steppes. For a detailed discussion of the Hun horse, see Maenchen-Helfen, *Huns*, 203–14; Vegetius' description is from his *Handbook on Equine Medicine* (*Mulomedicina* 2.Prologue and 3.6.5, ed. Ernest Lommatzsch [Leipzig, 1903]). The information on Hun bows in Maenchen-Helfen, *Huns*, 221–32, is expanded and updated in Anke, *Reiternomadischen Kultur*, 1: 55–65. The effectiveness of the Egyptian composite bow is discussed by Wallace McLeod, "The Range of the Ancient Bow," *Phoenix* 19 (1965): 1–14, and *Composite Bows from the Tomb of Tutankhamun* (Oxford, 1970), 37. Taibugha's remarks on bow manufacture are quoted from his *Essential Archery for Beginners*, translated in John Latham and William Paterson, *Saracen Archery: An English Version and Exposition of a Mameluke Work on Archery* (London, 1970), 8. On Hun battle tactics, see the useful observations in Thompson, *Huns*, 58–60, with Ammianus 31.2.9 on the use of the lasso. The problem faced by nomads disposing of a surplus in an undiversified economy is part of a wider pattern of regular contact between nomads and settled communities elaborated in Khazanov, *Nomads and the Outside World*, 202–12. See Ammianus 31.2.1 for his speculation on the origin of the Huns. For excellent introductions to the Xiongnu, see Ying-shih Yü, "The Hsiung-nu," in Sinor, ed., *Cambridge History of Early Inner Asia*, 118–49, and "Han Foreign Relations," in Denis Twitchett and Michael Loewe, eds., *The Cambridge History of China*, vol. 1, *The Ch'in and Han Empires*, 221 B.C.–A.D. 220 (Cambridge, 1986), 377–462, at 383–421. The arguments in favor of a connection between Huns and Xiongnu were efficiently summarized and effectively rebutted by Otto Maenchen-Helfen, "Huns and Hsiung-nu," Byzantion 17 (1944–45): 222–43, quoting 243 on the Ordos bronzes, and Huns, 367–75; see, too, the levelheaded conclusions of Ursula Brosseder, "Zur Archäologie der Xiongnu," in *Attila und die Hunnen*, 62–73. For the excavations at Ivolga, see Antonina Davydova, "The Ivolga Gorodishche (A Monument of the Hiung-nu Culture in the Trans-Baikal Region)," *Acta Archaeologica Academiae Scientiarum Hungaricae* 20 (1968): 209–45, and *Ivolginskii arkheologicheskii kompleks II: Ivolginskii mogil'nik* (The Ivolga archaeological complex II: The Ivolga cemetery) (St. Petersburg, 1996).

CHAPTER FOUR: ROMANS AND BARBARIANS

The history of the Goths from Adrianople to their settlement in France in 418 is reviewed in Wolfram, Goths, 117–71; Demougeot, *La formation de l'Europe*, 143–78, and 2: 450–72; Halsall, *Barbarian Migrations*, 180–217; Stein, *Bas-Empire*, 191–267; Heather, *Goths and Romans*, 147–224, reworked in *Goths*, 135–51, *CAH* 13: 507–15, and *Fall*, 182–250; Alan Cameron, *Claudian: Poetry and Propaganda at the Court of Honorius* (Oxford, 1970), 63–188; and Alan Cameron and Jacqueline Long, *Barbarians and Politics at the Court of Arcadius*, (Berkeley, Calif., 1993), 301–36. The best account of the political impact of Stilicho and Alaric on the court at Ravenna is John Matthews, *Western Aristocracies and Imperial Court, A.D.* 364–425 (Oxford, 1975), 253–306. Maenchen-Helfen, Huns, 29, doubts the Huns' involvement at the Battle of Adrianople. See Ammianus 31.15.2–15 for the failed attack on the city of Adrianople and 31.16.3–7 for the bloody defense of Constantinople. Themistius' artful misrepresentation of Theodosius' peace settlement in 382 is *Oration* 16.211a–b. Odotheus' failed attempt to cross the Rhine is reported in Zosimus 4.35.1 and 4.38–39. The Hun raids across the Danube in 395 are mentioned in Philostorgius 11.8 with Wolfram, *Goths*, 139–40, and Demougeot, *La formation de l'Europe* 1: 389– 90. Heather, *Goths and Romans*, 201, and *CAH* 13: 502 (following Maenchen-Helfen, *Huns*, 53), doubts that these raids took place: Philostorgius was only making a general point (not referring to a specific incident), and it is unlikely that the Huns would have been able to cross the Danube and the Caucasus in the same year. But if the Huns in the late fourth century were not a solid mass moving slowly westward under a unified leadership, then it is possible to envisage war bands moving independently east and west, particularly if the main concentration of Huns was still north of the Black Sea. For the Huns' eastern campaign, see Maenchen-Helfen, *Huns*, 51–59; Eutropius' military successes are sneered at by Claudian, *Against Eutropius* 1: 234–86 (ed. John Hall [Leipzig, 1985]; trans. Maurice Platnauer, Loeb Classical Library [Cambridge, Mass., 1922]); see Cameron, *Claudian,* 125. Jerome's lament in *Letter* 60.16 quoting *Aeneid* 6.625–27 (ed. Isidore Hilberg [Vienna, 1910]; trans. Frederick Wright, Loeb Classical Library [Cambridge, Mass., 1933]). The late seventh-century apocalyptic sermon— attributed to the fourth-century poet and preacher Ephrem—survives in Syriac, the language of Christians in Syria and northern Mesopotamia: Edmund Beck, ed., *Des Heiligen Ephraem des Syrers: Sermones III*, Corpus Scriptorum Christianorum Orientalium, Scriptores Syri 138/39, *Sermon* 5.281–88. Uldin's activities in the East are reported in Zosimus 5.22.1–3; his alliance with Stilicho and the defeat of Radagaisus, in Zosimus 5.26.3–5, Marcellinus 406.2–3, *Chron. Gall.* 452 50–52, and Jordanes, *Rom.* 321; the Rhine crossing of the Vandals and Alans, in Prosper 1230; the devastation in France, in *Chron. Gall.* 452 55 and 63. None of these brief ancient accounts offers any indication of the motivation of Radagaisus' Goths or the Vandals and Alans in entering the empire. It is important to emphasize that both are more than invading armies; they were accompanied by large numbers of women and children— at a rough estimate, the Vandals and Alans may have totaled 100,000 people. These are entire societies on the move. The suggestion that the Rhine crossings can be linked to the disruption caused by the westward advance of the Huns has been most fully argued by Peter Heather, "The Huns and the End of the Roman Empire in Western Europe," *English Historical Review* 110 (1995): 4–41, at 11–19. Walter Goffart, *Barbarian Tides: The Migration Age and the Later Roman Empire* (Philadelphia, 2006), 73–118, especially 75–78, makes the minimalist case: because the Huns are not mentioned by any ancient author, they cannot fairly be regarded as a factor. I am not persuaded. Goffart offers two alternative motives: the failure of the Roman empire to maintain its frontier defenses and the success of Alaric's Goths. The first is more a consequence than a cause of the Rhine crossings. In any case, weak defenses might explain an invasion force (such as the Huns in the 440s), but the movement of people is a more substantial event. The Goths might have looked successful in the decade after Adrianople; but given that they were shunted from East to West in 401 and held to a stalemate by Stilicho, it is not clear that

Alaric's experience would have seemed worthy of imitation. The reasons suggested by Goffart were certainly important: but to my mind they are not sufficient to explain the highly risky movement of large numbers across the Rhine frontier. The Vandals were successful (see above, chap. 7, pp. 88–90), but Radagaisus and his followers, in part thanks to Uldin's Huns, were wiped out. Jerome's lament on the fall of Rome is from the prologue to his commentary on the Old Testament prophet Ezekiel; the biblical quotation is Psalm 39.2 (ed. François Glorie, Corpus Christianorum Series, Latina 75 [Turnhout, 1964]). For the Goths in France, see Thomas Burns, "The Settlement of 418," in John Drinkwater and Hugh Elton, eds., *Fifth-Century Gaul: A Crisis of Identity*? (Cambridge, 1992), 53–63, and Michael Kulikowski, "The Visigothic Settlement in Aquitania: The Imperial Perspective," in Ralph Mathisen and Danuta Shanzer, eds., *Society and Culture in Late Antique Gaul: Revisiting the Sources* (Aldershot, 2001), 26–38. The defensive advantages of Ravenna are surveyed in Neil Christie and Sheila Gibson, "The City Walls of Ravenna," *Papers of the British School at Rome* 56 (1988): 156–97. For the cultivation of asparagus, see Pliny, *Natural History* 19.54.

CHAPTER FIVE: HOW THE WEST WAS WON

The political transformation of Hun society on the Great Hungarian Plain is thoughtfully discussed in Thompson, *Huns*, 177–95; Demougeot, *La formation de l'Europe*, 2: 530–53; Heather, *Goths*, 109–10, and *CAH* 13: 506–7, reprised in Fall, 326–29; and from a defiantly Marxist standpoint by János Harmatta, "The Dissolution of the Hun Empire I," *Acta Archaeologica Academiae Scientiarum Hungaricae* 2 (1952): 277–304, at 288–96. The economic constraints (and advantages) of the Great Hungarian Plain, and its limited grazing capacity, are explored in Rudi Lindner, "Nomadism, Horses and Huns," Past and Present 92 (1981): 3–19, and Denis Sinor, "Horse and Pasture in Inner Asian History," *Oriens extremus* 19 (1972): 171–83 (= *Inner Asia and Its Contacts with Medieval Europe*, Variorum reprints 57 [London, 1977], no. 2). For "steppe" diadems, see Anke, *Reiternomadischen Kultur*, 1: 31–41; Bóna, *Hunnenreich*, 147–49; and Ilona Kovrig, "Das Diadem von Csorna," *Folia Archaeologica* 36 (1985): 107–45. The finds from Pannonhalma are described in detail by Peter Tomka, "Der Hunnische Fürstenfund von Pannonhalma," *Acta Archaeologica Academiae Scientiarum Hungaricae* 38 (1986): 423–88. On the archaeological difficulty of locating the Huns, see Bóna, *Hunnenreich,* 134–39, and the (at times rather optimistic) discussions in Michel Kazanski, "Les Goths et les Huns: À propos des relations entre les barbares sédentaires et les nomades," *Archéologie médiévale* 22 (1992): 191–221, and Mark Ščukin, Michel Kazanski, and Oleg Sharov, *Des les Goths aux Huns: Le nord de la mer noire au Bas-Empire et à l'epoque des grandes migrations* (Oxford, 2006), 105–97. The clearest introductions to the complexities of Gothic archaeology are Michel Kazanski, *Les Goths* (Ier–VIIe après J.-C.) (Paris, 1991), especially 66–87; Heather, Goths, 18–25 and 68–93; and Kulikowski, *Rome's Gothic Wars*, 60–70. Anda and the *nöker* system are explained by David Morgan, *The Mongols*, 2nd ed. (Oxford, 2007), 34–35. Uldin's failed attack on the eastern empire in 408 is reported in Sozomen 9.5. Roger Blockley, *The Fragmentary Classicising Historians of the Later Roman Empire*, 2 vols. (Leeds, 1981–83), 1: 27–47, and John Matthews, "Olympiodorus of Thebes and the History of the West (A.D. 407–425)," *Journal of Roman Studies* 60 (1970): 79–97 (= *Political Life and Culture in Late Roman Society*, Variorum reprints 217 [London, 1983], no. 3), both offer sympathetic appreciations of Olympiodorus and his project. His history survives only in the précis of the ninth-century Byzantine bishop and bibliophile Photius. Given Photius' low estimate of Olympiodorus' intellectual merits, it is not clear why he bothered to summarize the text; see Photius, *Bibliotheca* 80 (ed. René Henry [Paris, 1959]; trans. Nigel Wilson [London, 1994]). See Olympiodorus 19 for the eight-line note on his embassy to the Huns, with Maenchen-Helfen, *Huns*, 73–74. See Olympiodorus 35 for the praise of his performing parakeet. The bird was perhaps *psittacula eupatria* (the Alexandrine parakeet) or *psittacula cyanocephala* (the plum-headed parakeet), both brought back to the Mediterranean from India by Alexander the Great.

CHAPTER SIX: A TALE OF TWO CITIES

Arcadius' death is noted briefly in Marcellinus 408.3, Theophanes 5901, Socrates 6.23.7, and Sozomen 9.1.1. There is no mention of his funeral. In imagining the ceremonies, I have drawn on two accounts: the funeral of Constantine in 337 as reported in Eusebius, *Life of Constantine* 4.66 and 70– 71, Socrates 1.40.1–2, and Sozomen 2.34.5–6; and the funeral of Justinian in 565 as celebrated by the poet Corippus writing in honor of the new emperor Justin II (*In laudem Iustini Augusti Minoris* 3.1–61, ed. and trans. Averil Cameron [London, 1976]), with the helpful discussion in Sabine MacCormack, *Art and Ceremony in Late Antiquity* (Berkeley, Calif., 1981), 116–21 and 150–58. For Anthemius' career, see Martindale, *Prosopography*, 93–95; he is praised by Socrates 7.1.3. The involvement of Yazdgard in securing the succession is reported (among other competing versions) in Procopius, *Persian Wars* 1.2.1–10, and Theophanes 5900. I follow Roger Blockley, *East Roman Foreign Policy: Formation and Conduct from Diocletian to Anastasius* (Leeds, 1992), 48–52, in understanding it as part of a series of diplomatic exchanges between Constantinople and Ctesiphon initiated by Arcadius—who, according to Procopius, made his last request of Yazdgard from his deathbed. Geoffrey Greatrex and Jonathan Bardill, "Antiochus the Praepositus: A Persian Eunuch at the Court of Theodosius II," *Dumbarton Oaks Papers* 50 (1996): 171–97, at 172–80, suggest that, given the inconsistencies in the various accounts, it is plausible that the request might have been made as early as January 402, when the nine-month-old Theodosius was formally made co-emperor. *Theodosian Code* 7.17.1 preserves the authorization for the refitting of the Danube fleet. The most important survey of the Theodosian Walls remains Bruno Meyer-Plath and Alfons Schneider, *Die Landmauer von Konstantinopel* (Berlin, 1943), usefully supplemented by Janin, *Constantinople byzantine*, 265–83. It is unlikely that the moat could be flooded, although some sections were designed to catch and retain rainwater. The leaseback arrangement is set out in *Theodosian Code* 15.1.51. The best guide for walking the walls is Jane Taylor, *Imperial Istanbul: A Traveller's Guide*, rev. ed., (London, 1998), 27– 38. Honorius' death is recorded in Olympiodorus 39.1 and Philostorgius 12.13. Stewart Oost, *Galla Placidia Augusta: A Biographical Essay* (Chicago, 1968), provides a detailed and well-judged account of its important subject; see 142–68 (marriage to Constantius) and 169–93 (exile and restoration). Events in Constantinople and Ravenna are related in Olympiodorus 33, 38, 39, and 43, Socrates 7.23–24 (for the shepherd), Hydatius 73–75, Prosper 1280–89, Procopius, *Vandal Wars* 3.3.8–9, and Philostorgius 12.12–14. Aetius' support of John is discussed in detail by Giuseppe Zecchini, *Aezio: L'ultima difesa dell'occidente romano* (Rome, 1983), 125–40, and Timo Stickler, *Aëtius: Gestalungsspielräume eines Heermeisters im ausgehenden Weströmischen Reich* (Munich, 2002), 25–35. His mission to the Huns and late arrival in Italy is reported in Philostorgius 12.14, Prosper 1288, and Gregory of Tours 2.8, quoting the now lost fifthcentury historian Renatus Frigeridus (see Martindale, *Prosopography*, 485– 86). Gregory's information on Aetius' family and his early life as well as the description of his appearance and character are all based on Renatus. Aetius was born sometime around 390, see Martindale, *Prosopography*, 21, and Zecchini, Aezio, 116. For Gaudentius' career, see Martindale, *Prosopography*, 493–94; his death is noted in *Chron. Gall.* 452 100. The dating of Aetius' time with the Huns is uncertain. According to Renatus, Aetius also spent three years as a hostage with Alaric. I follow the careful discussion in Zecchini, *Aezio*, 120–24, arguing that Aetius is most likely to have spent 405–7 with the Goths and to have been sent to the Huns at some point between 409 and 416. Honorius' levy of Hun mercenaries in summer 409 seems to offer a suitable context for the sending of hostages. How long Aetius spent beyond the Danube is unknown.

CHAPTER SEVEN: WAR ON THREE FRONTS

Abdaas' incendiary activities are related in Theophanes 5906 and Theodoret 5.39.1–5. The Persian War of 421–22 is discussed in detail in Blockley, *Foreign Policy,* 56–58; Omert Schrier, "Syriac Evidence for the Roman- Persian War of 421–422," *Greek, Roman and Byzantine Studies* 33 (1992): 75–86; Kenneth Holum, "Pulcheria's Crusade A.D. 421–22 and the Ideology of Imperial Victory," ibid. 18 (1977): 153–72, and *Theodosian Empresses: Women and Imperial Dominion in Late Antiquity*, (Berkeley, Calif., 1982), 102–11 and 121–23. The requisition order for the towers in the Theodosian Walls is at *Theodosian Code* 7.8.13. Robert Demangel, *Contribution à la topographie de l'Hebdomon* (Paris, 1945), 33–40, includes a detailed study of the remains of Theodosius' victory column and its inscription. The laconic notice on the Hun incursion is quoted from Marcellinus 422.3. The sequence and dating of the Hun attacks on the eastern Roman empire in the 420s and 430s are uncertain. I follow the elegant solution to a number of difficult problems proposed by Constantin Zuckerman, "L'empire d'Orient et les Huns: Notes sur Priscus," *Travaux et Mémoires byzantines* 12 (1994): 159– 82, at 159–63. Zuckerman clearly distinguishes three episodes: 422, 434 (Rua's death), and 439 (peace talks at Margum; see above, chap. 9, pp. 117– 18). For a radically different reconstruction, see Brian Croke, "Evidence for the Hun Invasion of Thrace in A.D. 422," *Greek, Roman and Byzantine Studies* 18 (1977): 347–67 (= *Christian Chronicles and Byzantine History, 5th–6th Centuries*, Variorum reprints 386 [Aldershot, 1992], no. 12). I agree with Croke, 351–52, that the previous treaty provisions mentioned in Priscus 2, including the payment of 350 pounds of gold, relate to the peace settlement in 422. Given the circumstances of the Hun withdrawal after Rua's unexpected death in 434, it seems unlikely that there were any formal negotiations at that point, and not until Margum in 439. The order of events for the 420s and 430s presented in this chapter and following leads to a different understanding of the relationship between Huns and Romans—and the strategic connections with North Africa and France—to that advanced (for example) in Thompson, *Huns*, 69–86, Maenchen-Helfen, *Huns*, 76–94, and Bóna, *Hunnenreich*, 46–56. For the Vandal push into North Africa, see the discussions in Walter Pohl, "The

Vandals: Fragments of a Narrative," in Andrew Merrills, Ed., *Vandals, Romans and Berbers: New Perspectives on Late Antique North Africa* (Aldershot, 2004), 31–47, at 38–41; Stein, Bas- Empire, 319–21, and Christian Courtois, *Les Vandales et l'Afrique* (Paris, 1955), 155–71. The Hun invasion of 434 is reported in *Chron. Gall.* 452 112, Theodoret 5.37.4, and Socrates 7.43, citing Proclus' sermon on Ezekiel 38–39.

CHAPTER EIGHT: BROTHERS IN ARMS

The accession of Attila and Bleda following Rua's death is noted in Jordanes, *Getica* 180. The expansion of the Hun empire under Rua and Bleda is helpfully discussed in Maenchen-Helfen, Huns, 81–85. The tribes pressured by Rua are listed in Priscus 2; Jordanes, *Getica* 126, associates them with the Huns' earlier westward progress from the steppes. Octar's defeat by the Burgundians is piously reported in Socrates 7.30. The extent of the Hun empire under Attila and Bleda is discussed in Thompson, *Huns*, 83–85, with doubts in Maenchen-Helfen, *Huns*, 125–26. The archaeological evidence—which may suggest transcontinental trading contacts rather than conquest—is surveyed in Jan Bemman, "Hinweise auf Kontakte zwischen dem hunnischen Herrschaftsbereich in Südosteuropa und dem Norden," in *Attila und die Hunnen*, 176–83. The Pietroasa treasure is now on display in the National Museum of Romanian History in Bucharest. The objects were described in detail in a magnificent three-volume work by the Romanian historian and politician Alexandru Odobescu, *Le trésor de Pétrossa, historique, description: Étude sur l'orfèvrerie antique* (Paris, 1889–1900; reprinted as *Opere IV: Tezaurul de la Pietroasa*, Bucharest, 1976, 44–735). Odobescu 3: 15–26 argued that the treasure had been buried by the Tervingi leader Athanaric sometime before his death in 381. Recent studies have suggested that on stylistic grounds the treasure dates to the fifth century and was probably buried sometime around 450, perhaps as a response to the breakup of the Hun empire (see above, chap. 24, pp. 267–70); see Radu Harhoiu, *The Fifth-Century A.D. Treasure from Pietroasa, Romania, in the Light of Recent Research* (Oxford, 1977), especially 7–18 (descriptions) and 31–35 (historical context). Ecaterina Dunăreanu-Vulpe, *Le trésor de Pietroasa* (Bucharest, 1967), is useful for its descriptions (15–44) and especially for the account of the modern history of the treasure (7–13), following Odobescu, *Le trésor*, 1: 1–68. The patera (shallow bowl) and its iconography are treated in detail by Madeleine von Heland, *The Golden Bowl from Pietroasa* (Stockholm, 1973), identifying (at 71–74) Antioch as a possible place of manufacture, and Gerda Schwarz, "Der Götterfries auf der spätantiken Goldschale von Pietroasa," *Jahrbuch für Antike und Christentum* 35 (1992): 168–84, proposing Alexandria. The treasure has been extensively restored. The great eagle brooch, when recovered from the dealer Anastase Vérussi, was in at least two pieces, with its precious stones removed. Major restoration was carried out in Paris before the treasure was displayed at the Universal Exhibition of 1867; before then, Odobescu, Le trésor, 1: 41, specifically notes, the head and body were separate. Immediately after the Paris exhibition, the treasure was put on public view for six months at the South Kensington (now Victoria and Albert) Museum in London. The Arundel Society for Promoting the Knowledge of Art commissioned a portfolio of photographs of the objects "for the use of Schools of Art and Amateurs": Richard Soden Smith, *The Treasure of Petrossa* (London, 1869). The photograph (plate 8) of the eagle brooch shows three significant differences from its current state: the head is turned slightly to the left (it now looks straight ahead); there is no "collar" extending from the last row of heart-shaped perforations on the neck to the breast; and there are two (not four) rock-crystal pendants hanging from the tail (see figures 14 [p. 98] and 35). These changes were made following damage to the brooch in the robbery of December 1875. The treasure was shown January–March 1971 in London at the British Museum's special exhibition "Treasures from Romania."

Following that exhibition, David Brown, "The Brooches in the Pietroasa Treasure," Antiquity 46 (1972): 111–16, suggested that in the repairs carried out during the nineteenth century the eagle brooch had been incorrectly restored. If the brooch was worn on the shoulder, as seems likely given its size, the curve of the body, and the pendants at the tail, then, as currently positioned, the eagle's head is arguably the wrong way around—its beak points straight up in the air rather than out across the wearer's shoulder. Harhoiu 18 accepts that the brooch is to be worn on the shoulder, registers Brown's suggestion, but offers no comment. The restoration has not been altered. For the site of Pietroasa, see Gheorghe Diaconu, "L'ensemble archéologique de Pietroasele," Dacia 21 (1977): 199–220, at 199–206. Maenchen-Helfen, *Huns*, 267–96, offers a fascinating—and unapologetically speculative—discussion of Hun religion. Thompson, Huns, 42–45, and Maenchen-Helfen, Huns, 260–67, for the Huns' hostile attitude to Christianity. Nestorius' challenge to Theodosius is quoted in Socrates 7.29.5; the story of the invisible bishop of Tomi is told in Sozomen 7.26.6–8. The finding of the war god's sword is recounted in Jordanes, *Getica* 183, explicitly citing Priscus as the source. For literary parallels, see Herodotus, Histories 4.62, and Ammianus 31.2.23. The sword from Pannonhalma is described in Tomka, "Der Hunnische Fürstenfund," 433–43, and Bóna, *Hunnenreich*, 279. The story of Zercon survives in the tenth-century encyclopaedia, the

Souda Z 29 (ed. Ada Adler [Leipzig, 1928– 38]). The information most probably derives from Priscus; see Blockley, *Fragmentary Classicising Historians,* 1: 118.

CHAPTER NINE: FIGHTING FOR ROME

The story of Aetius' plot to discredit Boniface is related in Procopius, *Vandal Wars* 3.3.14–30, followed by Theophanes 5931. There are other versions (Prosper 1294 does not mention Aetius), but no sure way of selecting between them. Rather than attempt a compromise—which might, of course, turn out to be the least accurate version—I have followed Procopius. For discussion see John O'Flynn, *Generalissimos of the Western Roman Empire* (Edmonton, 1983), 77–81; Martindale, *Prosopography*, 23; Oost, *Galla Placidia*, 220–24; Heather, CAH 14: 5–6; Zecchini, *Aezio*, 146–50; and Stickler, *Aëtius*, 44–48. Galla's attempts to exploit the rivalry between Aetius and Boniface are noted in Hydatius 89 and *Chron. Gall. 452* 109 with Oost, *Galla Placidia*, 227–35; Zecchini, *Aezio*, 159–65; Stickler, *Aëtius*, 54–58; and Martindale, *Prosopography*, 22–24 and 239–40. The allegation that Aetius lengthened his lance before the battle at Ariminum is made in Marcellinus 432.3. Both Prosper 1310 and *Chron. Gall.* 452 112 note Aetius' appeal to Rua and his offer of help. The number of Hun troops that accompanied Aetius back to Italy is unknown. There is no record that any battle was ever fought. I follow the suggestion in Oost, *Galla Placidia*, 234, and Maenchen-Helfen, Huns, 87, that what really mattered was Aetius' threat of an invasion. There is no clear-cut solution to the problem of when part of Pannonia and Valeria were ceded to the Huns. I follow the carefully argued conclusion of Maenchen-Helfen, Huns, 87–90 (applauded by Stickler, *Aëtius*, 108), that the deal was made not with Rua but with Attila (for an opposing view, see Zecchini, Aezio, 161–63). Priscus 11, who reports the exchange with the Huns without mentioning either Rua or Attila, affirms that it was the result "of a treaty concluded with Aetius." I suggest that such an arrangement makes good sense in the context of Aetius' success in persuading Attila and Bleda to support Roman interests in France. There is no straightforward account of the campaigns of the Romans and their Hun allies in the 430s, only a series of scattered and often frustratingly brief notices in the chronicles. The most important are Hydatius 102, *Chron. Gall. 452* 118, and Prosper 1322 on the Burgundians; *Chron. Gall. 452* 117 and 119 on the Bagaudae (see above, chap. 22, pp. 245–46); Hydatius 108 and Prosper 1324 and 1335, on Litorius before Narbonne and Toulouse. The most useful modern discussions are Stein, *Bas-Empire*, 322–24; Maenchen-Helfen, *Huns*, 95–107; Thompson, *Huns*, 72–79; Heather, CAH 14:

7–10; Halsall, *Barbarian Migrations*, 242–47; Wolfram, Goths, 175–76, and Zecchini, *Aezio*, 212–22. The ritual of scapulimancy is described in Jordanes, Getica 196, and discussed in Maenchen-Helfen, Huns, 269–70. The warnings of Salvian of Marseille are taken from his polemical social critique *On the Governance of God* (*de Gubernatione Dei* 7.39, ed. Georges Lagarrigue [Paris, 1975]; trans. Jeremiah O'Sullivan [Washington, D.C., 1947]), quoting the Gospel of Luke 14.11.

CHAPTER TEN: SHOCK AND AWE

The fall of Carthage is lamented in Prosper 1339; see Stein, *Bas-Empire*, 1: 324–25. See *Chron. Pasch.* 439 with Dagron, *Naissance d'une capitale*, 270, and Janin, *Constantinople byzantine*, 294, for the extension of the sea walls in Constantinople; the regulations for the improved defense of Rome issued in March 440 are set out in an imperial law collected in the *New Laws of Valentinian* (Valentinian III, Novellae 5.2–4; ed. Theodor Mommsen and Paul Meyer [Berlin, 1905]; trans. Clyde Pharr, *The Theodosian Code and Sirmondian Constitutions* [Princeton, 1952], 515–50); the announcement of the sailing of the Vandal fleet is Novellae 9. Theodosius' armada and the expedition to Sicily are noted in Prosper 1344 and Theophanes 5941–42. As with Aetius' campaigns in France in the 430s, there is no surviving narrative history of the Huns' attacks on the eastern empire in the 440s. The sequence of events must be jigsawed together from the notices in the chronicles and the fragmentary text of Priscus (see above, chap. 13, pp. 151–52. I have followed the chronology suggested in Zuckerman, "L'empire Orient," 164–68, building on Maenchen-Helfen, *Huns*, 112–16; Blockley, *Fragmentary Classicising Historians*, 1: 168–69 n. 48 (but see *Foreign Policy*, 62); Brian Croke, "Anatolius and Nomus: Envoys to Attila," *Byzantinoslavica* 42 (1981): 159–70, at 159–63 (= *Christian Chronicles*, no. 13), and "The Context and Date of Priscus Fragment 6," *Classical Philology* 78 (1983): 297–308 (= *Christian Chronicles*, no. 14). There are four propositions on which this reconstruction rests. First, that Priscus 9.3, which deals with Anatolius and Nomus' negotiations with Attila, should be dated to 447 and not 443; second, that there were no peace negotiations in either 442 or 443; third, that the first Hun invasion should be dated to 441–42; and, fourth, that Theophanes 5942 telescopes into his summary of 449 events that occurred across the preceding eight years. For examples of alternative readings, see William Bayless, "The Treaty with the Huns of 443," *American Journal of Philology* 97 (1976): 176–79, and Croke, "Anatolius and Nomus," 164–70, arguing for an embassy led by Nomus in 442. None of the standard, and in other respects extremely helpful, accounts of the Hun invasion of 440s take fully into account the revisions consolidated in Zuckerman; see, for example, Demougeot, *La formation de l'Europe*, 2: 534–40; Thompson, *Huns*, 86–95; Bóna, *Hunnenreich*, 61–72; Stephen Williams and Gerard Friell, *The Rome That Did Not Fall: The Survival of the East in the Fifth Century* (London, 1999), 63–81; and Heather, Fall, 300–12; but CAH 14: 41 (Doug Lee) and 704 (Michael Whitby). As with the campaigns in France in the 430s, any shift in the basic sequence of events has an impact on understandings of the broader pattern of strategic, political, and diplomatic considerations confronting both Romans and Huns. The most important ancient account is Priscus 2 (location of Constantia), 6.1 (attack on Constantia and tomb-raiding bishop of Margum), 6.2 (siege of Naissus), and 11.2 (the later visit to Naissus; see above, chap. 14, p. 166). Priscus does not name the Roman envoy at Margum in 441. I have speculated that it might have been Aspar on the basis of the brief notice in Marcellinus 441.1 that indicates he commanded troops in the Balkans in that year; see Martindale, *Prosopography*, 166, and Maenchen-Helfen, *Huns*, 116. I understand the one-year peace of 441–42 mentioned in Marcellinus to refer to the eastern frontier and not to Aspar's campaign. The suggestion that it refers to both (Brian Croke, *The Chronicle of Marcellinus* [Sydney, 1995], 85; Blockley, *Foreign Policy*, 61–62; and Martindale, *Prosopography*, 84–85 and 166), stretches Marcellinus' already ambiguous text too far. Priscus' description of the siege of Naissus is another fine example of the problematic representation of events by a self-consciously literary author eager to demonstrate his knowledge of the classics. Edward Thompson, "Priscus of Panium, Fragment 1b," *Classical Quarterly* 39 (1945): 92–94, doubts the historical value of Priscus' account of the siege; in Priscus' defense, Roger Blockley, "Dexippus and Priscus and the Thucydidean Account of the Siege of Plataea," *Phoenix* 26 (1972): 18–27, and Barry Baldwin, "Priscus of Panium," *Byzantion* 50 (1980): 18–61, at 53–56. The Huns' ability to take cities by siege is usefully discussed in Hugh Elton, *Warfare in Roman Europe, AD 350–425* (Oxford, 1996), 82–86. Only the main cities attacked are listed: Priscus 6.1 records Margum and Viminacium, 6.2 Naissus; Marcellinus 441.3 Singidunum and Naissus (thus establishing a context and date for Priscus 6.2). Following Maenchen-Helfen, *Huns*, 116, and Thompson, *Huns*, 89, the sacking of Sirmium, noted in Priscus 11.2 (see above, chap. 19, p. 220), can reasonably be added, since it lies at the head of the same marching route along the Sava River and through the Morava River valley. Marcellinus 442.2 reports that the Huns reached as far as Thrace; hence (as it also lies on the same route) I have followed Thompson, *Huns*, 92, and included Serdica mentioned in Priscus 11.2 (see above, chap. 14, p. 164). For the cruel impact of war on urban and rural communities, see the excellent discussion in Doug Lee, *War in Late Antiquity: A Social History* (Oxford, 2007), 133–41. The murder of Bleda is reported in Marcellinus 445.1; see also Jordanes, *Getica* 181, Prosper 1353, and *Chron. Gall.* 452 131.

CHAPTER ELEVEN: BARBARIANS AT THE GATES

The earthquake in 447 is reported in Marcellinus 447.1 (fifty-seven towers destroyed), Malalas 14.22, and *Chron. Pasch.* 450. Theophanes 5930 explains the origin of the Trisagion. I follow the understanding of these sometimes contradictory versions as worked out in an elegant essay by Brian Croke, "Two Byzantine Earthquakes and their Liturgical Commemoration," *Byzantion* 51 (1981): 122–47 (= *Christian Chronicles*, no. 9). Aristotle's understanding of earthquakes is set out in his *Meteorology* (*Meteorologica* 2.7–8; trans. Jonathan Barnes, ed., 2 vols. [Princeton, 1984], 1: 591–96). The sporting and political activities of the "circus factions" are discussed by Dagron, *Naissance d'une capitale*, 348–64, and in detail by Alan Cameron, *Circus Factions: Blues and Greens at Rome and Byzantium* (Oxford, 1976). Constantinus' achievement is noted by Marcellinus 447.3; the commemorative inscription is recorded in Janin, *Constantinople byzantine*, 278, and Meyer-Plath and Schneider, *Die Landmauer*, 133, no. 35. The notices in the chronicles for the invasion of 447 are disappointingly brief: Marcellinus 447.2 and 4–5 (no cities listed); *Chron. Gall.* 452 132 (no fewer than seventy cities, but none named) and Theophanes 5942 (compressing the Hun invasions of the 440s into a single entry). I have aimed to make the best of the ten cities and forts listed in Theophanes, who notes that these are just a selection from "very many others." I have excepted Naissus and Constantia as belonging to the campaign of 441–42. The remainder—Ratiaria (also mentioned in Priscus 9), Philippopolis, Arcadiopolis, Callipolis, Sestus, Athyras, Adrianople, and Heraclea—make coherent strategic sense in terms of an advance on Constantinople and the Roman army's attempts to impede it. For the walls of Adrianople, see Ammianus 31.15 (see above, chap. 4, p. 47); for Philippopolis, Ammianus 26.10.4. The Balkan landscape and its numerous fortified settlements are surveyed in a fascinating study by Ventzislav Dinchev, "The Fortresses of Thrace and Dacia in the Early Byzantine Period," in Andrew Poulter, ed., *The Transition to Late Antiquity: On the Danube and Beyond* (= *Proceedings of the British Academy* 141) (Oxford, 2007), 479–546.

CHAPTER TWELVE: THE PRICE OF PEACE

The terms of the peace negotiated by Anatolius are outlined in Priscus 9.3 and 11.1 (the evacuation of territory), along with the harsh criticism of Theodosius and the impact of his policy of appeasement. Zuckerman, "L'empire d'Orient," 168, suggests that the lump sum quoted by Priscus may have included the cost of ransoming POWs. The master of the offices, Nomus, may have been part of the delegation. This is no more than an inference. Croke, "Anatolius and Nomus," 166–67, makes the attractive suggestion that those senior courtiers declared acceptable as envoys by Attila in 449 (Priscus 13.1; see above, chap. 15, p. 182) were already known to him from previous embassies. Attila's list included Nomus, who certainly joined Anatolius in negotiations with Attila in 450 (Priscus 15.3; see above, chap. 18, p. 210); this was perhaps a reprise of their partnership three years earlier. For attempts to estimate the purchasing power of the solidus, see the examples collected in Jones, *Later Roman Empire*, 1: 445–48, and Evelyne Patlagean, *Pauvreté économique et pauvreté sociale à Byzance 4e–7e siècles* (Paris, 1977), 341–421. The costs for a fourth-century recruit are set out in *Theodosian Code* 7.13.7.2; the prices from Nessana, in Caspar Kraemer, *Excavations at Nessana III: Non-literary Papyri* (Princeton, 1958), no. 89. There are insufficient hard data to allow any certain reconstruction of the revenue of the Roman empire; using these fragile figures, I offer no more than a sighting shot following Jones, *Later Roman Empire*, 1: 462–65; Michael Hendy, *Studies in the Byzantine Monetary Economy c. 300–1450* (Cambridge, 1985), 157–60 and 164–78; and Elton, *Warfare in Roman Europe*, 119–20. If anything, the figure of 66,000 pounds of gold is likely to be low; Jones (at 1: 463) estimated the annual revenue from Egypt—the empire's wealthiest province—at 20,000 pounds. The taxation settlement in Numidia is set out in Valentinian III, Novellae 13. Senatorial wealth is helpfully estimated in Jones, *Later Roman Empire*, 2: 554–57 and 782–84; the figures quoted are from Olympiodorus 41.2. For the costs of war, see Elton, *Warfare in Roman Europe*, 120–27, and Lee, *War in Late Antiquity*, 105–6. Positive assessments of Theodosius' foreign policy are offered by Edward Thompson, "The Foreign Policies of Theodosius II and Marcian," *Hermathena* 76 (1950): 58–75, and Huns, 211–24; Blockley, *Foreign Policy*, 59–67, and Lee, CAH 14: 39–42. The use of subsidies in Roman diplomacy is helpfully discussed in C. D. Gordon, "Subsidies in Roman Imperial Defence," *Phoenix* 3 (1949): 60–69; Roger Blockley, "Subsidies and Diplomacy: Rome and Persia in Late Antiquity," *Phoenix* 39 (1985): 62–74; Hendy, *Byzantine Monetary Economy*, 257–64, and especially in the levelheaded analysis of

Lee, *War in Late Antiquity*, 119–22. Zuckerman, "L'empire d'Orient," 169–72, suggests that Theodosius relieved both Aspar and Ariobindus of their posts in 447. Priscus 6.1 reports the designation of trading posts at Constantia, across the river from Margum, and 11.1 at Naissus. Priscus 9.3 notes the execution of Hun exiles by the Romans.

CHAPTER THIRTEEN: MISSION IMPOSSIBLE

For Constantine VII Porphyrogenitus' editorial projects, see Arnold Toynbee, *Constantine Porphyrogenitus and His World* (London, 1973), 575–82; Paul Lemerle, *Le premier humanisme byzantin: Notes et remarques sur enseignement et culture à Byzance des origins au 10e siècle* (Paris, 1971), 274–88; and Carl de Boor, "Die Excerptensammlungen des Konstantin Porphyrogennetos," *Hermes* 19 (1884): 123–48. The selection of excerpts on embassies is edited by de Boor, *Excerpta de Legationibus* (Berlin, 1903). Together with three further anthologies collecting examples of virtues and vices (*de Virtutibus et Vitiis*), wise remarks (*de Sententiis*), and conspiracies (*de Insidiis*), roughly 3 percent of Constantine's original project has survived. The most important discussion of Priscus of Panium is Blockley, *Fragmentary Classicising Historians*, 1: 48–70; see, too, Baldwin, "Priscus of Panium" Thompson, *Huns*, 12–16; Warren Treadgold, *The Early Byzantine Historians* (Basingstoke, Eng., 2007), 96–102; and Martindale, *Prosopography*, 906. On the exact title of Priscus' history, its publication date, and contents, see Baldwin, "Priscus," 25–29, and Blockley, *Fragmentary Classicising Historians*, 1: 49–52. For sophisticated and sympathetic accounts of the Roman education system, see Raffaella Cribiore, *Gymnastics of the Mind: Greek Education in Hellenistic and Roman Egypt* (Princeton, 2001), and Teresa Morgan, *Literate Education in the Hellenistic and Roman Worlds* (Cambridge, 1995), with a discussion at 105–16 on the popularity of Homer and Euripides. On Maximinus' career, see usefully Martindale, *Prosopography*, 743. From Priscus' description (especially at 20), I have presented Maximinus as a well-connected army officer; there is no persuasive reason to follow Thompson, *Huns*, 113, or Baldwin, "Priscus," 20–21, and conflate this military Maximinus with any of the legally trained Maximini known to have worked in the 430s on the compilation of the *Theodosian Code*. The account of Edeco's experiences in Constantinople is based on Priscus 11.1; the preceding four Hun embassies are noted at 10. The intricate formalities of court etiquette and their ideological importance are discussed by Christopher Kelly, *CAH* 13: 139–50, and *Ruling the Later Roman Empire*, 19–26, and Michael McCormick, *CAH* 14: 156–60; trousers and garments made from animal skins are prohibited in *Theodosian Code* 14.10. For the ceremony of "adoring the purple" (*adoratio purpurae*), see *Theodosian Code* 8.7.8, 9 and 16; W. T. Avery, "The *Adoratio Purpurae* and the Importance of the Imperial Purple in the Fourth Century of the Christian Era," *Memoirs of the American Academy in Rome* 17 (1940): 66–80. For eunuchs at the Roman imperial court, the splendid essay by Keith Hopkins has not been bettered, *Conquerors and Slaves* (Cambridge, 1978), 172–96; see, too, Jacqueline Long, *Claudia's "In Eutropium," or How, When, and Why to Slander a Eunuch* (Chapel Hill, 1996), 107–46, and Shaun Tougher, *The Eunuch in Byzantine History and Society* (London, 2008).

CHAPTER FOURTEEN: CLOSE ENCOUNTERS

The most important treatment of Priscus' journey beyond the Danube by any modern scholar is Thompson, *Huns*, 108–36. Priscus' narrative is retold in Wolfram, *Germanic Peoples*, 130–36, and Heather, *Fall*, 313–24. The carelessness of Constantine's editorial team means that Priscus' now fragmentary text is not always coherent; sometimes the narrative stumbles, and the links between incidents are difficult to explain. In the reconstruction offered in this chapter, I have assumed that the dispute between Vigilas and Edeco at Serdica was staged. The alternative might be, as suggested by Thompson, *Huns*, 114, sheer tactlessness on Vigilas' part, perhaps the result of drunkenness. I have given Vigilas more credit. Nor is it clear (as assumed by Thompson, *Huns*, 115) that Edeco had already revealed the details of the assassination plot to Orestes. Orestes' remark to Priscus and Maximinus could equally well be the result of a well-judged suspicion. In the surviving text, Priscus never explains (or speculates on) how Attila came to know the contents of Theodosius' letter before it had been handed over by Maximinus. It seems consistent with the careful preparations made in Constantinople to imagine that the letter was shown to Edeco before he left—not least, if he were ever challenged, to give him a plausible justification for his private meetings with Chrysaphius. The narrative in this chapter is based on Priscus 11.2 with the exception of the description of Attila from Jordanes, *Getica* 182. Jordanes specifically notes (at 178) that this information comes from Priscus. Priscus' route after Naissus is difficult to follow; however, at 11.1 he clearly states that Naissus is a five-day journey from the Danube frontier. Thompson, Huns, 116, and Robert Browning, "Where was Attila's Camp?" *Journal of Hellenic Studies* 73 (1953): 143–45 (= *Studies on Byzantine History, Literature and Education*, Variorum reprints 59, [London, 1977], no. 2) both only allow a day's journey from Naissus to the frontier. On the basis of Priscus' journey time, I assume he traveled northwest from Naissus, remaining for five days within territory once part of the Roman empire, and crossing the Danube near Margum or Viminacium; see, too, Blockley, *Fragmentary Classicising Historians*, 2: 382 n. 29.

CHAPTER FIFTEEN: EATING WITH THE ENEMY

The narrative is based on Priscus 11.2 and 13. Scottas' embassy to Constantinople in 447 is noted at 9.3. Priscus' vague geography makes it impossible to locate Attila's main residence; detailed discussions in Blockley, *Fragmentary Classicising Historians*, 2: 384 n. 43, and Thompson, Huns, 276–77. For a careful review of Priscus' descriptions of Attila's compound and the surrounding village, Edward Thompson, "The Camp of Attila," *Journal of Hellenic Studies* 65 (1945): 112–15. For Priscus' confusion about the seating plan and the ceremonies at Attila's feast, see Blockley, *Fragmentary Classicising Historians*, 2: 387–88 nn. 78–80. The evidence for the brewing of barley beer in the northern provinces of the Roman empire is surveyed in Max Nelson, *The Barbarian's Beverage: A History of Beer in Ancient Europe* (London, 2005), 1–3, 41–44, and 55–63. The beads found in the graves at Singidunum are catalogued, illustrated, and described in superb detail in Vujadin Ivanišević, Michel Kazanski, and Anna Mastykova, *Les necropoles de Viminacium à l'époque des grandes migrations* (Paris, 2006), 51–117. The excavation of the graves is reported in Vujadin Ivanišević and Michel Kazanski, "La nécropole de l'époque des grandes migrations à Singidunum," in Marko Popović, ed., *Singidunum* 3 (Belgrade, 2002): 101– 57. The Şimleu Silvaniei treasure is presented in a magnificently illustrated catalogue published by the Kunsthistorisches Museum in Vienna for an exhibition in 1999: Wilfried Seipel, ed., *Barbarenschmuck und Römergold: Der Schatz von Szilágysomlyó*. For the fourth-century material as evidence of high-level contacts across the Danube, see Radu Harhoiu, "Die Medaillone aus dem Schatzfund von Şimleul Silvaniei," *Dacia* 37 (1993): 221–36, and Lenski, *Failure of Empire*, 347–48. For the dating of the concealment of the finds, see the discussion in the exhibition catalogue by Attila Kiss, "Historische Auswertung," 163–68, substantially revising his earlier views in "Der Zeitpunkt der Verbergung der Schatzfunde I und II von Szilágysomlyó," *Acta Antiqua Academiae Scientiarum Hungaricae* 30 (1982–84): 401–16. Kiss now argues for a date in the 440s, as a response by a local ruler to the expansion of the Hun empire; but as the latest objects in the treasure cannot be dated on stylistic grounds with any more precision than to the mid–fifth century, it is equally plausible—

as has been suggested for the Pietroasa treasure—that the Șimleu Silvaniei treasure was buried in the 450s during the Hun empire's collapse (see above, chap. 24, pp. 267–70). If so, then some of the magnificent items manufactured in the Roman empire in the fifth century might represent the profitable results of cooperation with the Huns. The large silver plate (29 inches in diameter) known as the Missorium of Theodosius is discussed in MacCormack, *Art and Ceremony*, 214–21, and described in detail in Martín Almagro-Gorbea, ed., *El disco de Teodosio* (Madrid, 2000).

CHAPTER SIXTEEN: WHAT THE HISTORIAN SAW

Onegesius' bath building is described at Priscus 11.2. For a comprehensive introduction to Roman baths and bathing culture, see Fikret Yegül, *Baths and Bathing in Classical Antiquity* (New York, 1992), 30–47 and 314–49. The excavation of the private bath building in Sirmium is briefly reported in Noël Duval and Vladislav Popović, *Sirmium VII: Horrea et thermes aux abords du rempart sud* (Rome, 1977), 75–78. For excellent surveys of Roman dining practices in the fourth and fifth centuries, see Jeremy Rossiter, "Convivium and Villa in Late Antiquity," and Katherine Dunbabin, "Triclinium and Stibadium," in William Slater, ed., *Dining in a Classical Context* (Ann Arbor, Mich., 1991), 121–48 and 199–214. For an elegant exploration of the dining habits of the Roman elite, see Matthew Roller, *Dining Posture in Ancient Rome: Bodies, Values, and Status* (Princeton, 2006), with discussion at 84–95 on sitting and standing at dinner as expressions of an inferior social status. The use of chairs was common in cheap restaurants and pubs; see Tönnes Kleberg, Hôtels, *restaurants et cabarets dans l'antiquité romaine: Études historiques et philologiques* (Uppsala, 1957), 114–15. The grand luncheon at the villa of Tonantius Ferreolus is described in Sidonius, *Letters* 2.9. Priscus relates his meeting with the renegade Roman trader at 11.2; the staged nature of the debate and its philosophical and literary pretensions are noted in Blockley, *Fragmentary Classicising Historians*, 1: 55–59 and Baldwin, "Priscus," 40–41. In his account of the feast, Priscus uses a rare word, *kissybion*, for Attila's wooden cup. Some readers may have recognized its origin: it was used by Homer, Odyssey 9.346, for the Cyclops' drinking cup. Priscus delighted in such knowing literary games. His deliberate use of Homeric vocabulary recalled one of the powerful evocations of nomads in classical literature. It reminded readers of the stereotype that this description of Attila was intended to undercut. The virtues that well-educated Romans expected their emperors to exemplify included moderation, clemency, frugality, accessibility, self-control, and a willingness to uphold the rule of law; a tendency to tyranny (or barbarity) was indicated by telltale vices such as cruelty, self-indulgence, capriciousness, unpredictability, and excess; see Andrew Wallace-Hadrill, "The Emperor and His Virtues," Historia 30 (1981): 298–323, and Christopher Kelly, *CAH* 13: 145–50. One of the best guides to contemporary attitudes is the *Panegyrici Latini*, a collection of twelve speeches given before (always virtuous) emperors, often celebrating their victories over (always vicious) usurpers; for an excellent introduction and translation, see Ted Nixon and Barbara Rodgers, *In Praise of Later Roman Emperors: The Panegyrici Latini* (Berkeley, Calif., 1994). The vilification of Magnus Maximus is quoted from Pan. Lat. 2.25–28. For firstrate discussions of dining habits as an index of morality, see Justin Goddard, "The Tyrant at Table," in Jać Elsner and Jamie Masters, eds., *Reflections of Nero: Culture, History and Representation* (London, 1994), 67–82, and Emily Gowers, *The Loaded Table: Representations of Food in Roman Literature* (Oxford, 1993), 1–49.

CHAPTER SEVENTEEN: TRUTH AND DARE

The narrative follows Priscus 14–15.2. Attila was right to single out Flavius Zeno as a potential threat to Theodosius; see above, chap. 21, p. 233, with Thompson, Huns, 133–34, and Zuckerman, "L'empire orient," 172–73.

CHAPTER EIGHTEEN: END GAME

The surviving text of Priscus jumps straight from Attila's instructions to Orestes and Eslas (15.2) to an account of Anatolius and Nomus' embassy (15.3–4). I have filled some of the gap with a passage from John of Antioch. The evidence for the close relationship between John and Priscus is set out in Blockley, *Fragmentary Classicising Historians*, 1: 114, and Umberto Roberto, *Ioannis Antiocheni Fragmenta ex Historia chronica* (Berlin, 2005), CXLIV–VI. Like Priscus' History, much of the surviving text of John is preserved in Constantine's Excerpta (see the important discussion in Treadgold, *Byzantine Historians*, 311–29). John's remarks on Theodosius and the baleful influence of Chrysaphius were included in the collection on virtues and vices (ed. Theodor Büttner-Wobst [Berlin, 1906], *Excerpta de Virtutibus et Vitiis* 72 = Priscus 3 = ed. Roberto, John of Antioch 291). Priscus does not indicate when he was able to interview Vigilas; but at 11.2 (quoted above, chap. 14, p. 172) he mentions that sometime later he and Maximinus learned the truth from Vigilas about the assassination plot. I have placed that meeting in Constantinople after Chrysaphius' execution when Vigilas might have felt it safe to return. Priscus mentions his further missions with Maximinus and his death at 20.3 and 27; the complex chronology of these events is discussed in Zuckerman, "L'empire orient," 176–79. Priscus' other works (none survive) are mentioned in the brief entry on the historian in the tenth-century encyclopaedia, the *Souda*? 2301. Praise for Priscus' History is quoted from Evagrius, Ecclesiastical History 1.27 (ed. Joseph Bidez and Léon Parmentier [London, 1898]; trans. Michael Whitby [Liverpool, 2000]), and *Chron. Pasch.* 450.

CHAPTER NINETEEN: HEARTS AND MINDS

See Jordanes, Getica 184, for the cruel story of Theodoric's daughter and Geiseric's gifts to Attila; for the rebellion, Prosper 1348. For the dating of Huneric and Eudocia's engagement, see Frank Clover, "Flavius Merobaudes: A Translation and Historical Commentary," *Transactions of the American Philosophical Society* 61 (1971): 1–78, at 23–24; for its implications, Oost, Galla Placidia, 260–64. Jordanes, Getica 168, for his uncompromising assessment of Geiseric. Attila's honorary rank is noted by Priscus 11.2 (as part of his account of his conversation with the envoys from Valentinian and Aetius); see Martindale, *Prosopography*, 182–83. As Stickler, *Aëtius*, 110–14, advises, the "friendship" between Attila and Aetius should again be seen firmly within a diplomatic context. The Bagaudae have long been favorites of historians seeking to find evidence of class struggle in the ancient world, or at least the uprising of an exploited peasantry against the oppressions of imperial rule. The classic account is by Edward Thompson, "Peasant Revolts in Late Roman Gaul and Spain," *Past & Present* 2 (1952): 11–23 (= Moses Finley, ed., *Studies in Ancient Society* [London, 1974], 304–20). By contrast, recent studies have stressed the involvement of local landowners and the well educated. Eupraxius, the Bagaudae leader who sought asylum with Attila, was a doctor: *Chron. Gall. 452* 133. The best-argued response to Thompson is Raymond van Dam, *Leadership and Community in Late Antique Gaul* (Berkeley, Calif., 1985), 25–56. The role of displaced landowners is explored in John Drinkwater, "The Bacaudae of *Fifth-Century Gaul*," in Drinkwater and Elton, eds., Fifth-Century Gaul, 208–17. Priscus 11.2 reports his meeting with Romulus, the story of Constantius and the silver bowls, and Romulus' claims that Attila was thinking of a Persian expedition.

CHAPTER TWENTY: THE BRIDE OF ATTILA

The core of the narrative is preserved in a fragment of John of Antioch included in Constantine's collection of extracts on conspiracies and based on John's reading of Priscus (ed. Carl ed Boor [Berlin, 1905] *Excerpta de Insidiis* 84 = Priscus 17 = John of Antioch 292). Jordanes, *Getica* 224, briefly notes his disapproval of Honoria's passions. Marcellinus 434 dates Honoria's affair with Eugenius to that year and combines it with her appeal to Attila. John also combines both incidents, but places them in 449. I follow the arguments of Croke, *Marcellinus*, 80–81, for separating the two events and dating the liaison with Eugenius to 434. For an alternative reconstruction (disregarding Marcellinus), see Martindale, *Prosopography*, 416 and 568–69, Oost, *Galla Placidia*, 282–84, and J. B. Bury, "Justa Grata Honoria," *Journal of Roman Studies* 9 (1919): 1–13. Honoria's story is curtly dismissed by Maenchen-Helfen, Huns, 130, as having "all the earmarks of Byzantine court gossip." For the minimum legal age for marriage, see Susan Treggiari, *Roman Marriage: Iusti Coniuges from the Time of Cicero to the Time of Ulpian* (Oxford, 1991), 39–42. Galla's time in Constantinople in the mid-420s is discussed above, chap. 6, p. 81. The saintliness of Pulcheria and her sisters is described in Theophanes 5901 and Sozomen 9.3.1–2; their vow of virginity and Pulcheria's outstanding intellectual ability at 9.1.5; for the strict regime of holiness in the Great Palace, see Socrates 7.22.1–5 with Holum, *Theodosian Empresses*, 91–93 and 143–46. Jordanes, *Rom.* 328, records the confinement of Honoria in the sisters' palace in Constantinople; for its location near the Hebdomon, see Janin, *Constantinople byzantine*, 139–40, and Demangel, *L'Hebdomon*, 43–47. Only Marcellinus 434 reports that Honoria was pregnant. For Galla Placidia's piety, see Oost, *Galla Placidia*, 264–78; her encounter with Germanus is related in the saint's life written around 480 by Constantius of Lyon (*Vita Germani* 35; ed. René Borius [Paris, 1965]; trans. Frederick Hoare, The Western Fathers [London, 1954], 283–320). For Herculanus' consulship in 452, see Martindale, *Prosopography*, 544–45. The date of Honoria's death is unrecorded; Oost, *Galla Placidia*, 285, argues for sometime before 455.

CHAPTER TWENTY-ONE: TAKING SIDES

Priscus 20.1 recounts the diplomatic confrontation between Attila and Valentinian over Honoria. My understanding of the complex set of political alliances behind Marcian's sudden advancement follows Zuckerman, "L'empire orient," 169–76, in making Aspar and Zeno the prime movers, but acting in close concert with Pulcheria; see Holum, *Theodosian Empresses*, 206–9, and Jones, *Later Roman Empire*, 1: 218. Richard Burgess deprives Pulcheria of any leading role in determining the succession: "The Accession of Marcian in the Light of Chalcedonian Apologetic and Monophysite Polemic," *Byzantinische Zeitschrift* 86/87 (1993–94): 47–68, at 61–68. Aspar's claim of Theodosius' approval for Marcian is reported in John Malalas 14.27 and Chron. Pasch. 450. The emperor's planned military strike against Zeno is noted by John of Antioch 292 = Priscus 16 = *de Insidiis* 84. The unflattering description of Marcian is quoted from John Malalas 14.28. On his marriage and coronation, the brief notices in the chronicles disagree: *Chron. Pasch.* 450 (no detail), Theophanes 5942 (proclaimed by Pulcheria), John Malalas 14.28 (crowned by the Senate). Pulcheria's role in the coronation is strenuously defended by Wilhelm Ensslin, "Zur Frage nach der ersten Kaiserkrönung durch den Patriarchen und zur Bedeutung dieses Aktes im Wahlzeremoniell," *Byzantinische Zeitschrift* 42 (1943–49): 101–15, 369–72, and denied with equal vigor by Burgess, "The Accession," 65–67. The details of the ceremony are not known; I have followed the description of the coronation of Leo I seven years later, in February 457. These were included in Constantine Porphyrogenitus' handbook on imperial ceremonial (*de Ceremoniis* 410–12 [1.91], ed. Johann Reiske [Bonn, 1829]); see, too, the helpful discussion in MacCormack, *Art and Ceremony*, 242–45. Thompson, "Foreign Policy," 69–72, and Huns, 147–48, views Marcian's "blunt refusal of the tribute" as a "display of audacity" that "brought the East Romans to the edge of the abyss." By contrast, Robert Hohlfelder, "Marcian's Gamble: A Reassessment of Eastern Imperial Policy toward Attila AD 450–453," *American Journal of Ancient History* 9 (1984): 54–69, at 60, suggests that Marcian's response was an "opening move" in a more complex strategy. Hohlfelder's view is strengthened if Priscus can be assumed to be reflecting the precise diplomatic language central to the Roman agreement with the Huns. The three embassies sent by Attila to Valentinian in late 450/early 451 are reported in Priscus 20.3 (Honoria's signet ring), Jordanes, *Getica* 185 (disagreement with Theodoric), and Chron. Pasch. 450 (demand to prepare the palace). Jordanes, Getica 186, notes Attila's diplomatic skill. Valentinian's communiqué to Theodoric is quoted from Jordanes, Getica 187–88.

CHAPTER TWENTY-TWO: THE FOG OF WAR

The most helpful introductions to the complex web of miracle stories associated with the Hun invasion of France are Jean-Yves Marin, "La campagne des Gaules dans l'hagiographie," in *Attila, les influences danubiennes*, 135–39, and Émilienne Demougeot, "Attila et les Gaules," *Mémoires de la Société d'Agriculture, Commerce, Sciences et Arts du département de la Marne* 73 (1958): 7–42, at 25–34 (= *L'Empire romain et les barbares d'Occident (IVe–VIIe siècle): Scripta Varia*, 2nd ed. [Paris, 1988], 215–50, at 233–42). The accounts of Servatius of Tongeren and the destruction of Metz follow Gregory of Tours 1.5–6. Nicasius' defiant Bible reading is related by the tenth-century historian Flodoard of Reims in his *History of the Church at Reims* (*Historia Remensis Ecclesiae* 1.6, ed. Johann Heller and Georg Waitz, *Monumenta Germaniae Historica, Scriptores*, vol. 13 [Hannover, 1881], 405–599). By contrast with this much later account, the *Life of St. Geneviève* probably dates back to the early sixth century; see Martin Heinzelmann and Joseph-Claude Poulin, *Les vies anciennes de sainte Geneviève de Paris: Études critiques* (Paris, 1986). The story of Geneviève's rallying the people of Paris is from *Vita Genovesae* 12 (ed. Bruno Krusch, *Monumenta Germaniae Historica, Scriptores rerum Merovingicarum*, vol. 3 [Hannover, 1896], 204–38). The tradition of Lupus' confrontation with Attila (and the phrase *flagellum dei*) is by far the latest of all these miracle stories: it is part of the *Life of Germanus of Auxerre* as told in the thirteenth-century *Legenda Aurea* by Jacobus de Voragine, one of the most popular books in the Middle Ages. An English translation was published by William Caxton in 1483; for a modern version, see William Ryan, *Jacobus de Voragine, The Golden Legend: Readings on the Saints*, 2 vols. (Princeton, 1993) with the *Life of Germanus*, at 2: 27–30. Isidore of Seville's understanding of the Huns' role as agents of God's anger is set out in his *History of the Goths, Vandals, and Sueves* (*Historia Gothorum Wandalorum Sueborum* 29, ed. Theodor Mommsen, *Monumenta Germaniae Historica, Auctores Antiquissimi*, vol. 11 [Berlin, 1894], 241–303; trans. Guido Donini and Gordon Ford, 2nd ed. [Leiden, 1970]). The biblical reference is to the *flagellum iundans* (the "overwhelming whip") of Isaiah 28.15 and 18. For the contrasting versions of the Hun attack on Orléans, see Jordanes, Getica 194–95, and Gregory of Tours 1.7. Aside from brief notices in the chronicles, the only detailed account of the clash on the Catalaunian Plains is Jordanes, Getica 197–218 (with praise of the Gothic brothers at 199–200, Attila's speech at 202–6, and Aetius' advice to Thorismud at 215–17). Ulf Täckholm, "Aetius and the Battle on the Catalaunian Fields," *Opuscula Romana* 7 (1969): 259–76, offers a meticulous reconstruction of events. The substantial local literature and speculation on the precise location of the battlefield on the Catalaunian Plains is sympathetically reviewed by Demougeot, "Attila et les Gaules," 34–37, and summarily rejected by Maenchen-Helfen, *Huns* 131. Suspicions of Aetius' motives are insinuated by Jordanes, *Getica* 216–17, and less subtly elaborated by medieval writers such as Fredegar, *Chronicle* 2.53 (ed. Bruno Krusch, *Monumenta Germaniae Historica, Scriptores rerum Merovingicarum*, vol. 2 [Hannover, 1888], 1–168). A distrust of Aetius still lies behind many modern accounts. Recent reassessments are more sympathetic; for example, Stickler, *Aëtius*, 143–44; Täckholm, "Aetius and the Battle," 268–71; Williams and Friell, *The Rome That Did Not Fall*, 87– 88; Heather, *Fall*, 339; and particularly Zecchini, *Aezio*, 273, suggesting that it was Thorismud's decision to leave for Toulouse that compromised the safety of Aetius' remaining troops. Thorismud's assassination in 453 is reported in Jordanes, *Getica* 228, Hydatius 148, and Prosper 1371.

CHAPTER TWENTY-THREE: THE LAST RETREAT

Apollonius' adventures across the Danube are recounted in Priscus 23.3. Marcian's three letters to the bishops at Nicaea were included in the official record of the Council of Chalcedon, ed. Eduard Schwartz, *Acta Consiliorum Oecumenicorum* II.3 (Berlin, 1935), 20–21 (*Letter* 32), and II.1 (Berlin, 1933), 28–30 (*Letters* 14 and 16), translated with an excellent introduction by Richard Price and Michael Gaddis, 3 vols. (Liverpool, 2007), 1: 107–10, nos. 12, 14, and 15. Jordanes' assessment of Attila's tactics is at *Getica* 225; Attila's fury at his defeat in France is reported in *Chron. Gall.* 452 141. The Christian community in Aquileia is thoughtfully illuminated in a superb study by Claire Sotinel, *Identité civique et christianisme: Aquilée du IIIe au VIe siècle* (Rome, 2005). Giovanni Brusin and Paolo Zovatto, *Monumenti paleocristiani di Aquileia e di Grado* (Udine, 1957), 20–140, offer a fascinating and detailed description of the mosaics in the basilica. The siege of Aquileia and the flight of the stork is reported in Jordanes, *Getica* 219–21, and Procopius, *Vandal Wars* 3.4.30–35; the story may derive from Priscus; see Blockley, *Fragmentary Classicising Historians*, 1: 115. The fortified landscape threatened by the Huns is surveyed by Neil Christie, "From the Danube to the Po: The Defence of Pannonia and Italy in the Fourth and Fifth Centuries AD," in Poulter, ed., *The Transition to Late Antiquity*, 547–78. For the short sermon associated with Maximinus of Turin, see *Patrologia Latina* 57: 469–72, and Maenchen-Helfen, *Huns*, 138–39. Little remains of fourthand fifth-century Milan apart from its churches; the best introduction is Krautheimer, *Three Christian Capitals*, 68–92. The few, uninspiring archaeological traces of what may be the imperial palace are surveyed in the exhibition catalogue *Milano capitale dell'impero romano, 286–402 d.C.* (Milan, 1990), 99–100 and 201. The immense, and at times frustratingly idiosyncratic, editorial project that resulted in the Souda is outlined in Lemerle, *Le premier humanisme*, 297–300. The entry on Milan is at M 405; its possible connection with Priscus' account is explored by Blockley, *Fragmentary Classicising Historians*, 1: 118. The Barbarini Ivory is described in detail in Richard Delbrueck, *Die Consulardiptychen und verwandte Denkmäler*, 2 vols. (Berlin, 1929), 1: 188–96, no. 48, and usefully discussed in MacCormack, *Art and Ceremony*, 71–72. The meeting between Leo and Attila is piously reported in Prosper 1367; the saintly detail of the old man appears in the *Roman History* of the eighth-century monk Paul the Deacon (*Historia Romana* 14.12, ed. Amedeo Crivellucci [Rome, 1914]). Raphael's *L'incontro di Leone Magno e Attila* is one of the frescoes in the Stanza di Eliodoro originally commissioned by Pope Julius II, but completed — with suitable alterations in the design—under his successor Leo X. Raphael's shrewd diplomatic and artistic maneuvering between these two powerful patrons is explored in Jörg Traeger, "Die Begegnung Leos des Grossen mit Attila: Planungsphasen und Bedeutungsgenese," in Christoph Frommel and Matthias Winne, eds., *Raffaello a Roma: Il convegno del 1983* (Rome, 1986), 97–116. For the plague in Italy, see Hydatius 146 with Maenchen-Helfen, *Huns*, 139–40. Marcian's military activity across the Danube is mentioned in a confused notice in Hydatius 146 explained by Zecchini, *Aezio*, 277 n. 65, and Richard Burgess, "A New Reading for Hydatius *Chronicle* 177 and the Defeat of the Huns in Italy," *Phoenix* 42 (1988): 357–63, at 360–62. Attila's threatening embassy to Marcian in 452 is reported in Jordanes, Getica 225. For Attila's death, *Getica* 254 (information Jordanes explicitly notes is derived from Priscus), Theophanes 5946 (an accident), Marcellinus 454.1 (Ildico or an accident), and Malalas 14.10 (accident or Ildico or the result of Aetius' bribery). For Marcian's angelic visitation, see Jordanes, *Getica* 255, again explicitly attributed to Priscus.

CHAPTER TWENTY-FOUR: ENDINGS

The most important discussions of the collapse of the Hun empire are Thompson, *Huns*, 167–75, and Maenchen-Helfen, *Huns*, 144–68. Jordanes, *Getica* 259–63, briefly comments on the rivalry between the sons of Attila and the Battle of the River Nedao; the subsequent clashes between the Huns and the Goths are noted at 268–69 and 272–73. The consolidation of Gothic control over Pannonia under Valamer, Thuidimer, and Vidimer is explored by Heather, *Goths and Romans*, 242–46, and Wolfram, *Goths*, 258–68. Heather (251–63) also discusses the settlement of Goths in Thrace. Priscus 46 reports Leo's response to Dengizich and Ernac's embassy and at 48.1 Dengizich's demands the following year. For Dengizich's defeat and decapitation, see Marcellinus 468 and *Chron. Pasch.* 468. For the identification of the Xylokerkos, see Janin, *Constantinople Byzantine*, 274 and 440–41, and Dagron, *Naissance d'une capitale*, 305. By far the best discussion of the movement of the Goths, conventionally known as the Ostrogoths or "eastern Goths," into the eastern empire in the 470s and their consolidation under Theodoric is Heather, *Goths and Romans*, 264–308, condensed in Goths, 154–65 and 216–18. The assassination of Aetius in September 454 is reported in John of Antioch 293.1 = *de Insidiis* 85 = Priscus 30.1, Hydatius 152, Prosper 1373, Marcellinus 454.2, and Theophanes 5946. The courtier's acid quip (surely never said to Valentinian's face) is quoted in Procopius, *Vandal Wars* 3.4.28. For the Vandal sack of Rome, see Procopius, *Vandal Wars* 3.5.1–6, Prosper 1375 (emphasizing Leo's role), and Theophanes 5947 (the treasures from Jerusalem). For excellent studies of the transition from imperial to local rule in France, see Wolfram, *Goths*, 181– 246; Jill Harries, *Sidonius Apollinaris and the Fall of Rome, AD 407–485* (Oxford, 1994); Ian Wood, *The Merovingian Kingdoms, 450–751* (London, 1994) and *CAH* 14: 506–24; and Edward James, The Franks (Oxford, 1988). The best account of the Vandal kingdom in North Africa remains Courtois, *Les Vandales*, pts. 2 and 3, and see, too, Averil Cameron, *CAH* 14: 553–59. For the failed expeditions against Geiseric, see Hydatius 195, Procopius, *Vandal Wars* 3.6, and Theophanes 5961 = Priscus 53. The collapse of imperial rule in Italy and the rise of Theodoric is thoughtfully discussed in Stein, *Bas-Empire*, 365–99; Heather, "The Huns and the End of the Roman Empire," 29–41, and *CAH* 14: 18–30; O'Flynn, *Generalissimos*, 104–49; Penny MacGeorge, *Late Roman Warlords* (Oxford, 2002), 165–293; Mark Humphries, CAH 14: 525–51; John Moorhead, *Theodoric in Italy*, (Oxford, 1992); and Patrick Amory, *People and Identity in Ostrogothic Italy, 489–554* (Cambridge, 1997). Theodoric's comment after murdering Odoacer is reported in John of Antioch 307 = *de Insidiis* 99. See Sidonius, Letters 1.2, for his description of a day in the courtly life of Theodoric II, with Marc Reydellet, *La royauté dans la littérature latine de Sidoine Apollinaire à Isidore de Séville* (Rome, 1981), 69–80, and Harries, *Sidonius*, 127–29, for the date. In Ravenna, Theodoric (the Ostrogoth) was praised by the aristocrat and bishop Ennodius around 507 (*Panegyric* 88, ed. with an Italian translation by Simona Rota [Rome, 2002]); see MacCormack, *Art and Ceremony*, 229–35, and Reydellet, *La royauté*, 164–82. For Theodoric's Roman-ness and local aristocratic responses, see Moorhead, *Theodoric*, 39– 51, and Sam Barnish, "Transformation and Survival in the Western Senatorial Aristocracy, c. A.D. 400–700," *Papers of the British School at Rome* 56 (1988): 120–55. More generally, Julia Smith, *Europe after Rome, 500–1000: A New*

Cultural History (Oxford, 2005), and Peter Brown, *The Rise of Western Christendom: Triumph and Diversity, A.D. 200–1000*, 2nd ed. (Oxford, 2003), both offer brilliant and humane expositions of the cultural and religious transformation of classical antiquity in the formation of medieval Europe. For a broad perspective on the complexities of this transition, see the sophisticated and wide-ranging discussion in Chris Wickham, *Framing the Middle Ages: Europe and the Mediterranean, 400– 800* (Oxford, 2005). For a superb introduction to Byzantium, see Averil Cameron, *The Byzantines* (Oxford, 2006).

EPILOGUE: REPUTATIONS

For useful guides to the afterlife of Attila, see Franz Bäuml and Marianna Birnbaum, *Attila: The Man and His Image* (Budapest, 1993); *Attila, les influences danubiennes*, 143–201; and Herbert Pahl, "*Attila und die Hunnen* im Spiegel von Kunst und Literatur," in Attila und die Hunnen, 368–73. The circumstances of Wilhelm II's speech are usefully set out in Robert Massie, *Dreadnought: Britain, Germany and the Coming of the Great War* (London, 1991), 282–83; Thomas Kohut, *Wilhelm II and the Germans: A Study in Leadership* (Oxford, 1991), 143–48; and the detailed study by Bernd Sösemann, "Die sog. Hunnenrede Wilhelms II: Textkritische und interpretatorische Bemerkungen zur Ansprache des Kaisers vom 27. Juli 1900 in Bremerhaven," *Historische Zeitschrift* 222 (1976): 342–58 (with the full text of the speech at 349–50). The transformation of Attila into good king Etzel is thoughtfully discussed in Jennifer Williams, *Etzel der rîche* (Berne, 1981), 177–98; Ursula Schulze, "Der weinende König und sein Verschwinden im Dunkel des Vergessens: König Etzel im Nibelungenlied und in der Klage," in *Attila und die Hunnen*, 336–45, and Teresa Pàroli, "Attila nelle letterature germaniche antiche," in *Popoli delle Steppe*, 2: 559–619, at 600–13. The fight in King Etzel's hall is told in *Nibelungenlied* Aventiure 33 (ed. Ursula Schulze [Düsseldorf, 2005]; trans. Arthur Hatto, rev. ed. [London, 1969]; and into modern verse, Burton Raffel [New Haven, 2006]). Edward Gibbon's matchless account of Attila and the Huns occupies most of chapters 34–35 of *The History of the Decline and Fall of the Roman Empire,* vol. 3, (London, 1781). Thomas Hodgkin's version—freighted with Victorian morality—in *Italy and Her Invaders*, vol. 2, *The Hunnish and Vandal Invasion* (Oxford, 1880; reprint, London, 1996), bk. 1, chap. 1–4 (comparison of Attila with Napoleon at 180–81; the dangers faced by twentieth-century democracy at 612–13). Matthias Corvinus' representation of Attila as a Hungarian nation builder is explored in Marianna Birnbaum, "Attila's Renaissance in the Fifteenth and Sixteenth Centuries," in *Attila: The Man and His Image*, 99–105, and *The Orb and the Pen: Janus Pannonius, Matthias Corvinus and the Buda Court* (Budapest, 1996), 121–29. Corvinus' new image was (unsurprisingly) easily turned against him by his Italian critics; see Birnbaum, "Attila's Renaissance," 84–86, and the fascinating discussion by Lajos Elekes, "La politica estera di re Mattia e gli Stati italiani nella seconda metà del secolo XV," in Tibor Klaniczay, ed., *Rapporti venetoungheresi all'epoca del Rinascimento* (Budapest, 1975), 243–55. *Sign of the Pagan* was directed by Douglas Sirk for Universal Pictures. According to the film's studio publicity, "Against the ravaging hordes of Attila stood a warrior's might and a people's faith. Against his ruthless pagan lusts the power of a woman's love." In this epic revision of Roman history, the mighty warrior is the future emperor Marcian (Jeff Chandler), and his bride (the ballerina Ludmilla Tchérina) is Pulcheria. This is—of course—a passionate love match, and once Attila is defeated, the couple go on to rescue the West from a feckless Valentinian and reunite the Roman empire.

Chronology and Maps

年代表和地图

364—378	瓦伦斯（东罗马皇帝）统治时期
375—383	格拉提安（西罗马皇帝）统治时期
375	匈奴攻打位于黑海以西阿塔纳里克率领的哥特人
376	特温基人在弗里提根的带领下渡过多瑙河
378	阿德里安堡战役（8月9日），攻打阿德里安堡和君士坦丁堡
379—395	狄奥多西一世（东罗马皇帝，自392年始作为统一后的罗马帝国皇帝）
382	哥特人和匈人联军在多瑙河以南地区定居
386	奥德蒂斯试图带领格鲁森尼人越过多瑙河，结果以失败告终
388	狄奥多西一世打败西部的叛乱者马格努斯·马克西穆斯
394	狄奥多西一世在冷河域附近打败尤金尼厄斯的叛军
395—423	霍诺里乌斯（西罗马皇帝）统治时期
395—408	阿卡迪乌斯（东罗马皇帝）统治时期
395	阿拉里克带领哥特人反叛
398	尤特罗皮乌斯在亚美尼亚打败匈人
399—420	伊嗣俟一世（波斯皇帝）统治时期
401	阿卡迪乌斯与乌尔丁结盟，阿拉里克率领哥特人向西迁移，打算进入意大利
406	拉达盖苏斯带领的哥特人败于由斯提里科和乌尔丁所率领的匈人军队；汪达尔人和阿兰人越过莱茵河（12月）
407—411	君士坦丁三世，法国发生叛乱
408	斯提里科被捕并处决，乌尔丁越过多瑙河袭击罗马，阿拉里克带领哥特人入侵意大利
408—450	狄奥多西二世（东罗马皇帝）统治时期
409	霍诺里乌斯雇佣一万匈人士兵，埃蒂乌斯作人质
410	阿拉里克带领哥特人洗劫罗马（8月24日）
412	在君士坦丁堡修建狄奥多西城墙
413	奥林匹奥多罗斯出使匈人，会见查拉通和多纳图斯
418	君士坦提乌斯允许哥特人定居在法国西南部

418—451	狄奥多里克统治法国的哥特人
420	阿布达斯在胡泽斯坦火烧拜火教的寺庙
421	君士坦提乌斯（与霍诺里乌斯同为西罗马皇帝）
421—422	狄奥多西二世的十字军东征败于美索不达米亚
422	匈人进攻色雷斯
423	加拉·普拉西提阿携带子女逃到君士坦丁堡
425	西罗马帝国的叛乱者约翰在拉文纳被打败，埃蒂乌斯带领的匈人军队姗姗来迟
425—455	瓦伦提尼安三世（西罗马皇帝）统治时期
427	"博尼费斯的阴谋"
429	汪达尔人入侵北非
430	奥克塔在对勃艮第人作战时阵亡
432	博尼费斯被提拔并得到"爱国将军"的称号；后在阿里米诺为埃蒂乌斯所杀
433	埃蒂乌斯宣称匈人军队正朝意大利行进
434	匈奴攻打色雷斯，卢阿暴毙，在羞辱中被送至君士坦丁堡
434—440	阿提拉和布勒达共同统治匈人帝国
435	与盖萨里克所率领汪达尔人签订北非协议；埃蒂乌斯和匈人达成协议；退出潘诺尼亚和巴莱里亚部分地区
437	匈人联手罗马人消灭勃艮第人，镇压巴高达人
439	罗马和匈奴联军在图卢兹大败于哥特人，在马古姆，阿提拉同意与东罗马帝国签订协约，盖萨里克占领迦太基（10月19日）
441	罗马远征军驶往西西里岛，阿提拉和布勒达对巴尔干展开攻势
442	远征军被召回，匈人撤退，盖萨里克下令将狄奥多里克的女儿毁容，并将之遣返回图卢兹，双方达成新的协议；胡内里克与尤多西亚订下婚约

445	布勒达被谋杀
445—453	阿提拉开始独自统治匈人帝国
446	匈奴向君士坦丁堡派驻使节，要求对方履行马古姆协议规定的义务
447	君士坦丁堡发生地震（1月26日），君士坦提乌斯重建狄奥多西城墙。阿提拉对巴尔干地区展开的最具破坏力的攻势。阿纳吉斯克鲁斯在乌图斯河域险胜，安纳托利乌斯和诺姆斯与匈人进行和平谈判
448	埃蒂乌斯镇压法国的巴高达人反叛
449	普利斯库斯、马克西姆努斯和罗姆勒斯（西罗马帝国派出的使臣）前往阿提拉的宫廷
450	安纳托利乌斯和诺姆斯与匈人进一步谈判；霍诺里娅向阿提拉求助；狄奥多西二世去世（7月28日）；加拉·普拉西提阿去世（11月）
450—457	马尔西安（东罗马皇帝）统治时期
451	阿提拉进攻法国；卡塔劳尼亚平原战役（6月）；阿波罗尼奥斯出使失败；马尔西安指挥巴尔干地区的军队（9月），马克西姆努斯和普利斯库斯从君士坦丁堡到亚历山大港
451—453	道里斯穆德统治法国的哥特人
452	阿提拉进攻意大利，马尔西安指挥罗马军队越过多瑙河，马克西姆努斯在埃及死去
453	阿提拉暴亡
453—466	狄奥多里克二世统治法国的哥特人
454	在尼达奥河战役中击败匈人，埃蒂乌斯在罗马被杀
455	瓦伦提尼安被害；佩特罗尼乌斯·马克西穆斯被谋杀；汪达尔人洗劫罗马（6月）

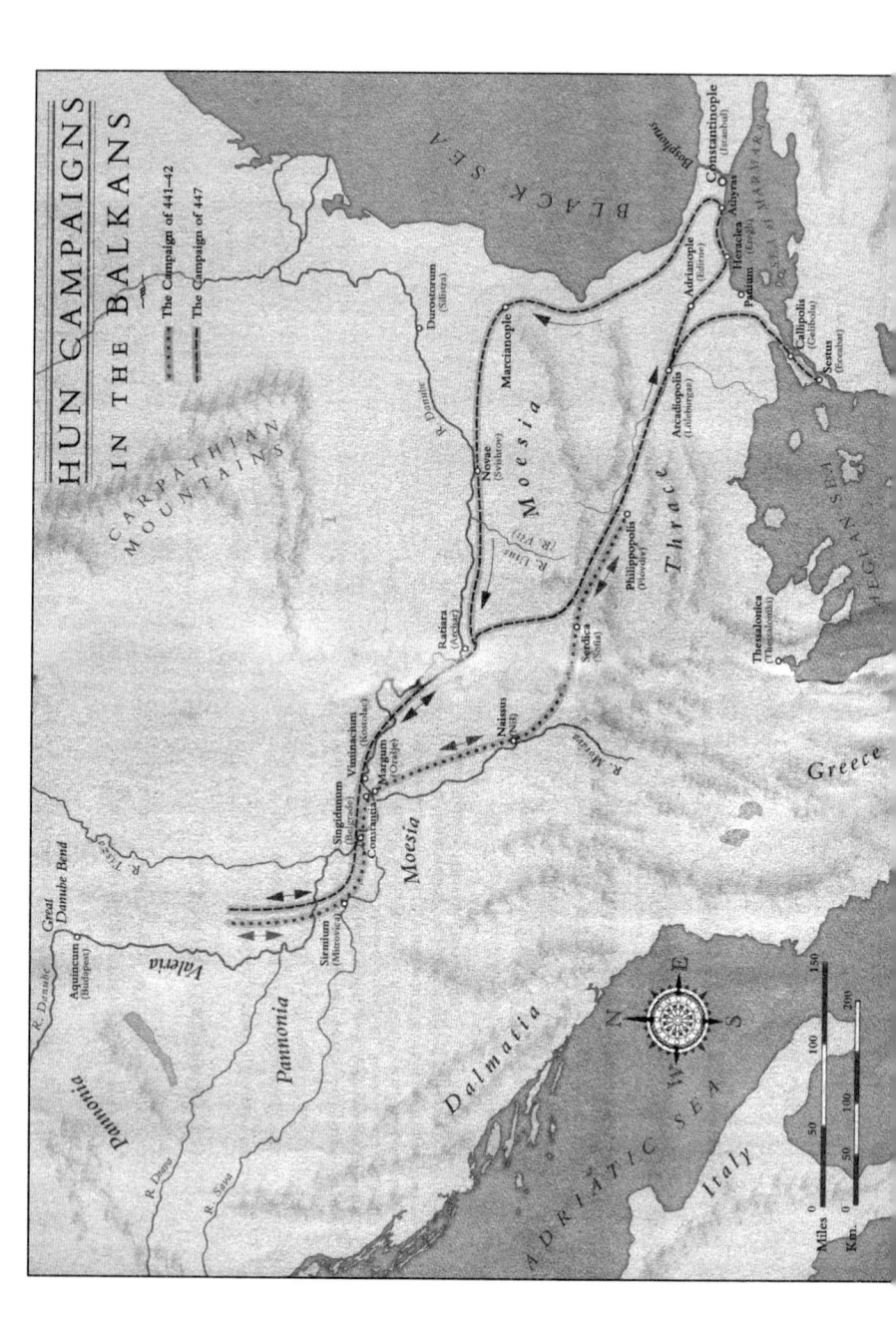

HUN CAMPAIGNS IN THE BALKANS

· · · · · The Campaign of 441-42
- - - - - The Campaign of 447

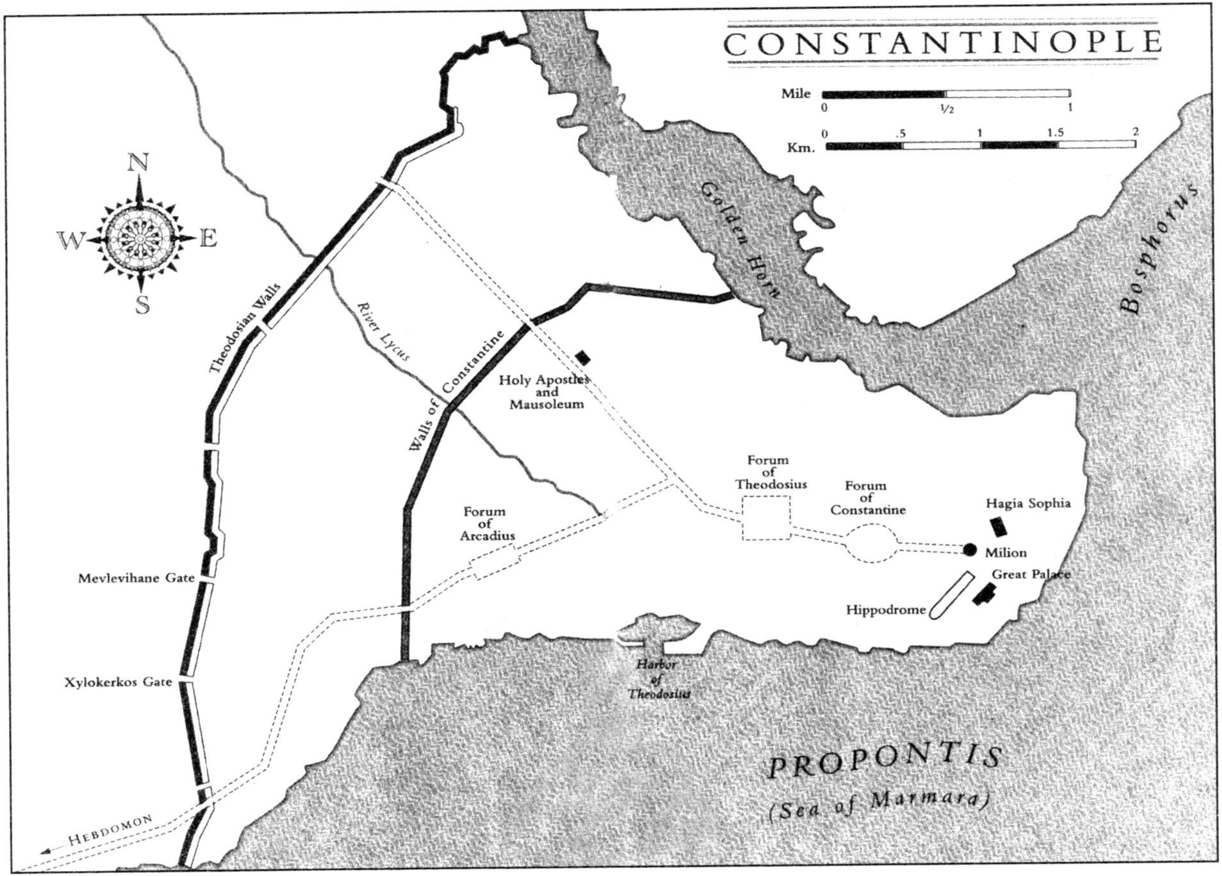
CONSTANTINOPLE
Mile
0
1/2
1
Km.
0
.5
1
1.5
2
N
W
E
S
Golden Horn
Bosphorus
Theodosian Walls
River Lycus
Walls of Constantine
Holy Apostles and Mausoleum
Forum of Theodosius
Forum of Constantine
Hagia Sophia
Milion
Great Palace
Hippodrome
Forum of Arcadius
Mevlevihane Gate
Xylokerkos Gate
Harbor of Theodosius
PROPONTIS
(Sea of Marmara)
HEBDOMON

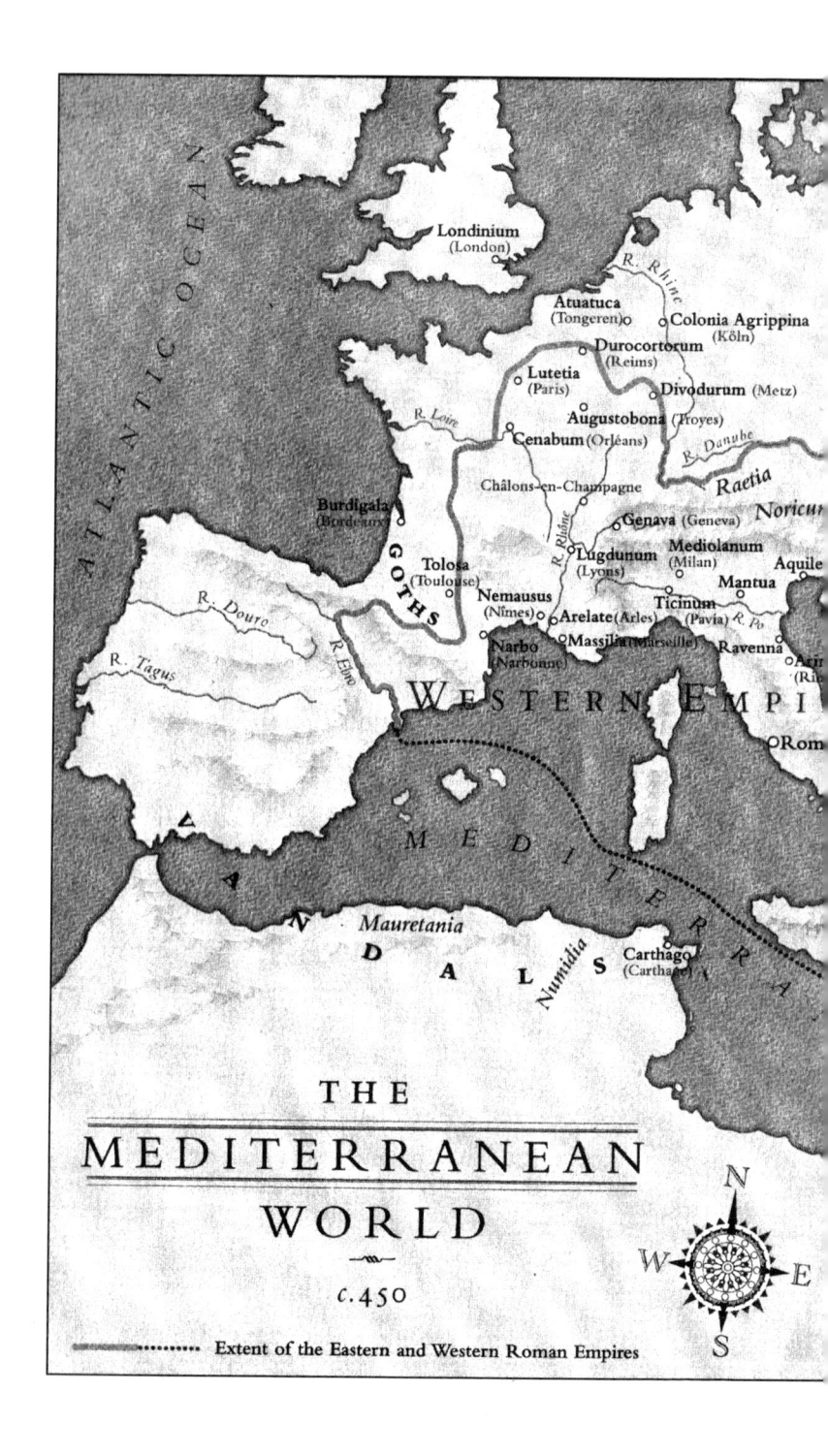

THE
MEDITERRANEAN
WORLD

— c. 450 —

▬▬▬ ·········· Extent of the Eastern and Western Roman Empires

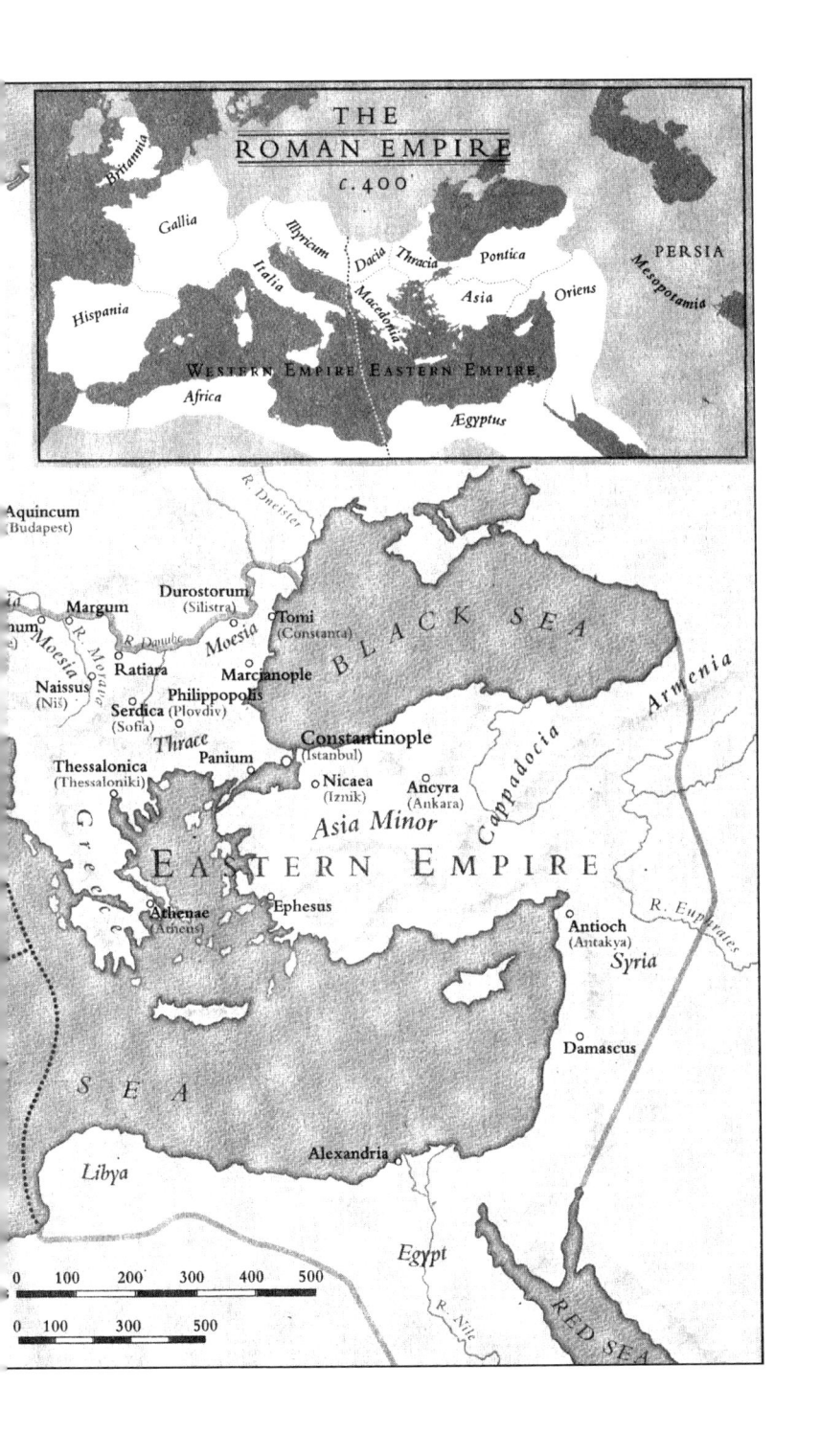

THE ROMAN EMPIRE
c. 400

The End of Empire: Attila the Hun and the Fall of Rome By Christopher Kelly
Copyright © Christopher Kelly
Simplified Chinese edition copyright © 2016, Beijing Lovely &Smoothly Publication CO.,LTD
All rights reserved.

版贸核渝字（2017）第198号

图书在版编目（CIP）数据

匈人王阿提拉与罗马帝国的覆灭 / (英) 克里斯托夫·凯利著；李寒冰译. -- 重庆：重庆出版社，2020.5
书名原文：The End of Empire:Attila the Hun and the Fall of Rome
ISBN 978-7-229-14192-9

Ⅰ.①匈… Ⅱ.①克… ②李… Ⅲ.①罗马帝国—历史 Ⅳ.①K126

中国版本图书馆CIP数据核字(2019)第099531号

匈人王阿提拉与罗马帝国的覆灭

[英] 克里斯托夫·凯利　著
李寒冰　译

策　　划：	华章同人
出版监制：	徐宪江
责任编辑：	何彦彦
责任印制：	杨　宁
营销编辑：	史青苗　刘晓燕
装帧设计：	潘振宇　774038217@qq.com

重庆出版集团 出版
重庆出版社

（重庆市南岸区南滨路162号1幢）

三河市天润建兴印务有限公司　印刷
重庆出版集团图书发行有限公司　发行
邮购电话：010-85869375/76/77转810

重庆出版社天猫旗舰店
cqcbs.tmall.com

投稿邮箱：bjhztr@vip.163.com
全国新华书店经销

开本：889mm×1194mm　1/32　印张：10.25　字数：238千字
2020年5月第1版　2020年5月第1次印刷
定价：58.00元

如有印装质量问题，请致电023-61520678

版权所有，侵权必究